松田睦彦 編

人の移動の民俗学

タビ〈旅〉から見る生業と故郷

考古民俗叢書

慶友社

目　次

図・表・写真目次

序章　研究の目的と方法

一　研究の目的

本研究は、瀬戸内海の島々をフィールドとして「出稼ぎ」や「移住」といった労働にともなう人の移動の生業上の役割を分析すると同時に、そこに立ち現われる労働に対する人びとの観念や故郷との関係性を明らかにすることを目的とする。

労働にともなう人の移動の研究は民俗学においてもこれまで一定の関心を集めてきたが、その進展は決して目覚ましいものとは言い難い。なぜなら、多くの研究が人の移動の多様な背景や複雑な構造を十分に明らかにすることなく、逆に「出稼ぎ」や「移住」、あるいは「行商」、「奉公」といった狭い研究課題へと囲い込み、単純化あるいは特殊化してきたからである。研究の多くが現象の分類やそれぞれの課題についての事例報告に終始したり、市町村史や報告書のなかで人の移動そのものが取り上げられない傾向にあるのはそのためである。

こうした状況について浅井易は「近代における人の移動を民俗学・文化人類学はこれまで正面からとらえてこなかった」とし、その理由を三点挙げている。すなわち、①変わりにくい事象を扱う傾向にある民俗学には近代はとらえにくかった、②近代の人の移動は国民国家内または国民国家間の大規模な労働力の移動として扱われたため、経済学的な説明が有効とみなされた、③空間的に境界づけを行った上での研究が、村落からの人の出入りを視野の外に置きがちだった、というものである。[1] ①の点については以前から民俗学内でも議論されており、今日では民俗の変化を扱う論考も多くみられる。[2] また、柳田国男が構想した民俗学自体が、現在を基軸とした歴史的変遷を明らかにすることを目的としていたことは言を俟たない。ただ、②と③の指摘は現在でも課題として残されている。労働にともなう人の移動をミクロな視点から分析し、地域外で行なわれる特殊な生業としてではなく、地域の生活を支える生業として捉え直す必要があるのだ。

このような現状を乗り越える可能性を秘める議論として、複合生業論の存在は大きい。安室知が地域の生業を複合的に捉える視点を提出して以来、[3] 生業研究は生業の類型論的把握という呪縛から解き放たれた。現在では、ある地域の生業全般を語る場合はもちろん、ひとつの生業を取り上げてその社会的機能や技術などについて語る場合でさえも、さまざまな生業の複合形態や、複合する生業のなかにおけるそれぞれの生業の位置づけを確認することが当然となっている。労働にともなう人の移動を扱う場合も例外ではない。

たとえば、矢野晋吾は長野県諏訪地域の酒造「出稼ぎ」村落を取り上げ、「瀬沢新田のような生業セット、すなわち様々な農作物や農外の仕事を、いずれに対しても高い技術を保持しながら営み、生活の中に自在に取り入れて両立させ、場合によっては相互作用で両者に効果を編み出すような構造に作り変えてしまうような組み合わせ方は、日本社会において特殊な事例と切り捨てられるのだろうか」と述べ、[4] 今里悟之は京都府伊根町の事例から「その地点その時点で集落全体や各戸が保持していた、耕地・水産資源・資本・技術・労働力人口・就業機会・情報といった資源的な制約条件と、共同体的規制などの社会的な制約条件のもとで、可能性があると判断された生計手段はできる限り試みられ、その中である程度成功を収めたもののみが持続してきたと考えられる」と述べている。[5] つまり、それぞれの地域が、そのおかれた環境や、社会的規範などの影響下で多様な生業を組み合わせ、自らの地域に適合する複合生業を作り上げてきた、という捉え方が生業研究の前提となっているのである。

こういった複合生業の視点は、ひとつの地域あるいは家における生業間の主副の関係についても、従来の考え方に変更を迫った。安室は、稲作のみがその論理のうちに他の生業を取り込むことができ、その他の生業に関してはすべて「並立」の関係にあると述べているが、この視点は今里も述べるように「『主』や『副』という発想そのものを覆す可能性を持つ」[6]ものであり、「農村」「農家」あるいは「漁村」「漁家」といった従来の類型を打ち破るものである。

このような視点、とくに「農村」や「農家」の生業の複合性については早くから指摘されていた。

柳田国男は『都市と農村』のなかで、政府による純農化政策を批判しながら、「埋立開墾などの米田一色と称する部落でさへも、畦には大豆を播き、土手の根には菜を作り、軒には鶏を飼ひ背戸には竹の子を育てゝ、売れるならそれも売らうとして居る。手が剰るから少しは夏蚕でも掃立てゝ見ようといひ、若しくは頼まれて隣村の茶山にも働きに行くといふのが、何で単一なる農業と言はれやうか。家の生活方法としてこそ統一があるかも知らぬが、生産としては複雑を極めたものである」とした上で、「純化の為には農は遥かに漁業商業よりも不適当であつた。故に私は再び農村といふ語を、農業の出来る土地、或は農業も出来る土地、農を足場として静かなる生活の営まれる区域と解して、出来るだけ日本の田舎の利害を糾合し、さうしてこの失はれんとする平和の恢復を試みて見たい」としている[7]。つまり、『都市と農村』の著された昭和四（一九二九）年の段階において、柳田はそもそも、農業だけで生計を維持する「農村」や「農家」というものを前提としていなかったのである。生業の複合への注目は、柳田の指摘にもう一度立ち戻り、生業のありようそのものを見る必要性を示していると言えよう。

さて、本研究が対象とするのは瀬戸内島嶼部において行なわれてきた、いわゆる「農家」による「出稼ぎ」や「移住」と呼ばれる、労働にともなう人の移動である[8]。これまで多くの「出稼ぎ」は、一般的には農間余業として副業に分類される傾向にあった。また、主業と分類されたとしてもそれは東北地方の「出稼ぎ」に代表されるような、日本の近代化にともなうひずみとして扱われてきた。しかしながら、これまで「出稼ぎ」が、「出稼ぎ」者を輩出する地域社会や家の生業全体のなかでどのような位置を占めてきたのかについて、ミクロな分析が行なわれることはほとんどなかった。「出稼ぎ」は常に、環境に恵まれない地域で生活する「農家」の、地域外で営まれる副業あるいは余業という位置に押しやられてきたのである。

たしかに、瀬戸内島嶼部について考えた場合でも、そこに住む人びとは、まずは島という地理的に限られた空間のなかで生活することを考えなければならない。しかし、そのような環境が自明のものとして歴史的に厳然と存在する場合、「出稼ぎ」はその土地での生活のプランにはじめから組み込まれたものとなるはずである。そもそも農業だけで生活することの困難な土地を「農村」と規定し、そこで行なわれてきた「出稼ぎ」を農間余業と位置づけることの妥当性はどれほどあるのであろうか。「農村」において「農家」が農間余業として行なってきたとされる「出稼ぎ」が地域の生業のなかで果たしてきた役割を位置づけ直す、ミクロな分析を行なう必要があると筆者は考えている。

ただし、以上のような目的を遂げるためには、人の移動の研究に関する従来の分析枠組としての「出稼ぎ」や「移住」といった概念が一度解体されなければならない。なぜなら、これらの概念は、連続する人の移動の多様な形態を一定の条件のもとに切り取り、断片化するものだからである。もちろん、複雑な現象を分析に供するために一定の規準にしたがって切り分け、ひとつ一つ試験管のなかに落とし込む作業は必要である。しかし、それと同時に現象の複雑さそのものを捉えようとする試みも忘れられてはならない。

「出稼ぎ」の概念については社会学や経済学の分野においてこれまで多くの議論が交わされてきており、生活本拠地への回帰性と経済的つながりを指標とした定義が一般的である。民俗学でもその定義が採用されている。けれども、社会学や経済学での概念をそのまま民俗学に流用する現状は改善されなければならない。なぜなら、社会学や経済学がこれまで「出稼ぎ」概念の前提としてきたのは、その多くが社会問題として範疇を狭められた「出稼ぎ」であり、必ずしも生活文化としての「出稼ぎ」ではないからである。したがって、社会学や経済学の「出稼ぎ」の概念では、近代日本のひずみとしての、やむを得ず行なわれる悲劇的な副業という「出稼ぎ」のイメージを払拭することができない。つまり、これまで民俗学が捉えてきた多彩な「出稼ぎ」の様相が捨象されてしまう危険性があるのである。

一方で、「移住」となると、分析概念として民俗学的な定義が存在しないのはもちろんのこと、他分野の成果が流用されることもなく、単に移り住む現象そのものを指して用いられてきたようである。生活本拠地への回帰性と経済的つながりを指標とする「出稼ぎ」に対して、労働にともなう人の移動が生活本拠地を移して行なわれる場合に、この「移住」という概念が用いられる傾向にある。「移住」という概念は、「出稼ぎ」の対概念あるいは延長線上にある概念として用いられることが多いようである。

このような労働にともなう人の移動を切り取る概念の背景には、生まれ育った土地と新たに移り住んだ土地という二つの場の存在が垣間見える。つまり、移動する人びとがどちらの場に属しているかによって移動という現象を分断し、分析しようというのである。しかし、人びとの経験のなかの移動は物理的にも精神的にも複雑であり、かつ連続性を有するものである。したがって、移動を場によって分断することは、移動の複雑性、連続性を捨象することをも意味する。

そこで筆者は、タビ（旅）という労働にともなう人の移動を包括的に捉える概念を新たに設定することによって、従来の概念による固定的なイメージや、移動という現象の複雑性や連続性の捨象という問題を克服し、人びとの移動という経験そのものを捉えることを可能にしたいと考えている。

本研究では、タビが地域の生業としていかに生活のプランに組み込まれ、どのような役割を果たしてきたのか、愛媛県今治市宮窪町宮窪（大島）の杜氏や浜子のタビと、同市伯方町北浦（伯方島）の石屋のタビの事例から検証し、瀬戸内島嶼部の生業に占めるタビの位置を明らかにするとともに、タビ概念の有効性についても確認する。さらに、人の移動を一連の現象として捉える視点を活用し、移動する人びとと故郷との関係の連続性を明らかにする。

本来であれば、人の移動を捉える従来の概念の不足を具体的な事例から示した上で、新たな概念の必然性を訴えるべきであるのかもしれない。しかし、本研究の第一の目的は、あくまでも移動する人びとの生活経験そのものを描き出すことにある。したがって、はじめにタビ概念を提出し、この概念を活用しながら移動する人びとの実態を記述する。この作業は、同時に、タビ概念の必要性と有効性を明瞭に示すものとなる。

以上のような作業は、狭小な意味に囲い込まれてきた従来の「出稼ぎ」研究の枠を大きく広げ、瀬戸内の島々で生活してきた人びとの姿を生き生きと描き出すはずである。そこで描かれるのは貧しい島での生活を支えるためにやむを得ず行なわれる労働としての「出稼ぎ」ではない。筆者は調査地のひとつである愛媛県今治市宮窪町（大島）に延べ一年以上にわたって滞在し、同町および伯方町（伯方島）の調査を行なったが、その過程でもっとも強く印象に残ったのは、島の生活の豊かさである。各「農家」の耕地は決して広いとは言えないが、自家で消費するだけの作物は十分に生産することができる。昭和四〇年代までは柑橘類が高値で取引された。漁師とのつき合いがあれば魚介類も手に入る。さらに、古くは「農家」の人びとが海で魚介類や海草を漁ることも多かった。江戸時代以来、飢饉による餓死者をひとりも出していないと語られる島々の暮らしを、どうして貧しいと位置づけることができるであろうか。

島で暮らす話者の口からも、島の暮らしは貧しいという言葉が聞かれる。耕地が少なく、島には産業もなかったので「出稼ぎ」に行かざるを得なかったのだと。しかし、それは近代日本が発展する段階で培われてきた画一的な豊かさを前提とした場合の貧しさである。日本社会の経済的発展が行き詰まり、従来の経済一辺倒の価値観が揺らぎつつある現在、島で営まれてきた生活とその背景に培われてきた様々な観念は、我々に多くの示唆を与えてくれるはずである。

二　調査の方法

本研究では、歴史的にタビが行なわれてきた瀬戸内島嶼の村落と、そこで実際にタビを行なってきた人びと個人およびその家族を対象とした聞き取り調査を主に採用し、必要に応じて文献資料や統計データを活用した。

調査は、基本的には筆者個人で行なったが、岡山県笠岡市白石島と香川県丸亀市広島に関しては、一部を成城大学民俗学研究所が平成一〇（一九九八）年度から平成一三（二〇〇一）年度にかけて行なった研究プロジェクト「沿海諸地域の文化変化の研究―柳田國男主導『海村調査』『離島調査』の追跡調査研究―」に参加した際の調査に依っている。また、補論で取り上げた青森県西津軽郡鰺ヶ沢町についての論考も、同じく成城大学民俗学研究所が平成一四（二〇〇二）年度から平成一六（二〇〇四）年度にかけて行なった研究プロジェクト「地域社会の民俗変化の研究」の成果の一部である。

筆者の瀬戸内における調査は、平成一〇年の白石島からはじまった。それ以来、白石島と、白石島の南に隣り合う北木島では、同年から平成一三年まで継続的な調査を行ない、また、平成一八（二〇〇六）年に補足調査を行なった。

愛媛県今治市伯方町（伯方島）では、平成一三年に調査を行ない、その後、平成一七年および平成一八年に、隣りの宮窪町（大島）とともに調査を行なった。

愛媛県今治市宮窪町の調査は、はじめは平成一六（二〇〇四）年に成城大学民俗学研究所の研究プロジェクト「地域社会の民俗変化の研究」の一環として行なったが、その後、平成一七（二〇〇五）年四月から平成一八年二月にかけて住み込みでの調査を行なった。さらに、平成一八年二月以降も、補足調査を継続した。

主な調査の内容は、タビ経験者からの聞き取りと行政資料・文献史料の収集および社寺への奉納物の碑文の確認等である。

白石島では公民館長や宿泊していた旅館から話者の紹介を受け、その話者からさらに他の話者を紹介していただいた。聞き取り調査は旅館や話者の自宅、仕事場等で行なったが、農作業中の人などに声をかけてうかがった話からも、多くの示唆を得た。行政資料や文献資料に関しては、研究プロジェクトのメンバーが公民館長や開龍寺の住職、笠岡市などから提供していただいたものを集めて利用した。社寺への奉納物に関しては、開龍寺および四社神社の境内をくまなく調べ、愛媛県から来た石屋の足跡を探した。

北木島では、主に北木石材採掘組合を通じて愛媛県から来た石屋を紹介していただき、聞き取り調査は話者の自宅で行なった。また、石丁場の数の変遷等、数的データも石材採掘組合から提供していただいた。社寺への奉納物については、丁場の多い地域の社寺をまわって確認した。愛媛県出身の石屋の墓についても、丁場の多い地域の墓地をまわって確認した。

広島では宿泊していた旅館や青木石材協同組合から話者の紹介を受け、採石丁場や山の神の祠、話者のお宅の庭先などで話をうかがった。とくに釜の越の山の神神社の祭に参加させていただいた経験は貴重であった。

伯方町の話者は、主に白石島や北木島の話者や伯方町公民館、そして、喜多浦八幡神社から紹介していただいた。聞き取り調査は、話者の自宅を訪ねて行なうことが多かったが、喜多浦八幡神社の社務所をお借りすることもあった。行政資料や文献資料は、今治市伯方支所（旧伯方町役場）や伯方町公民館の図書室で入手した。石屋のタビに関しては、統計資料は全く残されておらず、統計を取ったという形跡もない。伯方町では石屋の組合が作られたこともなく、また、行政がその実態を把握しようとしたこともないからである。これは、石屋のタビが、組合や行政による統制を必要とするような性質のものではなかったことの証であろう。したがって、石屋のタビの概要に関して、数的に把握することは不可能であった。一方、社寺への奉納物や石屋の墓については、石屋のタビの盛んに行なわれてきた北浦の喜多浦八幡神社と善福寺、伯方町伊方の須賀神社と観音寺の境内および墓地を調査した。

宮窪町の話者は、今治市宮窪支所（旧宮窪町役場）や宮窪町公民館、村上水軍博物館、海南寺、ＮＰＯ法人能島の里を発展させる会等、諸機関から紹介を受け、さらに、住み込み調査の利点を活かし、自らが地域社会に参加することによって、徐々に輪を拡げていった。また、話を聞いた話者から、別の話者を紹介されることも多かった。行政資

表1　主要話者一覧

宮窪町宮窪

話者	性別	生年	兄弟上の位置	経験した主な職業
MI1	男	大正 2 年	次男	農業・町会議員
MI2	男	大正 7 年	三男	杜氏・農業
MI3	男	大正 12 年	長男	杜氏・農業
MI4	男	大正 12 年	長男	自営業・農業
MI5	男	大正 13 年	長男	杜氏・浜子・農業
MI6	男	大正 14 年	長男	浜子・土木・石屋・造船工・農業
MI7	男	大正 15 年	次男	杜氏・浜子・農業
MI8	男	昭和 2 年	長男	杜氏・土木・農業
MI9	男	昭和 3 年	三男	杜氏・農業・郵便配達
MI10	男	昭和 8 年	長男	大工・農業
MI11	男	昭和 8 年	長男	杜氏・石屋・農業
MI12	男	昭和 8 年	長男	杜氏・農業・石屋
MI13	男	昭和 9 年	長男	杜氏・浜子・農業・農協
MI14	男	昭和 9 年	長男	杜氏・農業
MI15	男	昭和 11 年	長男	農協職員
MI16	女	昭和 11 年		
MI17	男	昭和 17 年	長男	農業
MI18	男	昭和 22 年	長男	公務員
MI19	男	昭和 22 年	長男	公務員

伯方町北浦

話者	性別	生年	兄弟上の位置	経験した主な職業
KI1	男	大正 3 年	不明	理容師
KI2	男	大正 4 年	長男	石屋・農業
KI3	男	大正 11 年	長男	石屋・農業
KI4	男	昭和 3 年	次男	石屋・造船工
KI5	男	昭和 3 年	七男	船員
KI6	男	昭和 4 年	五男	石屋・工員
KI7	男	昭和 6 年	不明	大工
KI8	男	昭和 13 年	長男	石屋・農業
KI9	男	昭和 16 年	次男	石屋・農業
KI10	男	昭和 19 年	長男	石屋・農業

伯方町伊方

話者	性別	生年	兄弟上の位置	経験した主な職業
IK1	男	大正 4 年	不明	石屋
IK2	男	大正 5 年	長男	石屋・農業
IK3	女	大正 7 年		
IK4	男	大正 8 年	長男	造船工・農業
IK5	男	昭和 4 年	次男	船員
IK6	男	昭和 8 年	長男	石屋

北木島

話者	性別	生年	兄弟上の位置	経験した主な職業
KT1	男	大正 7 年	三男	石屋
KT2	男	大正 13 年	三男又は四男	石屋
KT3	男	大正 15 年	次男	石屋
KT4	女	不明		

白石島

話者	性別	生年	兄弟上の位置	経験した主な職業
SI1	男	大正 13 年	不明	農協職員・旅館業
SI2	男	大正 13 年	不明	不明
SI3	男	昭和 2 年	不明	不明
SI4	男	昭和 3 年	長男	石屋
SI5	男	昭和 11 年	次男	石屋
SI6	男	昭和 13 年	不明	石屋
SI7	男	昭和 16 年	次男以下	石屋
SI8	女	昭和 21 年		
SI9	男	昭和 24 年	不明	石屋

料に関しては、今治市宮窪支所に全面的なご協力をいただいた。処分したとされてきた、越智郡杜氏組合に関する資料が宮窪支所裏の倉庫から発見されたことは、これまで明らかにされてこなかった越智杜氏の実態を解明する上で大きな収穫であった。

このほか、行政資料に関しては、農林水産省中国四国農政局西条統計・情報センター今治庁舎や今治公共職業安定所での調査を行なった。中国四国農政局では、宮窪町や伯方町の農業統計を入手した。一方、今治公共職業安定所では、宮窪町の杜氏のタビや伯方町の石屋のタビに関する統計資料の入手を試みたが、いわゆる「出稼ぎ」に関する統計調査は行なわれていなかった。社会問題として「出稼ぎ」が扱われる東北地方や北陸地方と比べて、行政の対応に明らかな温度差が認められることが分かった。

さて、本研究の主な資料となるのは、聞き取り調査によって得られた、話者個人の生業の履歴である。これは、あくまでも話者の個人的経験を書き起こしたものであり、ひとりの事例から地域社会全体の様相を描出することはできない。したがって、筆者はひとりでも多くの話者から話を聞き、多くの事例から地域社会の実態を把握することを心がけたが、紙幅の関係上、本書ではやむを得ず数人を挙げるにとどめた。

筆者が聞き取り調査を行なった主な話者は表1の方々である。プライバシー保護のため、氏名は伏せてある。事例を提示する場合には、この表の話者IDにしたがうこととする。

図1　対象とする地域

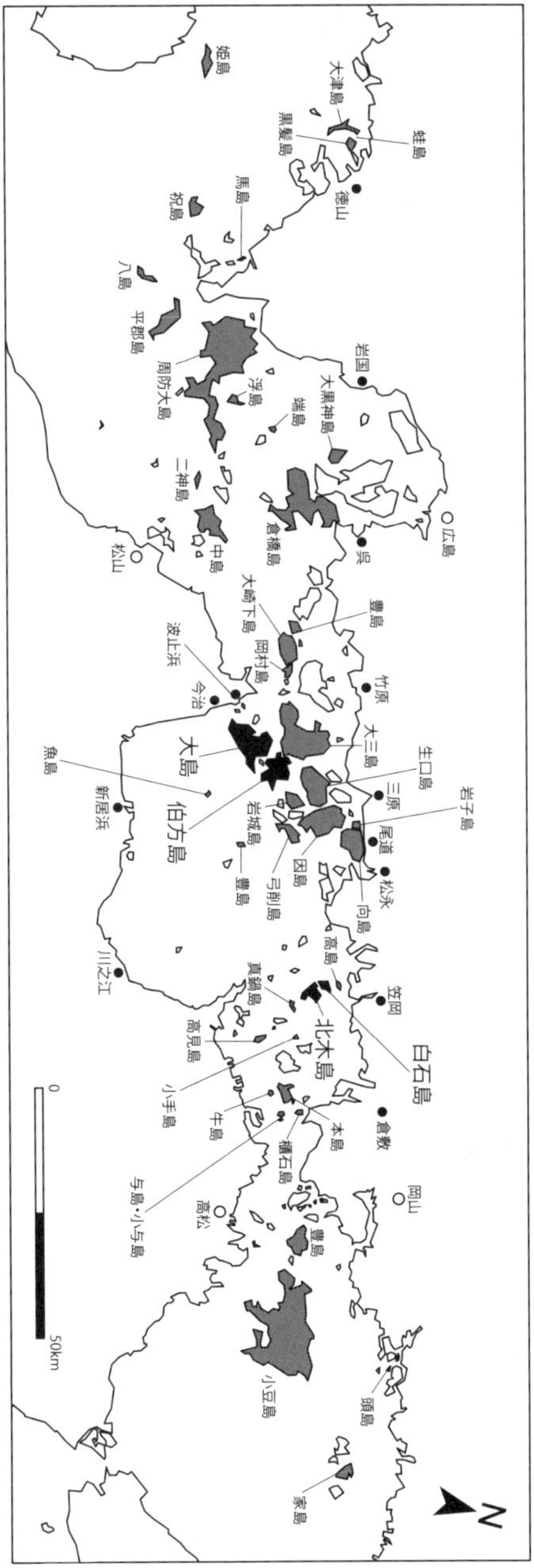

また、本研究が対象とする地域の地図も掲げておいた（図1）。適宜、参照されたい。調査地の詳細な地図に関しては、必要に応じて各章ごとに配置した。

註

（1）浅井易「近代とタビ（旅）―沖縄の人々の移動の研究への新たな視角―」（『日本民俗学』220、日本民俗学会、一九九九年、一〇八―一三八頁）

（2）たとえば、成城大学民俗学研究所で一九九八年度から二〇〇一年度にかけて行なわれた研究プロジェクト「沿海諸地域の文化変化の研究―柳田國男主導『海村調査』『離島調査』の追跡調査」などが挙げられる。この研究プロジェクトの成果は『海と島のくらし―沿海諸地域の文化変化―』（田中宣一・小島孝夫編、雄山閣、二〇〇二年）として刊行されている。

（3）安室知「存在感なき生業研究のこれから―方法としての複合生業論―」（『日本民俗学』190、日本民俗学会、一九九二年）

（4）矢野晋吾『村落社会と「出稼ぎ」労働の社会学―諏訪地域の生業セットとしての酒造労働と村落・家・個人―』御茶の水書房、二〇〇四年、二四三頁

（5）今里悟之「定置網漁村における複合生業形態の計量分析―昭和初期の丹後半島新井集落を事例として―」（『日本民俗学』240、日本民俗学会、二〇〇四年、二三頁）

（6）註（5）同書　二三頁

（7）柳田国男「都市と農村」（『柳田國男全集』第四巻、筑摩書房、一九九八（一九二九）年、二〇四・二〇八頁）

（8）筆者が「漁家」ではなく「農家」を対象とするのは、瀬戸内島嶼部で営まれてきた漁業以外の「出稼ぎ」が、多くの場合「農家」によって営まれてきたからだけではなく、瀬戸内島嶼の人口の多くが漁業以外を生業とする人びとによって構成されているからである。たとえば、昭和四五（一九七〇）年の国勢調査からは、愛媛県越智郡の島々で農業に携わる人口が八七五二人であるのに対して、水産業に携わる人口は八〇一人と、その一割に満たないことが分かる。また、宮本常一は、瀬戸内島嶼部における山手部落と浜部落はもともと発達の過程が根本から違い、一般的に山手部落の方の起源が古く、浜部落に対して優位にあったことを指摘している。浜部落の人びとには山手部落から下りた人と、島外から住み着いた漁民とがいるが、宮本は後者が山手部落の人びとに「海が豊富な生活資源を持つて居る事」を示したとしている。しかし、山手部落の人びとは「島に住みながら、海に背を向けて階段畑ばかり耕して生きていた」という（宮本常一「島と出稼」（『民間伝承』第十七巻第五号、民間伝承誌友会、一九五三年、三八―三九頁））。

第一章　研究の理論的前提

一　人の移動の研究史とその課題

1　柳田国男の視線

(1)「労力配賦の問題」

労働にともなう人の移動への関心は、民俗学成立当初から存在していた。農政官僚時代、柳田国男の関心は当時の学界や官界で優勢であった農本主義的小農保護政策に反し、自立農を創設することに向けられていた。しかし、そのためには「農政論＝生産論レベルに関連する問題だけでなく、消費のあり方、それを規定する生活のあり方、生活様式の問題、地域生活やそこでのさまざまのレベルでの共同性の問題、さらには農村伝来の教育方法、地域的コミュニケーションおよび世代的伝達の方法としての言語＝方言、信仰、内面的な価値意識、内面化された倫理規範等、農民生活、農村生活をトータルにその全体的構造を問題とする(1)」ための新しい学問が必要であった。それが民俗学である。このような問題関心のなかでも、労働にともなう人の移動は重要な課題として位置づけられていた。農村労働力の都市部との循環的移動の問題、すなわち「労力配賦の問題」である。

この「労力配賦の問題」という言葉がはじめて使われるのは、管見の限りでは明治三五（一九〇二）年から三八

（一九〇五）年にかけて著された『農政学』である。柳田は「労力配賦の問題」を取り上げることの意義について、「我国の細小農を助けて其困厄の地位を脱せしむるが為に、特に分配政策上の研究を為すの必要」を説いた上で、

　此問題の実際上の利益は、現在田舎の人口は陸続都市又は工業地に向ひて集注するが一般の趨勢なるが、此趨勢は如何なる点まで之を自然に放任し又は積極的に之を慫慂すべきか、如何なる点に於て始て之を防止すべきかを決するに当り、必要なる標準を明示するの点に在り

としている。これは、明治維新以降急激に増加した農村の余剰人口が「単に時々の移住の如き緩慢なる手段にては未だ十分に停滞を疎通するに足らず」という当時の認識に基づく指摘である。そして、その解決のために「政策の力」によって「略々大体の需要を考へ、一方には其充溢より生ずる競争の激烈を予防し、他の一方には隠れたる機会を発見して之を覚り得ざる小民に教示し、此の如くにして漸時に新なる生産の方面を開く」ことの必要性を説いている(2)。つまり柳田は都市と農村の労働力人口のバランスをいかに保つかという、農政学的課題としての人の移動に注目していたのである。

この柳田の視点は、その後も『時代ト農政』のなかの「田舎対都会の問題」（明治三九（一九〇六）年）や『日本農民史』（大正一五（一九二六）年）、『都市と農村』（昭和四（一九二九）年）、『明治大正史世相篇』（昭和六（一九三一）年）(3)といった論考に引き継がれていく。

とくに『都市と農村』では、現代的課題としての「労力配賦の問題」が歴史的に解説されている。柳田によれば、「出て働くべき国是の国」としての日本においては「如何なる時代に於ても、労力は常に農村の主要産物の一」であり、都市はそもそも農民の「従兄弟」によって作られたものであった。「僧道巫術の徒」を別にすると、古くは商人や職人、武家やその従者などが移動の中心であり、彼らは「職人でも牢人でも、別に幽かながらも本拠を田舎に持つか、さうで無ければ身一つの者が多」く、「用が済めばさつさと還つて行くだけの、家をめい〳〵が持つて居」り、

「町に永住の志願を抱いて来る者は、元は存外に其数が少なかつた」という。また、「日本といふ国は冬になると、周期的に仕事が不足し、労銀の安くなる国」であった。その一方で、冬に仕事のない人びとの労働力が都会にとってても頼りであった。これが「冬場奉公人」の起源である。そして、その中でも「早く農業と手を切」った職人や主人に認められた奉公人が都市にとどまるようになり、後に「相応な貯蓄を腹巻に包んで、勇んで還つて行く」「越後伝吉式移民」や、故郷との縁が薄くなり都市で生涯を終えることを決意する「塩原の太助」を生み出したというのである。

近代になると、このような故郷に還らない、あるいは還れない人びとが増加する。「今日の来住者等」は「人が移つてよいならば家も移すべきだ」と思っており、「地位資力の許す限り、土地を求めて思ひ〳〵の住居をしようとする」。また、土地も労働力も飽和状態にある村（家）には「たとへ錦を着て戻つても、やはり別荘人の懸離れた生活をせねばならぬ」という現実もある。さらに「其出稼が今一際長くなれば、村の事情も自分の心持も、もう其間に変つてしまつて、遊びにより外は還られなくなる」のである。柳田はこのような状況を「半代出稼の悲哀」と呼んでいる。(4)

そして柳田は、『都市と農村』の最後の章で「三つの希望」としてつぎの三点を挙げている。すなわち、「働かうといふ者に何時でも仕事のあること」「罷めたいと思ふときに罷られること」「此職業の選定に付いて、人が自分の為にも又世の中の為にも、最も正しい判断を下し得るだけの知慮を具へること」である。(5) この三点こそが柳田の「労力配賦の問題」の根源的課題であり、柳田の農政学の一つの到達点であり、民俗学への第一歩であった。

(2)　「定住」と「漂泊」の連続性

さて、これまで柳田の人の移動に対する視点を、柳田自身の農政学的課題として捉えてきたが、鶴見和子は社会変動論の立場から柳田の定住と移動に対する視点を論じている。

鶴見は、柳田の言う「常民」を「書きことばよりも話しことばによって生活し、一定の土地に定着し、古くからの伝統を継承し、さらにそれをみずからの知恵をもって時間をかけて作りかえてゆく国民の大多数をしめる被治者」[6]と定義した上で、「定住」と「漂泊」との関係について、また「常民」と「漂泊民」との関係について「一方では、定住民としての常民は、漂泊民とのであいによって覚醒され、活力を付与される。また他方では、ひごろは定住している常民が、あるきっかけで、一時的に漂泊することによって、新しい視野がひらけ、活力をとりもどす。常民が社会変動の担い手となるには、みずからが、定住―漂泊―定住のサイクルを通過するか、または、あるいはその上に、漂泊者との衝撃的なであいが必要である」[7]と論じている。

このような前提の上で、鶴見は漂泊者を七種に分類し、そのなかに「出稼ぎ」を位置づけている。鶴見の漂泊者の分類とはすなわち、

第一　信仰の伝播者
第二　技術者集団
第三　芸能者集団
第四　柳田が「山人」と呼ぶ人々
第五　旅人
第六　職業としての一時漂泊、および職業を求めての一時漂泊
第七　カミガミの定住と漂泊

である。鶴見はこのうちの第六「職業としての一時漂泊、および職業を求めての一時漂泊」に「行商、出稼ぎ、国内の移住および国外への移民」を含めている。その上で鶴見は柳田の方法について、「柳田は、漂泊を、生涯漂泊と一時漂泊に分けた。そして一時漂泊は、旅―もとの定住地へ回帰する―と、移住―他の場処へ漂着する―との二つの経

路をふくむ。そこで漂泊と定住とのかんけいは、生涯漂泊と一時漂泊と定住との、相互関連と、相互浸透の過程として展望することができる」としている。[8]

ここで注目すべき点は、「出稼ぎ」などの「一時漂泊」をふくめた「漂泊」を、「移住」や「定住」といった「漂泊」の帰結[9]までをも包括した形で通観する視点を提起していることである。実際に柳田自身も「実は多くの移住も亦事実出稼ぎの心持で行はれたのである[10]」と述べているように、「出稼ぎ」と「移住」が明確な意識の下に区別されていたとは考えていない。その理由について柳田はつぎのように記している。

> 移住植民は出稼ぎと異なり、家を寂しくはするが兎に角に解決であつた。即ち家の仕事に役立たなくても帰つて来ると云ふ事は少ないのである。けれども女ならば婚姻が解決してくれたが、男はさうはゆかず、何時までも家の力に繋がれてゐる者も多かつた。即ち家に金を送り年を取ると帰つて来る。大抵親の在つた時代の故郷よりは、移住地は良くなかつたから、移住とはならずに尚結果が、出稼ぎと云ふ事になつてしまふ者もあつたのである。尤も出稼ぎの心算で出て行つても、反対に移住となつたものもあつた。即ちかの地で死んだ者、理由があつて国に帰つて来られなくなつた者、又近来は婚姻に依つて出先きに定住する者、或は出稼ぎの力が故郷の綱よりも強くなつた結果、移住となる例も少なくはなかつたが海外移住と称するものさへも、従来のものは一寸行つて来ると云ふ出稼ぎ気分で為されたものが多かつた。従つて故郷に錦を着て帰る心算で出懸けるのが普通であつて、それ故に真の植民は行はれ難く、出稼ぎされた国は渋面するのも実は無理がなかつたのである。[11]

この記述から、「出稼ぎ」と「移住」との違いはその結果に拠るところが大きく、その契機と過程においてはどちらの可能性をも孕んでいると柳田が考えていたことが理解される。つまり、労働にともなう人の移動の研究においては、どこでどのような「出稼ぎ」や「移住」が行なわれたのかというように短期的な、または部分的な現象を把握するだけではなく、その後「出稼ぎ」が継続されたのか、あるいは「移住」へと変化したのか、「移住」がそのまま継続したのか、あるいは結果的には故郷に帰るに至ったのか、といった、移動の過程や帰結についても包括的に検討することが必要なのである。

このような、人の移動を目前の現象だけで捉えるのではなく、長期間にわたって観察しようとする姿勢は、非常に示唆に富むものである。なぜなら人の移動の研究の抱える最も大きな問題点は、「出稼ぎ」や「移住」といった移動を捉える概念の狭さにあるからである。柳田以降の人の移動の研究は、移動する人びとの実態を「出稼ぎ」や「移住」といった狭小な定義によって生業上のひとつの労働形態として囲い込むことで対象化してきた傾向が強い。したがって、早くに柳田が指摘したような、「移住」に移行する可能性を孕む「出稼ぎ」や、逆に「出稼ぎ」に移行する可能性を孕む「移住」などといった、人の移動形態の流動性は捨象されてきた。この点については後述するが、人の移動の研究の閉塞感を乗り越えるためには、柳田の指摘を再認識する必要があるであろう。

さて、柳田以降の労働にともなう人の移動の研究は、杜氏や石工、浜子、坑夫など個々の仕事についての分析や報告が主流となる。そのなかで柳田の視点を受け継ぎ、最も大きな展開を示したのは漁業に関する研究であろう。

漁業者の移動に関する研究には桜田勝徳の「出漁者と漁業移住」[12]を嚆矢として、北見俊夫の「日本海沿岸移民史の考察—東北地方の場合—」[13]、そして近年では野地恒有の『移住漁民の民俗学的研究』[14]などさまざまなものが挙げられるが、これらの研究の特徴は「出稼ぎ」と「移住」が断絶されることなく、一連の現象として捉えられている点にある。一般的に「出稼ぎ」の研究は、「出稼ぎ」の形態や「出稼ぎ」者の心意が毎年変わらずに繰り返されることを前提としている。しかし、漁業に関する研究においては、「出稼ぎ」を常に変化するものとして捉え、その変化の帰結として「移住」に至る様相が描き出される。つまり、移動の過程と帰結とが一貫して捉えられているのである。個別の生業を扱った人の移動に関する研究が目指すべきは、こういった人の移動を動的に捉える姿勢にあろう。

2　分類を重視した人の移動の研究

(1)　民俗学における研究

『明治大正史世相篇』に関連して、もう一点指摘しておきたい。『都市と農村』において柳田は、労働にともなう人の移動を「移住」「出稼」「冬場稼ぎ」「夏場稼ぎ」「移民」などと多様に表現していた。しかしながら『明治大正史世相篇』では、「若し此出稼労働者の配分を解決せずして、農村人の都会入りを阻害するならば、町と村とに住む労働者の競争は愈々激しくなる許りで、我国の労力配賦を順調にする道は甚だ困難となりはしまいか。今までは労働組合も此点に就て悩まなければならなかつた。以前は如何なる状態の下に之がどう動いてゐたかと云ふ事を、出稼ぎといふ現象より一応は歴史的に考へて見る価値も亦茲に存したのである(15)」とあり、「労力配賦」という問題が「出稼労働者の配分」の問題へと統一されている。ただ、柳田が「出稼ぎ」とした人びとの移動を、今日の研究が指すような閉じられたものではなく、様々な移動形態へと移行する可能性を含んだ連続したものであると捉えていたことは前に挙げた引用からも明らかである。

さて、以上のように柳田が「労力配賦の問題」を取り上げて以来、労働にともなう人の移動は、とくに「出稼ぎ」の問題として多くの民俗学の論考で取り上げられてきた。しかしながら、それらのなかで、多様で複雑な「出稼ぎ」について、体系的に把握しようと試みたものは少ない。

民俗学で、「出稼ぎ」という問題を個々の事例としてではなく、体系的に把握する試みがはじめて行なわれたのは、管見の限りでは昭和九（一九三四）年五月から同一二（一九三七）年四月にかけて柳田の主導で行なわれた、いわゆる「山村調査」（正式名称は「日本僻陬諸村における郷党生活の資料蒐集調査並に其の結果の出版」）においてである。この調査では柳田によって一〇〇項目の質問が用意され、全国六六ヶ所で調査が行なわれたが、そのなかには人の移動に関する項目が複数含まれている。たとえば、昭和一一（一九三六）年の『郷土生活研究採集手帖』にはつぎのような質問項目が見られる。

14　出稼には今までどの方面へ多く出ましたか。
▽時をきめて行き又帰って来たもの、例えば酒屋のトウジ、茶摘み女の様なものに特に注意する。

15　外へ出て成功した人がありますか。
その人たちは始終通信をして居ますか。
村の者をよく世話をしてくれますか。
▽外で成功した人に対する村人の感情を知りたし。

16　外に久しく出て居て此頃帰って居る人がありますか。
○其人たちはどういう風に世間を評して居ますか。
○之に対する村の人々の感情はどんなですか。
○婦人の場合はどうですか。

これらの質問項目からは、柳田の人の移動に対する強い関心を読み取ることができる。

さて、「山村調査」の最終報告である『山村生活の研究』には、鈴木棠三が「出稼の問題」と題する報告を寄せている。この報告で鈴木は、「出稼ぎ」を「過剰な労力の排口」と位置づけた上で、「季節的出稼」と「季節的ならざる出稼」の二つに分けて考察している。さらに、この二つに「海外移民、乃至北海道移民などの形式によるもの」も加え、「出稼ぎ」に含めている。「季節的出稼」としては、杜氏や北海漁夫・養蚕手伝・農業手伝などを挙げ、「季節的ならざる出稼」としては、女工や女給・酌婦・炭鉱夫・炭焼・山仕事などを挙げている。その上で鈴木は、季節的出稼は長男も戸主も是に従事したのであるが、季節的ならざるものは次男以下の者が、比較的確立した方針もなく出郷する例が多く、出稼とも移住とも判然とせぬ形になるものが多い。猶、出稼とはいひ難いが、年少子弟を小都市の大工、鍛冶、商店等の見習に出す風が盛んであるが、是は多くは二三男であらう。是が生育して、帰村せぬ場合も多いであらうと思はれる(16)

と述べ、「出稼ぎ」の形態が相続者の問題と密接に関わっていることを指摘している。また、「出稼ぎ」と「移住」の境界の曖昧さにも触れている。こういった鈴木の視点は、柳田の考えを踏襲したものであろう。

一方、宮本常一は「出稼ぎ」を、移動することを前提とする生業に関するものと、兼業として行なうものとの二つに分類し、前者には専業漁業者や杣人を、後者には農業従事者による捕鯨や兼業漁業者による定置網漁、封建都市や土木工事場への農間「出稼ぎ」を挙げている(17)。この宮本の分類は鈴木の言う「季節的出稼」と「季節的ならざる出稼」に似ているが、「出稼ぎ」に出ている時間ではなく、「出稼ぎ」専業なのかそれとも他の生業と「出稼ぎ」を組み合わせているのかという、「出稼ぎ」の生業上の位置づけに基づいている点で進展が見られる。「季節的出稼」では、地元での農業や漁業などの仕事に従事しながら、一年間のうちのある一定期間「出稼ぎ」に従事し、「季節的ならざる出稼」では、基本的に「出稼ぎ」者は「出稼ぎ」先の仕事のみに従事する。現在でも「出稼ぎ」を季節的なものと通年的なものとに、時間によって分類する傾向が見られるが、「出稼ぎ」者の生業の構造全体を見通すためには、時間よりも生業上の比重を重視した分類の方が有効であろう。したがって筆者は、「出稼ぎ」を専業的「出稼ぎ」か兼業的「出稼ぎ」かによって分類する宮本の姿勢を支持したい。ただ、宮本の分類は個々の生業の性質に基づいたものであり、移動することを前提とする生業がいわゆる「漂泊者」による生業を意図する傾向にある点には注意する必要があるであろう。

さて、労働にともなう人の移動を体系的に扱ったその他の研究としては、中村羊一郎の「季節労務の民俗」が挙げられる。中村は「民俗としての季節労務」を「労働の報酬を得ることを目的として、毎年一定の季節に居住地以外の地域に行くという労働力の季節移動をさし、かつ雇用者・被雇用者双方にそれぞれ季節的に限定される需要と供給の関係が存在するもの」と定義して、社会問題あるいは労働問題としての「出稼ぎ」とは区別した上で、季節労務の雇用形態を、

① 単純家内労働力補充
② 地域産業展開にともなう産業労働力補充
③ 全国的労働市場における基礎労働力

の三つに分類し、それを戦後までの時系列に沿ったものとして、その変化の過程をまとめている(18)。

中村の論考は対象を季節労務に絞ることによって、今まで曖昧なまま使い分けられてきた通年的な移動と季節的な移動を明確に区別した点で、また、労働形態の変遷を通時的に捉えている点で、評価できる。しかしながら、季節労務に対置し得る分析枠組は提示されていない。また、季節労務の分類に力点が置かれているためにやむを得ないことではあるが、どのような「出稼ぎ」が行なわれていたかという現象面のみを扱っているために、全国的な事例の列挙となり、地域的な背景や特色といったものが捨象されている。

以上の鈴木・宮本・中村の三人の論考を概観してみると、民俗学では通年的「出稼ぎ」か季節的「出稼ぎ」かというように、一年間の生業のうちで「出稼ぎ」が占める割合を基準に分類が行なわれ、議論が展開される傾向にあったことが分かる。しかし、こういった分類は多様な相を含むさまざまな「出稼ぎ」を整理することには役立つが、それ以上の成果を期待することは難しい。それどころか、このような分類の過程で、労働にともなう人の移動の研究は「出稼ぎ」の研究へと矮小化されていったのではないだろうか。

さらに、これまでの民俗学の「出稼ぎ」研究では、兼業的「出稼ぎ」が扱われることが多かった。それは浅井易が指摘した問題、すなわち「空間的に境界づけを行った上での研究が、村落からの人の出入りを視野の外に置きがち

だった」ということと関係している。専業的「出稼ぎ」では、「出稼ぎ」者は一年のほとんどを「出稼ぎ」先で過ごし、盆や正月、あるいは氏神の祭りといった機会にのみ戻ってくる。したがって、「出稼ぎ」者とその土地との結びつきは曖昧となり、調査者が彼らをその土地の民俗の担い手として把握しにくい状況があったと言える。一方の兼業的「出稼ぎ」の場合は、「出稼ぎ」者は調査地の生業との関わりが深く、調査の対象として把握されやすいのである。しかし、専業的「出稼ぎ」の担い手も行事の際に帰郷したり、仕送りを続ける地元の人間であり、兼業的「出稼ぎ」のみに焦点を当てるだけでは不十分である。

さらに、このような兼業的「出稼ぎ」を中心とした研究が、一年間という循環的サイクルの中で「出稼ぎ」を扱う傾向にあるため、人の移動の通時的ダイナミズム、つまり人の一生における移動形態の変化への注意を欠く結果を招いたことも否めない。ここに、民俗学における人の移動の研究が停滞した原因の一つを認めることができるであろう。

(2)　隣接諸科学における研究

さて、「出稼ぎ」に関する分類については、「出稼ぎ」を日本社会の近代化以降の社会問題として扱ってきた隣接諸科学、とくに経済学や社会学、地理学などの分野においても積極的に試みられてきた。それらの多くは戦前・戦後や高度経済成長期以前・以後といった、日本の社会構造の変化にともなうかたちで「出稼ぎ」の形態を分類するものである。こういった日本の産業化を柱とする時間軸に沿った分類は、マクロな視点から日本の社会問題としての「出稼ぎ」を抽出し、分析を加える場合には有効である。しかし、この分類では戦前や、戦後でも高度経済成長期以前に行なわれていた「出稼ぎ」を、高度経済成長期以後の問題として取り上げることが難しくなり、両者があたかも断絶したものであるかのように扱われてしまう。そこに「出稼ぎ」を時間軸に沿って分類することの弱点がある。

こういった問題について、社会学では松田松男が「幕藩政期ならびに戦前から世代交代として行なわれてきた伝統的農民出稼ぎ」を「伝統型」、「一九六〇年代以降、経済の高度成長期の波に乗って急増した出稼ぎ」を「産業予備軍型―土木・建設、工場出稼ぎ」と位置づけた上で、それぞれの型が共存する場合の実態について報告することの意義を強調している(19)。

また、矢野晋吾は「出稼ぎ」の職種による分類を試みている。矢野は「農業、林業、漁業、酒造、寒天製造、凍り豆腐製造、大工、鉱業、行商」などの「古くは江戸時代から継続してきた伝統的な職種」を「伝統型出稼ぎ」とし、高度経済成長期以降に新規に発生した「土木建設、機械・化学・金属などの製造業の分野」を「賃労働型出稼ぎ」としている。その上で、前者の性格を「各村で伝統的に継承し、『出稼ぎ』先との個人的ネットワークなど、緊密な社会的関係をもとに成立していた。また、社会集団を形成して移動したり、その集団が特殊な技能による社会階層を形成するものも多かった」としている。さらに、後者の特徴を「かつての業種とは対照的に、『出稼ぎ』先との緊密な社会関係はない。技能面でも特殊技能を必要とするものは少なかった」としている(20)。

このように、矢野は高度経済成長期の以前・以後で大まかな区分を行ないながらも、職種、「出稼ぎ」先との関係、特殊技能の必要性などの具体的特徴から分類している。民俗学においても戦前・戦後、あるいは高度経済成長期以前・以後といった時代区分だけではなく、具体的内容に基づく「出稼ぎ」の分類が必要であろう。なぜなら、「出稼ぎ」の形態の変化は一度に画一的に起ったわけではなく、また、すべてが近代的「出稼ぎ」に取って代わられたわけでもないからである。つまり、「出稼ぎ」の研究においては、時代区分によって「出稼ぎ」の内容が分類されるのではなく、「出稼ぎ」の内容によって分類が行なわれなければならないのである。

しかし、矢野の「伝統型出稼ぎ」と「賃労働型出稼ぎ」という分類は、言葉の上で少々問題があると考えられる。なぜなら、「伝統型」と「賃労働型」とは対立するものではないからである。問題は「賃労働」という言葉にある。たしかに、近代的な「出稼ぎ」は特殊な技能を必要としない「賃労働」が多いが、大工や行商などの自営的「出稼ぎ」以外の伝統的「出稼ぎ」も、そのほとんどが雇用者から労働の対価として金銭を受け取る「賃労働」なのである。

　そこで筆者はひとまず、伝統産業型「出稼ぎ」と近代産業型「出稼ぎ」という言葉で労働にともなう人の移動の一形態としての「出稼ぎ」を分類しておきたい。伝統産業型「出稼ぎ」はあくまでも近代産業型「出稼ぎ」と対立することによって成り立つ概念である。近代産業型「出稼ぎ」は日本の近代化・工業化にともない新規に発達してきた土木建築や製造工場などの近代的産業に従事する「出稼ぎ」である。一方の伝統産業型「出稼ぎ」は古いものでは少なくとも近世中期から続く「出稼ぎ」であり、日本の近代化以前からある産業に従事する「出稼ぎ」である。ただ、矢野のように「特殊技能」の有無や「出稼ぎ」先との「緊密な社会的関係」の有無などを分類の基準とすることはできない。近代産業型「出稼ぎ」にも、「特殊技能」を必要とするものや「緊密な社会的関係」を結んでいるものもあるし、伝統産業型「出稼ぎ」が、必ずしも「特殊技能」や「緊密な社会的関係」をともなうわけではないからである。こういった問題はあくまでも一般的傾向であり、やはり、基準とするのは「出稼ぎ」の仕事の内容であるべきだと筆者は考えている。

　また、ここで検討した専業的・兼業的、あるいは伝統産業型・近代産業型といった分類についても、あくまでも複雑な様相を呈する労働にともなう人の移動の実態を把握するためのツールとして考えなければならない。人の移動の研究の目的は、移動を分類することにあるのではなく、あくまでも移動することの生業上の意義や人びとと故郷とのつながり、そして働くことに対する意識などを明らかにすることにあるからである。

3　日常としての人の移動の研究へ

　近年、大工・石工・浜子・坑夫などといった職種を単位とした分析や報告を中心とする「出稼ぎ」研究は解体されはじめている。それは複合生業論の登場によって、生業研究が技術に偏った研究や農業・漁業・狩猟などといった類型論的把握から脱したことに起因すると考えられる。[21]「出稼ぎ」を地域外で行なわれる特殊な生業として捉えるのではなく、家や個人を中心に生計維持のシステムを把握し、そのなかに「出稼ぎ」を位置づけようとする視点が確立したのである。

たとえば、葉山茂は青森県の二つの漁業集落の事例から、「人びとが出かせぎに行って『帰ってくる』理由を生業形態との関係で説明」することを試みている。葉山は、数十年にわたる「出稼ぎ」から「帰ってくる」ことができるのは、「地元」の漁業に復帰することができる資源利用の形態や資源の分配方法が成立しているからであると結論づけている。[22]また、筆者も青森県西津軽郡鰺ヶ沢町の事例について、「出稼ぎ」の変化と持続の原因を、地域生業自体の変化と、「出稼ぎ」を取り巻く社会的環境の変化の両側面から分析している（補論参照）。

一定地域における「出稼ぎ」の変遷を具体的に扱った論考も見られる。たとえば、山田直巳と喜山朝彦は青森県西津軽郡鰺ヶ沢町の事例から、昭和初期から緊急避難的・一時的なものとしてはじまった「出稼ぎ」が、当該地域を取り囲む社会の変化とともに、恒常的な「出稼ぎ」へと変化していく過程を報告している。[23]そもそも労働にともなう人の移動は地域の置かれた条件を反映して行なわれるものであり、このような具体的な地域における、社会的背景をふまえた詳細な研究は重要である。

さて、近年の研究において一定の成果を挙げているのは矢野晋吾であろう。矢野は社会学の立場から経済学、経済史学などの分野を含めた研究史を整理、分類した上で、「出稼ぎ」を当事者の「離村時の行動の論理」と「離村後に現実にとった『行動』」から検討して類型化を行なっている。さらに、長野県諏訪地域の酒造「出稼ぎ」の事例から、「出稼ぎ」と個人、「出稼ぎ」と家業経営、「出稼ぎ」と村落構造の関係について具体的に明らかにし、農業や農業外の仕事と「出稼ぎ」を組み合わせる「生業セット」という捉え方の重要性を提唱している。[24]

筆者も労働にともなう人の移動を個別に扱うのではなく、地域の生業、あるいは家や個人の生業のなかに位置づけ、その果たしてきた役割を生業全体のなかで明らかにする必要を強く感じていることはこれまで述べてきたとおりである。とくに移動が歴史的に行なわれてきた地域においてはこの作業が不可欠である。なぜなら、地域生業の複合的な実態を明らかにすることが重要なのはもちろんのこと、移動が生業の構造に与えた経済的な影響や社会組織の形成や家の継承などに対して与えた影響、あるいは逆にそれらが移動を含んだ生業の構造に対して与えた影響など、これまで十分に検証されることがなかった課題が多く残されているからである。

これらの課題について明らかにするためには、筆者はある地域における労働にともなう人の移動を、時間軸に沿ったかたちで把握することが必要であると考えている。ここでいう時間の意味には二つある。ひとつは日本の近代化による人の移動の変化を一連の流れとして捉える、たとえば、伝統産業型「出稼ぎ」と近代産業型「出稼ぎ」を結ぶ大きな時間である。伝統産業型「出稼ぎ」が行なわれてきた地域において、近代産業型「出稼ぎ」を近代日本社会における新しい現象として切り離して考えることはできない。「出稼ぎ」という労働形態そのものを、歴史的にその地域の生業として捉える必要があるのである。このような人の移動を取り巻く日本社会の変化と、その変化を背景に行なわれる人の移動を同じ時間軸の上で扱い、把握しようとする視点は、歴史的視点と呼ぶことができる。

また、もうひとつの時間は、労働にともなう人の移動が故郷の生活のどのような背景のもとに行なわれ、その過程と帰結はどうであったかという、移動者個人の時間の流れである。そこで描かれるべきものは、故郷の、あるいは個人の生業としての移動であり、また、移動中に保たれる故郷との関係や新たに結ばれる移動先との関係である(25)。ここで重要なのは、こういった研究が常に故郷での生活や、移動中に保たれる故郷との関係を念頭において行なわれなければならないということである。なぜなら、新たに結ばれる移動先との関係や、移動先への定住という決断などは、常に故郷との関係を背景として行なわれるからである。このような視点は、移動や、移動から派生する定住といった現象を生活の総体のなかで捉えるという意味で、民俗誌的視点と呼ぶことができるであろう。

このような民俗誌的視点からの人の移動の研究は、具体的には、ある地域における人の移動を、①契機、②過程、③帰結の三点から連続的・総合的に捉える。

①の「契機」とは、移動を生み出す地域の文化的あるいは社会的背景や個人の家庭的事情など、移動を生み出す原因である。

②の「過程」は移動がどのように行なわれていた（る）のかという実態、および移動中に故郷と保たれる関係や移動先で新たに結ばれる関係のことである。

③の「帰結」は①②の経過をふまえた上での移動の結末である。

ここで注意しなければならないのは、③の「帰結」には故郷に戻ることも、移動先に定住することも含まれているということである。たしかに、「出稼ぎ」は故郷に戻ることを前提に行なわれるものであるが、柳田の指摘にもあるように、その帰結が「移住」であっても、それまでの過程は「出稼ぎ」にほかならない。また、「移住」についても、つぎの展開への可能性が常に残されている。つまり、人の移動の民俗誌的視点からの研究は、「出稼ぎ」や「移住」といった枠組み自体を取り払い、労働のための移動すべてを、一個人の一連の行動と捉えることによってはじめて成り立つのである。

このように、労働にともなう人の移動を歴史的視点と民俗誌的視点という二つの視点から見ることは、人の移動を日常として位置づけ、人の移動そのものを正面から描くことであり、移動する人びとにとっての移動の意義や移動の過程で顕在化するさまざまな心意を捉え直す作業となるはずである。

二　移動概念の再検討

1　「出稼ぎ」のイメージと定義

民俗学における労働にともなう人の移動の研究が、主に「出稼ぎ」という移動形態を軸として進められてきたことは前節で述べたとおりである。しかし、ここまで筆者は「出稼ぎ」という言葉を括弧で括って用いてきた。それは筆者がつぎの二点において「出稼ぎ」という用語に不足を感じているからである。すなわち、①「出稼ぎ」という言葉が戦後の社会問題としての「出稼ぎ」の悲劇的なイメージを帯びすぎていること、②これまで「出稼ぎ」という言葉に確固とした定義が与えられてこなかったにも関わらず、曖昧で狭小な視点によって故郷の外に出て働くという現象の一部だけが切り取られて扱われてきたこと、である。

まず、①の悲劇的なイメージについてであるが、このイメージはもちろん戦前から「出稼ぎ」という言葉に付与されていた。たとえば、農業経済学者の宮出秀雄は戦前の東北地方の漁業「出稼ぎ」について、「日本の漁業は、東北地方を初めとする積雪寒冷単作地帯の余剰労力、潜在失業人口を対象として成立しており、又これら単作地帯の下層零細農は、漁業労働への出稼ぎ収入を目当てにして生活を維持存続しているといえる」と述べているが[26]、「積雪寒冷単作地帯」「余剰労力」「潜在失業人口」「下層零細農」といった単語は、現在まで続く「出稼ぎ」の悲劇的なイメージを強調し、定着させている。

さらに高度経済成長期以降の「出稼ぎ」を扱った研究でも、悲劇的なイメージは上塗りされる。経済学者の大川健嗣は「出稼ぎ研究の今日的意義」について、「国家独占資本主義体制下の戦後日本資本主義が、自らの資本蓄積過程の中に産業としての日本農業および地域としての農村をいかに位置づけ、かつそれを収奪対象としていかに『再編』してきたのかを解明するところにある」とし、[27]社会学者の渡辺栄と羽田新も、大川と同じように、「出稼ぎ」を戦後の日本資本主義による農民からの収奪と位置づける立場をとっている。[28]もちろんこれらの研究は戦後日本の資本主義の歪みを一定の立場から研究対象としており、過剰な悲観主義とは区別されなければならない。ただ、主に東北地方や北陸地方を「出稼ぎ」者輩出地として取り上げたこれらの研究が、ジャーナリズムや行政がステレオタイプ化して過剰に悲惨なイメージを付与した「出稼ぎ」と一体になってしまったことは否めない。

たとえば、財団法人新生活運動協会の昭和四〇（一九六五）年二月発行の機関紙では「出稼ぎ家庭の生活設計」という特集が組まれ、「ゆがめられる農村生活」と題された記事はつぎの一文からはじまっている。

秋の取り入れが終ってホッとしますと、出稼ぎの嵐は台風のように農村地帯を襲ってきます。なかでも単作農家の人たちは、堰を切ったように、都会の工事場に流れていき、残された人たちはなす方法もなく、ますます大きくなる嵐に、うつ手もなくただうずくまっています。

置き去りにされた老人、妻、子はいったいどうして暮しをたてたらよいのか、柱を失った家族は、経済的にも精神的にも追いつめられてゆきます。

夫を待つ妻、父を待つ子、こうして都会に生活の基礎を奪われた数はざっと三十万。農村の人たちの生活ははたしてこのままでよいでしょうか。[29]

工事現場での労働。妻子と離れた暮らし。経済的、精神的な困窮。このような表現は「出稼ぎ」の「悲劇性」を典型的に表していると言えるであろう。

また、瀬戸内島嶼部の「出稼ぎ」に関しても、貧しさが故の「出稼ぎ」というイメージが付与されている。たとえば、河野通博は広島県沼隈郡内海町田島の「出稼ぎ」についてつぎのように表現している。

しかし冬期のみの季節的出稼と超零細規模の自給農業を結合しただけでは捕鯨労働者は一年の生活を支えてゆけない。前借していた出漁期間中の賃金は帰って来るまでに家族の生活費として使い果たされるのが普通であったし、帰島後は夏半年の食いつなぎのため再び島の打瀬網業者に雇われたり、或は西宮や灘のイワシ地曳網に雇われに行ったのである。イワシ地曳網には内浦からも出かけていたが、これも「灘の網曳は乞食より劣る。乞食は夜も寝る、楽もする」と唄われたほど過重な労働であった。しかし鯨組の人々には船を所有するものが殆どなかったため、自営漁業を営みえなかったのである。(30)

このように、瀬戸内島嶼に精通した河野でさえも、「出稼ぎ」を零細農家、あるいは零細漁家の食いつなぎと位置づけているのである。この背景には自営的農業だけ、自営的漁業だけで生活できることを最善とする価値観が見え隠れする。しかし、人はそれぞれの置かれた環境に応じて創意工夫して生活するのであり、元来ひとつの生業だけで生活することを前提としない瀬戸内島嶼部において、専業が豊かで兼業が貧しいという捉え方をすること自体、瀬戸内の生業の把握として不十分と言わざるを得ない。

つまり、「出稼ぎ」は古くから多様な形態を持ち、決して悲劇的なものばかりではないにも関わらず、また生業に「出稼ぎ」を組み込むことが必ずしも貧しいことを意味しないにも関わらず、労働問題としての悲劇的な「出稼ぎ」というイメージの先行により、言葉の意味が限定されてしまっているのである。

つぎに②の定義の問題である。これまでの民俗学の成果から、確固とした「出稼ぎ」の定義を探すことは難しい。宮本常一は「出稼ぎ」を「生産領域と生活領域に大きいずれを生じたときおこる現象」としているが、(31)これは「出稼ぎ」の原因を説明しているに過ぎない。このような定義不在の状況は、民俗学が、「出稼ぎ」というすでに用意されていた一般的な語によって、伝統的な営みとして存在する労働にともなう人の移動という現象を切り取ってきたことにより生じたものと考えられる。

それでは、辞書ではどのように説明されているのであろうか。『日本民俗大辞典』では「生活本拠地を一時的に離れ、家計補助を目的に主として賃労働に一定期間従事した後、再び本拠地の生活に復する労働形態」という説明がなされている(32)。この説明でポイントとなるのは家計補助と回帰性の二点であろう。この説明は、経済学や社会学の行なった定義を参考にしたものと思われる。たとえば、『新社会学辞典』では「一定期間、自家の生活の本拠から離れて働き、しかる後に必ず生活本拠地の家に帰ってくるという、いわゆる回帰性・季節性を有する一時的離村形態をとる就労であって、永久離村や日々家から通勤する通勤兼業とは異なる」と説明している(33)。また、経済学では大川健嗣が研究史上の概念規定を整理した上で、「出稼ぎ」を「一定期間家から離れて働き、しかる後に必ず家へ帰って来るという、いわゆる回帰性を有する一時的離村形態であって、永久離村や、毎日家から通勤する（通勤兼業）といったものとは異なるもの」と定義し、さらに中島仁之助の「地元の家庭経済と不可分離の関連を有する」という指摘を興味深いものとして挙げている(34)。さらに社会学者の渡辺栄と羽田新は「出稼ぎ」を「生計（家庭経済）の必要を満たすために、一定期間生活の本拠（家）を離れて他地で働き、しかる後に必ず帰ってくるという、一時的回帰的な離村就労形態である」と定義している(35)。これらの定義がどれも回帰性と家計補助に「出稼ぎ」規定のポイントを置いていることは明らかであろう。

一方、社会学者の矢野晋吾は「離村時の行動の論理、具体的にはそれを生み出す『態度』と、離村後に現実にとった『行動』」に注目し、「離村時の態度」「離村後の動向」「帰村の要因」「帰村後の行動の契機」という四点を基準に八つのパターンを導き出している。その上で、家運営と家業経営との関連が緊密な四つのパターン、すなわち「①帰村を前提として離村し、生活の場・住居を家から移さないタイプ（通勤兼業）、②帰村を前提として離村し、農繁期の到来等、家業上の必要性が生起するというプル要因で帰村するタイプ（季節「出稼ぎ」等）、③帰村を前提として離村し、婚姻・相続等、家の存続にかかわるプル要因で帰村するタイプ（年季奉公、女工等）、④帰村を前提として離村し、奉公先の年季明けや失業、疾病等、先方のプッシュ要因で帰村するタイプ」を念頭において、「出稼ぎ」を「家・家業経営の維持・継承を前提とする態度をもちながら、家業以外の有償労働に労働力移動を行う行動論理」と定義している[36]。

しかし筆者は、民俗学がこれらの経済学的定義や社会学的定義をそのまま用いることには慎重でなくてはならないと考える。なぜなら、大川や渡辺・羽田の定義は社会問題としての「出稼ぎ」を切り取るために規定されたものであり、われわれが民俗学で対象とする「出稼ぎ」は、必ずしも社会問題としての「出稼ぎ」でもなければ、生活苦を克服するための家計補助のみを目的としているわけでもないからである。

一方、矢野の定義には大きな可能性が秘められている。矢野は「村からの労働力移動」の八つのパターンに、帰村を前提としながら結果的に村外定住となったものや、村外定住を前提としながらも家・家業の事情により帰村したもの、村外定住を前提としながらも本人の事情で帰村したもの、を含めている。つまり、労働にともなう人の移動の多様な形態を視野に捉えた上で、「出稼ぎ」という現象を限定しているのである。ただ、「村からの労働力移動」という大きな枠組みが活かされていないのが残念である。

ここで柳田の指摘を思い出したい。「出稼ぎ」のつもりで出て行っても結果が「移住」になることもあれば、「移住」のつもりで出て行っても結果が「出稼ぎ」となることもあるのである。「出稼ぎ」を家計補助や回帰性で縛ってしまうと、「出稼ぎ」の延長線上にあるもの、あるいは「出稼ぎ」へと移行する可能性のあるものを排除してしまうのである。

たとえば、第四章で論じることではあるが、愛媛県今治市の伯方島からは、古くから石屋が各地の工事現場や採石丁場に「出稼ぎ」に出ていた。彼らの一部は「出稼ぎ」先において山の採掘権を取得して家族を呼び寄せ、自ら丁場の経営にあたった。しかし、その後も彼ら全員がその土地に留まったわけではない。家族を連れて引き揚げた人もいれば、子供に丁場を託して自分だけ引き揚げた人もいる。また、さらに別の土地へと移り住んだ人もいるのである。こういった一連の石屋の移動から、従来の狭い「出稼ぎ」の定義に当てはまるものだけを選り分けて分析を加えることは無意味であろう。

また、経済的側面だけではなく、「出稼ぎ」が果たしてきた人生修業あるいは通過儀礼としての役割や、狭い地域社会から外へ出ることの喜びなど、「出稼ぎ」の文化的・社会的側面も、民俗学における研究の主要なテーマである。「出稼ぎ」の研究は、従来の「出稼ぎ」という用語の定義で囲い込むことのできる現象のみを対象とするのではなく、現実に対して常に開かれていなければならないのである。

2 「出稼ぎ」からタビへ

以上をふまえて、筆者は既存の悲劇的イメージに縛られることなく、また、家計の補助や回帰性といった条件に縛られることなく、「出稼ぎ」や「移住」(37)といった労働のための移動を総合的に捉える新たな概念を提出する必要を感じている。

そこで、筆者は労働のための移動を「旅」と呼びたい(38)。

民俗語彙としての「旅」は、『改訂総合日本民俗語彙』には「對馬の佐須奈村で、タビとは外部・世間のことで、『タビから来た人』などという。島などは概してこういう所が多く伊豆の三宅島でも、島中の他村をお互にタビだといい、群馬県館林市では、離縁になつて戻つている者、出戻りのことをタビガエリといつて『あそこの家にはタビガエリの娘がある筈』などという。青森県で、在来の郷人に対して外来人をタビシュ・ホガノフトなどという」と説明されている。また、小学館の『日本国語大辞典』によると、新潟県の佐渡島では「出稼ぎ」に行くことを「旅」と呼んでいるといい、『上越市史』には「上越の人々が生活上、関わりをもった、あるいは視野に入る範囲内での『よその地、他郷、遠方の地』」の意味で「旅」が用いられていることが報告されている[39]。さらに、沖縄県うるま市の平安座島でも、明治以来の経済基盤としての「出稼ぎ」のことを「旅」と称している。そして、この「旅」という言葉の背景には、「最終的には故郷にもどるのだという前提」があるという[40]。

瀬戸内でも、香川県坂出市櫃石島や仲多度郡多度津町高見島で島外に出ることを「旅」と呼び、香川県丸亀市本島では「島外の人をタビの人と言っている。『畦を越えてもタビ』といって、今、地ツイている者（島内に在住する人）も何代か前には島外にある場合、新参者ほどでないにしても何かと区別していた」という[41]。筆者の調査地である愛媛県今治市宮窪町でも、古くは島外から来た人を「旅」の人と呼び、島外の土地に行くこと、あるいは行っている状態を「旅」と称していた。

このように、「旅」とは故郷を離れて他の土地へ移動することや、他の土地にいる状態、また、他の土地自体を指し、さらにそこから派生して「出稼ぎ」のように故郷を離れて働きに出ることをも意味する語である。

さて、本研究では、この「旅」という言葉を一般的な旅行などの意味と区別するために片仮名で「タビ」と表記することとした上でつぎのように定義し、労働にともなう人の移動を意味する概念として用いたい。タビとは「本人が故郷と考える土地から寝食の場を移して働きに出ること、またはその状態」である。このタビでは家計補助や回帰性は問題としない。経済的な役割が低い（奉公や修業など）、または皆無（他出した次三男など）であってもタビである。また、「移住」する意思を持ちながら帰村に至ったものもタビであり、帰村する意思があったにも関わらず結果が「移住」となったものでも、故郷の存在が意識されている限りはタビである。ここで筆者が唯一の基準とするのは「本人が故郷と考える土地」の存在の有無である。もちろんこの土地が常に意識されている必要はない。故郷を後にした人が自らの行動を決定する際に、ひとつの選択肢（実際には選ぶことができない場合もある）として「本人が故郷と考える土地」の存在が心に浮かべばそれで良いのである。

このような夕ビの概念は英語の emigration の意味に近いと考えられる。emigration は他国などへの「移住」や「出稼ぎ」、「移民」などの意味を包括的に指す言葉である。したがって、労働にともなう移動である「出稼ぎ」や「移住」などを統合する概念である夕ビと類似している。しかし、emigration は労働にともなう移動に的を絞った語彙ではない。また、emigration にともなう労働は地域の生業としては扱われておらず、故郷との関係性を考慮したものともなっていない。したがって、夕ビと emigration は区別されなければならない。

このような夕ビの概念を設定することによって、これまで「出稼ぎ」という言葉で切り取られてきた労働のための人の移動は、悲劇的なイメージを払拭して中立的なイメージを確立することができる。また、これまでの「出稼ぎ」という概念からは除外されていたさまざまな現象を、従来の「出稼ぎ」と同時に一連の現象として扱うことができるようになる。すなわち、「出稼ぎ」の結果が「移住」となったものや、帰郷を前提としない「移住」、就学や就職のための他出などである。人と故郷との関係は、金銭的な結びつきや帰郷するという具体的な行動、あるいは本籍や墓所の有無などによってのみ結ばれているわけではない。先祖や親族の存在、友人の存在、幼少時の経験、これらすべてが夕ビに出ている人を故郷と結びつけている。こうした故郷に対する意識が存在する限りは、経済的なつながりや回帰性の有無に関わらず、それは夕ビなのである。進学や就職で故郷を後にする若者が、再び故郷に帰ることを前提としているか、それとも新たな土地で生涯を送ることを前提としているかは問題ではない。また、定期的な帰郷や経済的な結びつきがいかに保たれているかも問題ではない。問題は、彼らが故郷を後にして他の土地で生活しているという事実であり、その過程で彼らが故郷との間につむぎ出す関係性の中に垣間見えるアイデンティティや故郷観、労働観であり、それに基づく夕ビの帰結としての彼らの行動なのである。

註

（1）川田稔『柳田国男の思想史的研究』未来社、一二五一頁

（2）柳田国男「農政学」（『柳田國男全集』第一巻、筑摩書房、一九九九（一九〇五）年、二七一―二七三頁）
（3）『明治大正史世相篇』において柳田は「労力の配賦」という一章を設け、「以前は如何なる状態の下に之がどう動いてゐたかと云ふ事を、出稼ぎといふ現象より一応は歴史的に考へて見る価値も亦茲に存したのである」と、「出稼ぎ」を歴史的に考えることの意義について積極的に言及している。柳田はまず「出稼ぎ」は「家の協同維持の為に余つた労力を有効に利用すべく行はれたものであった」とし、その起源を農作業の手伝いに求めた。「言はゞ相互の結の組織が手近かな村々の手伝ひに拡張し、それが次第に遠国への出稼の道を開いた」のである。さらに「杜氏の様に特別な技術を必要とする者が、毎年間断なく出稼に出懸けると、遂には需要に応じて遠地にも行き、また家の協同維持と云ふよりも、更に進んだ職業となる」という。つまり、農民の相互扶助的「出稼ぎ」が技術的「出稼ぎ」へと発展していったというのである（「明治大正史世相篇」（『柳田國男全集』第五巻、筑摩書房、一九九八（一九三一）年、五四二―五四四頁））。
（4）柳田国男「都市と農村」（『柳田國男全集』第四巻、筑摩書房、一九九八（一九二九）年、二四一―二五四頁）
（5）註（4）同書　三一〇頁
（6）鶴見和子『漂泊と定住と―柳田国男の社会変動論―』筑摩書房、一九七七年、八九―九〇頁
（7）註（6）同書　二〇二頁　労働にともなう人の移動を日常と捉える筆者の立場からは、鶴見の「常民」と「漂泊民」、「定住」と「漂泊」を、「ケ」と「ハレ」、「日常」と「非日常」とも読み替えられかねない二元論に陥らせることには首肯し難い。
（8）註（6）同書　二〇六―二一二頁
（9）後述するように、「出稼ぎ」は帰郷することを予定して行なわれるものであるが、その結果が必ずしも帰郷となるとは限らない。たとえ、その結果が「移住」となったとしても、それはあくまでも「出稼ぎ」の帰結なのである。
（10）註（3）同書　五四五頁
（11）註（3）同書　五四六頁
（12）桜田勝徳「出漁者と漁業移住」（柳田国男編『海村生活の研究』日本民俗学会、一九四九年）
（13）北見俊夫「日本海沿岸移民史の考察―東北地方の場合―」（肥後先生古希記念論文刊行会編『日本民俗社会史研究』弘文堂、一九六九年）
（14）野地恒有『移住漁民の民俗学的研究』吉川弘文館、二〇〇一年
（15）註（3）同書　五四二頁
（16）鈴木栄三「出稼の問題」（『山村生活の研究』国書刊行会、一九七五（一九三八）年、七〇―七六頁）

（17）宮本常一「出稼ぎ」（『生業』郷土研究講座 第四巻、角川書店、一九五八年、二〇七―二二二頁）
（18）中村羊一郎「季節労務の民俗」（野本寛一・香月洋一郎編『生業の民俗』講座日本の民俗学5、雄山閣、一九九七年、二三二―二四七頁）
（19）松田松男『戦後日本における酒造出稼ぎの変貌』古今書院、一九九九年、一六頁
（20）矢野晋吾「『出稼ぎ』研究の理論的前提―当事者の論理と社会的性格の検討を通じて―」（『日本労働社会学会年報』第11号、日本労働社会学会、二〇〇〇年、七八頁）
（21）安室知『水田をめぐる民俗学的研究―日本稲作の展開と構造―』慶友社、一九九八年
（22）葉山茂「生業活動における資源分配の構造と出かせぎ―青森県内の二つの漁業集落を事例として―」（『国立歴史民俗博物館研究報告』第123号、国立歴史民俗博物館、二〇〇五年）
（23）山田直巳・喜山朝彦「岩木山麓村の変貌と出稼ぎ―青森県西津軽郡鰺ヶ沢町赤石地区―」（『山村生活50年 その文化変化の研究』昭和60年度調査報告、成城大学民俗学研究所、一九八七年）
（24）矢野晋吾『村落社会と「出稼ぎ」労働の社会学―諏訪地域の生業セットとしての酒造労働と村落・家・個人―』御茶の水書房、二〇〇四年
（25）浅井易は今までの「出稼ぎ」研究において「移動前か移動先の、または帰還後の、住まうことの関係ばかりに焦点」が当てられてきたことを批判し、移動の前後ばかりでなく、移動そのもの、つまり「移動の回路または経路と、その途上において取り結ばれる関係を重視する」ことを主張している（浅井易「近代とタビ（旅）―沖縄の人々の移動の研究への新たな視角―」（『日本民俗学』220、日本民俗学会、一九九九年、一一七頁））。
（26）宮出秀雄『農村潜在失業論』有斐閣、一九五六年、五六頁
ただ宮出は能登の杜氏については富農の「出稼ぎ」が多く、必ずしもすべての酒造「出稼ぎ」者が貧農というわけではないことを指摘している。
（27）大川健嗣『戦後日本資本主義と農業』御茶の水書房、一九七九年、三〇頁
（28）渡辺栄・羽田新『出稼ぎ労働と農村の生活』東京大学出版会、一九七七年
（29）浅利尚介・田辺信一『出稼ぎ家庭の生活設計』くらしのシリーズ29、財団法人新生活運動協会、一九六五年、一頁
（30）河野通博「瀬戸内海島嶼部における半農半漁村の経済地理学的研究（第一報）―広島県沼隈郡内海町田島の場合―」（『岡山大学法文学部学術紀要』第5号、岡山大学法文学部、一九五六年、一一三頁）

（31）　註（17）同書
（32）　福田アジオ他編『日本民俗大辞典』下、吉川弘文館、二〇〇〇年、一四七―一四八頁
もちろんこの説明には「出稼ぎ」の職人育成的側面や、「出稼ぎ」が「若いころに世間を見て歩く大切な機会」でもあることが付け加えられており、右記の説明が絶対的なものではないことについては補足している。
（33）　森岡清美他編『新社会学辞典』有斐閣、一九九三年、四〇頁
（34）　註（27）同書　三四頁
（35）　註（28）同書　三頁
（36）　註（24）同書　二八―三四頁、五六―五七頁
（37）　「移住」についての学術的な定義は明確ではない。『日本民俗大辞典』には「移住」の項目はなく、『新社会学辞典』には「国境を越え他国に移り住むこと。経済的により豊かな生活を求めて移住するというのが一般的であるが、宗教的・政治的迫害、戦乱、自然災害からの脱出など、移住の目的はさまざまである」とあり、移動先が国外に限定され、さらに一般的な記述を超えるものではない。一方、「移民」については、『日本民俗大辞典』では「広義では国の内外を問わず生活の本拠地を比較的遠隔地に移動させること、あるいはその移住者を指し、一般的には異なる国家間の人口移動（海外移住）あるいはその移住者を意味する。生活の本拠を恒久的、半恒久的に移動させる場合を指し、帰還の時期がおおよそ設定されている短期の出稼や季節的労働移動、特定の目的を履行するための留学生、駐在員・軍人の海外派遣などは含まない」とされている。このような定義から、故郷における家計の補助や回帰性を前提とせずに移り住む労働移動については「移民」と呼ぶべきだと考えられる。しかし、「移民」は国外への移動の印象が強いため、「出稼ぎ」の延長として行なわれる労働移動には適さない。
（38）　註（25）同書浅井の論考や小林亜希子（「夏泊半島におけるタビの諸相―沿岸部漁村における生業の変容過程から―」二〇〇四年度民俗学関係修士論文発表会レジュメ）も「タビ」という用語を用いているが、どちらも筆者のように「出稼ぎ」という用語の問題点を克服するために用いているというわけではない。
（39）　上越市史編さん委員会編『上越市史』通史編7　民俗、上越市、二〇〇四年、五〇一頁
（40）　佐治靖「『離島苦』の歴史的消長―サンゴ礁の海をめぐる暮らしと開発―」（松井健編『開発と環境の文化学―沖縄地域社会変動の諸契機―』榕樹書林、二〇〇二年、三三五―三三六頁）
（41）　『本四架橋に伴う島しょ部民俗文化財調査報告』（第1年次）、瀬戸内海歴史民俗資料館、一九八一年、一一四・一五一頁
『本四架橋に伴う島しょ部民俗文化財調査報告』（第2年次）、瀬戸内海歴史民俗資料館、一九八二年、六〇頁

第二章　移動を誘う背景

一　瀬戸内島嶼部というフィールド

1　移動研究の場としての瀬戸内島嶼部

瀬戸内海には約七〇〇の島があり、そのうちの約一五〇が人の住む島であるという。多くの島が、海面から山の頂き部分だけが突き出したような形をしており、島の密集地域ではその似通った外観から、土地に不案内な者には地図を片手にしても数キロ先に浮かぶ島の名を言い当てることすらままならない。しかし当然のことながら、地元の人びとにはそれぞれの島や集落が個性を持ったひとつのまとまりとして捉えられている。その個性の捉え方には歴史的背景に基づくもの（平家の落人の島・村上水軍の島等）や気質に基づくもの（見栄っ張りな島・教育熱心な島等）などさまざまな視点が見られるが、そのうちのひとつに生業の種類に基づく視点がある。筆者が山口県熊毛郡上関町の祝島を訪れた際、ある老人が遠くに見える他の島々を指差して「あれは大工出稼ぎの島、あれは牛の放牧で食っていた島」といった具合に、ひとつ一つ教えてくれたことがある。そして、この老人の住む祝島は杜氏のタビの島であった。

このような認識が存在する背景には、瀬戸内海の島々の生業が農業や漁業といったひとつの主要なものに収斂することなく、多様な様相を示しているという現実がある。(1)否、むしろ農業や漁業といったひとつの主要な生業に収斂することができないと言ったほうが正しいだろう。

島の生業を考える際に基本となるものは、たしかに農業と漁業である。農業や漁業を全く行なっていない島というのは皆無であろう。しかし、同時に農業や漁業だけで生活を維持している島もない(2)。つまり、島の生活は多様な生業によって支えられており、その様相が島の生業上の個性を成り立たしめているのである。

島の生業にはさまざまなものが見られるが、そのなかでもタビが古くから重要な位置を占めてきたことは、歴史的資料からも、各種の報告などからも明らかである。宮本常一が述べるように、「島からの出稼も一浦一浦　一島一島決して同一ではない(3)」のである。そしてそれがそのまま島の生立ちを物語つて居る場合が少くない。したがって筆者はタビを瀬戸内海の島々を通底する生活文化のひとつとして、研究の俎上に乗せる必要があると考えている。しかしながら、民俗学において瀬戸内の島の生活におけるタビの問題が取り上げられることは少なかった(4)。

瀬戸内の島々は、以下の四つの理由からタビ研究には格好のフィールドである。

まずひとつは、右でも述べたように、瀬戸内島嶼部では歴史的にタビが行なわれ、タビが生活の一部として根づいているということである。タビを近代の特殊な現象としてだけ捉えるのではなく、タビを取り入れた生活をひとつの文化として扱うためには、タビが歴史的に行なわれてきた瀬戸内島嶼部のような地域を取り上げる必要があるはずである。

つぎに、その地理的条件によるタビの多様性である。島は周囲を海に囲まれた小さな土地である。海は他地域との陸路による繋がりを絶つ存在であると同時に、船を使えば三六〇度、すべての方向に向けて開かれた道でもあった。そこには陸路のように行く手を阻む山も谷も川もなく、決められたルートも存在しない。このような地理的条件は、島の人びとの目を常に島の外に向けさせるとともに、自由な移動を可能とした。また、瀬戸内海は本州と四国および九州といった陸地部に囲まれた、東西に広く南北に狭い海域である。瀬戸内海を囲む陸地部には古くからいくつもの都市が発達すると同時に、都市部以外でもさまざまな産業が発達した。これらの地域では人的にも技術的にも大規模な需要が生み出された。この需要を充たしたのが瀬戸内島嶼部の人びとであった。彼らはあらゆる地域に、あらゆる技術を携えてタビに出た。このような条件が生み出した瀬戸内島嶼部のタビの種類は漁業従事者・農業従事者・商家などへの奉公・大工・杜氏・石屋・浜子・行商など多種多様である。

三番目に、古くから伝統的に行なわれてきたさまざまなタビが、近年まで、あるいは現在も続けられ、聞き取り調査を行なうことが可能であることも、タビ研究における瀬戸内島嶼部の魅力のひとつである。本研究で取り上げる愛媛県今治市宮窪町（大島）の酒造杜氏や塩田の浜子、同市伯方町（伯方島）の石屋はもちろんのこと、他の島々でも船乗りや捕鯨・農業の手子・大工などの話を現在でも経験者から直接聞くことができる。一般的に伝統的なタビについてはその記録が文献に記されることが少ないだけに、経験者の話からの分析が可能であることの意義は大きい。

四番目に、瀬戸内島嶼部のタビが社会学や経済学で取り上げられるような、悲劇的にステレオタイプ化されたイメージに染まっていないことも重要である。他の地域と同様に、瀬戸内の島嶼部でも阪神方面などの大都市への労務者としてのタビは行なわれてきた。東北地方や北陸地方などの場合には、このようなタビは日本の近代化のひずみとしてクローズアップされ、悲劇的に描かれることが多かった。しかし、瀬戸内島嶼部のタビは研究対象として大きく取り上げられたこともなく、狭小なイメージも付与されていない。このようなタビに対する条件は、タビを伝統的な生活文化として捉えるためには好都合である。

さて、本研究で主に扱うのは瀬戸内海のほぼ中央、芸予諸島に位置する愛媛県今治市宮窪町および伯方町のタビである。史料上明らかになっている限り、宮窪町では近世後期から酒造杜氏や塩田の浜子のタビが行なわれ、伯方町では近世後期から石屋のタビが行なわれてきた。これらは、瀬戸内の島々で古くから行なわれてきた典型的なタビである。また、これらのタビは近年まで続けられ、現在でも経験者から直接話を聞くことができる。このような条件が、筆者が宮窪町と伯方町を調査地として選定した理由である。

2　「生産の限定性」とその解決方法

(1)　内部的生産拡大と外部的生産拡大

島は水によって外界と区切られた小空間である。そして、この小空間を無数に内包しているより大きな空間が瀬戸内海である。瀬戸内海において水は島からあらゆる方向へ向けての道となり、島の人びとを本州や四国、あるいは他の島と結びつける。また同時に水は島を小空間として囲い込む存在でもある。島民はその限られた空間のなかで生きなければならない。魚澄惣五郎が、

地理的条件が内海地域の住民の性格、生活の方法に及ぼす影響、農民として、また漁民としての生活の変遷、産業上の機構における関係、港湾・村落・都市の発達など、内海全体をとりあげての歴史的研究はかなり多方面となる(5)

と述べているように、瀬戸内海においてその地理的条件は人びとの生活に大きな影響を与えてきた。

それでは、この地理的条件によってもたらされる島の生活への影響とはいかなるものであろうか。その問題にもっとも大きな関心を寄せていたのは宮本常一であった。宮本は「島嶼生活の矛盾」という観点から、島の生活における問題をつぎのように指摘している。

島嶼で生活することの中にはその初めから限定と矛盾が含まれている。現実に見る島は資源的に大きな限定があり、従って居住にも限定がある。農業を主目的とした開墾定住の可能な島においてすら、人が余ればその処置は島自体では解決できなくなる。まして初めから食料の不足するような島では、島居住を安定させるためには、どうしても島外社会と密接な交渉を持たざるを得ないのである。つまり島の問題は島自体では解決のつかない矛盾

を持っている。(6)

つまり、島の生活における最も大きな問題は、利用可能な土地の少なさによって人口の余剰と食料の不足が同時に起こるということなのである。宮本はこれを「生産の限定性」と呼んだ。この「生産の限定性」は本研究の前提となる重要な視点である。後述する瀬戸内島嶼部の近世における人口の増加とタビの活発化の問題からも明らかとなるように、「生産の限定性」こそが瀬戸内島嶼部の人びとをタビへと駆り立てた原動力なのである。

さて、宮本は「生産の限定性」の解決のために採られてきた二つの方法を挙げている。ひとつは「出稼ぎ」であり、もうひとつは新作物の導入である。

「出稼ぎ」について宮本は、多くの場合が手に職を持つ者の「出稼ぎ」であり、行商・廻船乗・出稼漁・大工・石工・左官・塩田の浜子・酒杜氏・杣・木挽など、瀬戸内海の島における「出稼ぎ」の職種が多岐にわたっていることを指摘している。また、その生活が必ずしも農業を中心に営まれていたわけではなく、農業と「出稼ぎ」が主従の関係なく併置し得るものであるとして、「経営分裂」という言葉を用いている。(7)

もうひとつの方法として宮本が挙げている新作物の導入も大きな効果をあげた。宮本は江戸時代の中期に広まった甘藷や大崎下島のモモ、生口島のブドウなどを挙げているが、その他にも真鍋島の花卉、小豆島や豊島のオリーブ、多くの島々で行なわれていたミカンや葉タバコ、除虫菊の栽培など、多様な新作物の栽培が試みられてきた。

また、ここで宮本が挙げた二つの方法以外にもさまざまな工夫がこらされてきた。

たとえば、開発可能な土地をできる限り開墾することも大いに試みられた。一八世紀初頭までに、広島藩の島嶼部と沿岸部の耕地面積の増加率は、平均すると三倍以上もの拡大を示している。(8)さらに、作物を植える土地を拡大するために、近隣の島への出作りが広く行なわれていたことを、野本寛一が詳しく報告している。(9)この開墾や出作りは、島の「生産の限定性」に対する物理的で直接的な挑戦と捉えることができるであろう。

さらに、島に産業を持つこともひとつの解決法であった。近世以降、多くの島で入浜式塩田が築造された。また、広島県の倉橋島や因島の造船は島の一大産業であったし、周防八島や讃岐小手島のように島全体を牧場として牛の放牧を行なうところもあった。香川県の豊島は乳牛を飼育し「乳の島」と呼ばれていた。

このように島における「生産の限定性」の解決方法は、開墾や新作物の導入、新産業の導入といった島の内部で生産を拡大しようとする方法と、「出稼ぎ」や行商といったタビによって、島の外部へと生産拡大の場を求める方法との二種類に分けて考えることができる。筆者は前者を「内部的生産拡大」、後者を「外部的生産拡大」と呼びたい。

このように見たときにとくに注目されなければならないのは、島と外部社会との関係である。新作物はほとんどが換金作物であり、新産業も島内の需要に応えるだけでは、発展は見込めない。タビに関しても外部社会に需要があり、島の人びとがそこへ出掛けてはじめて成り立つものである。つまり、島の生活を語るとき、外部的生産拡大を採る場合はもちろんのこと、内部的生産拡大を採る場合でも、外部社会との関係を無視することはできないのである。

(2)　タビの諸相

それでは、瀬戸内島嶼部では外部的生産拡大としてどのようなタビが行なわれてきたのであろうか。古くから行なわれてきたタビをすべて把握することは困難であるが、現在、筆者が確認しうる範囲内でまとめたのが表2である。この表は瀬戸内海を取り囲む六県においてこれまでに行なわれてきた、いわゆる「出稼ぎ」や行商あるいは奉公と呼ばれるタビについて、各地の調査報告や論文、市町村誌などから記述を集めたものである。各島の漁業以外のタビについて、その内容と行き先、時期、行なわれていた時代を、大まかにではあるが整理してある。[10]

タビの内容は伝統産業型としては、真鍋島の農業手伝いや、寄島・祝島・伊予大島・岡村島の杜氏、田島・祝島の鯨組、向島・佐木島のイグサ刈り、大崎上島・本島・鵜島・伯方島等の船乗り、豊島・伊予大島の奉公、伊予大島の

表2　瀬戸内島嶼部のタビ

	県名	島名	主たるタビの内容	行き先	時期	時代
1	兵庫県	淡路島	杜氏	阪神・三重・和歌山・徳島	10-3月	昭和39年
2			魚出買い	愛媛・山口	10-3月	昭和39年
3		家島	エビ加工	大多府島	夏	大正-昭和20年代
4	岡山県	真鍋島		阪神方面	通年	
5			小麦刈り		5-6月	
6			田植え			
7			船乗り			
8			真田編み			
9		寄島	杜氏		11-4月	
10	広島県	百島	女工	尾道・西宮方面		大正年間
11			水船	西宮方面	12-1月	大正年間
12		鹿島	工員	呉	通年	明治中期
13			土工		通年	
14		田島	鯨組	五島・平戸	8-3月	文政年間-明治後期
15			炭坑夫	長崎		明治中期
16		向島	イグサ刈り	尾道	8月	
17		佐木島	イグサ刈り	尾道	8月	
18			稲刈り	豊田郡山間の村々	秋	
19			奉公	三原・関西方面		
20		大崎上島	船乗り		通年	近世以降
21	山口県	情島	女工	岩国	通年	
22		長島	田植え・稲刈り	三田尻・山口	春・秋	
23		祝島	杜氏		10-4月	天保年間-近年
24			工員	岩国・徳山	通年	
25			鯨組	壱岐・対馬		天保年間
26		手島	鯨組	対馬		
27		佐合島	鯨組	対馬		
28		八島	鯨組	長門通浦・肥前有川		
29		大島	田植え・稲刈り	三田尻・山口	春・秋	
30			大工	四国方面	通年	文久年間-大正年間
31			船曳	大阪		
32			石工		通年	文化年間-
33	香川県	伊吹島	水船	灘地方	9-2月	
34		豊島	奉公	阪神方面	通年	戦前
35		本島	大工		通年	明治期
36			船乗り		通年	近世
37		高見島	宮大工			明治初期
38		粟島	船乗り			
39	愛媛県	魚島	渡船	大阪-伏見		
40			水船	灘地方		
41		大島	行商	愛媛県久万山	冬期	明治初期-戦前
42			杜氏	東予・中予・徳島・香川	11-3月	安政年間-現在
43			石工	北木島・黒髪島等	通年	
44			浜子	尾道方面	通年・夏期	昭和40年代まで
45			女中奉公	今治方面		
46			椀船行商	九州・五島方面		
47		鵜島	船乗り		通年	
48		伯方島	石工	北木島・黒髪島等	通年	現在まで
49			船乗り		通年	現在まで
50		大三島	船乗り		通年	天保年間
51			大工			天保年間
52		弓削島	船乗り			近世以降
53		生名島	船乗り		通年	天保年間-現在
54		岩城島	船乗り		通年	天保年間-現在
55		岡村島	杜氏	東予・中予・徳島・香川	11-3月	
56		野忽那島	反物行商	全国		明治-昭和40年代
57		睦月島	反物行商	全国		明治-昭和40年代
58		青島		大阪方面	冬期	

浜子、周防大島・本島・高見島・大三島の大工、伊予大島・野忽那島・睦月島の行商、伊予大島・伯方島の石工等が挙げられる。また、近代産業型としては、百島・情島の女工、鹿島の工員や土工などが挙げられる。これらのタビはもちろんごく一部であり、近代産業型のタビはここで挙げた島以外の相当数の島において行なわれているはずである。

タビの時期については一年のうちの数ヶ月だけ行なわれるものもあれば、一年をとおして行なわれるものもある。これらは前章でも述べたように、タビが兼業的に行なわれているか、専業的に行なわれているかの違いである。伝統産業型のタビについては兼業的に行なわれるものも、専業的に行なわれるものもあるのに対して、近代産業型のタビは専業的に行なわれる傾向にある。これは雇用形態の相違によるものであろう。

また、タビが行なわれた時代については確定することが難しい。いつからいつまでどのようなタビが行なわれていたのかということに関する記述が、これまでの報告には少ないからである。したがって、確実に行なわれていた時代のみを記してある。これを見ると、最も古いのは田島の鯨組で、文政年間（一八一八―一八三〇年）となっている。次節で確認するが、瀬戸内島嶼部における人口の増加とタビの隆盛は一九世紀に入ってから顕著となる。このことを勘案しても、瀬戸内島嶼部のタビは、少なくとも一九世紀初頭には一定の確立を見ていたと考えることができるであろう。

このように古くから行なわれてきたタビの多様性について、宮本常一は「一つ一つの島が出稼のために選んだ職の差が他へ出て行つてもお互の勢力を喰いあらす事を少くしたようで、これが島に必要以上の人を住わせるようになつた原因の一つとも思える」(11)と述べている。つまり、「出稼ぎ」の種類が多様であったからこそ、いくつもの島の人びとが互いに仕事を奪い合うことなく共存し、急激な人口の増加が成し遂げられたというのである。ここにも、近世後期における人口の増加とタビとの因果関係を見ることができる。

二　近世の変化

1　近世瀬戸内島嶼部における人口増加とタビの役割

さて、宮本によると「生産の限定性」は、島嶼生活がはじまった当初から存在していたわけであるが、これが具体的に顕在化したのは近世中期に入ってからである。そこで、近世中期における瀬戸内島嶼部の人口増加と生業の多様化、そしてタビの果たした役割について確認しておきたい。

青野春水は広島藩における江戸中期〔正徳六（一七一六）年・享保六（一七二一）年〕と江戸後期（文政初年）の人口を郡別に比較して、山間部の郡での人口の減少とは裏腹に、海辺島嶼を含む郡では人口が増加していることを指摘した。その上で、青野は広島藩に限らず、海辺島嶼を含む郡のなかでも、島嶼部における人口の増加が最も顕著であることを、備中真鍋島や備後向島、伊予越智島〔大三島・大下島（含小大下島）・岡村島・生名島・岩城島〕等の島々の事例を挙げて説明している。この人口増加現象は宝暦（一七五一―一七六四年）ころから目立つようになるが、その中心を成すのは水呑層であり、当時の瀬戸内島嶼には水呑層が増加しても渡世できる条件があったとしている。そして、その条件として、①塩田・綿作などの商業的農業の展開、②瀬戸内海の海上交通の発達による働き場所の増加、③大坂および瀬戸内海地域の諸都市の発達による「出稼ぎ」の発展、の三点を挙げている。[12]

また、石川敦彦は近世の周防および長門の人口統計を明らかにしている。[13] 表3は石川の統計をもとに、享保五（一七二〇）年から安政五（一八五八）年までの郡ごとの人口と、享保五年に対する増加率を示したものである。享保五年を一〇〇とすると、全郡の増加率は宝暦一二（一七六二）年までは一〇二・四一から一〇八・六九の間を推移しているが、安永三（一七七四）年から徐々に増加し、安政五年には一五一・七〇にまで増加している。その内訳を見ると、大島郡の増加率がもっとも激しく、三七七・五五、ついで熊毛郡の増加率が二一七・一九となっている。その他の郡の増加率をみても、全一二郡のうち上位六番目までを瀬戸内沿岸の土地を有する郡が占めている。増加率の上位を占める大島郡は島のみで構成され、熊毛郡には瀬戸内沿岸の土地が多く、内陸部の割合が少ない。青野は島嶼部における人口の増加が顕著であることを指摘しているが、石川の指摘する大島郡と熊毛郡の人口増加率はそれを裏づけている。また、人口が増加しはじめる時期についても青野の指摘と一致している。

一方、佐竹昭は一九世紀を中心に「爆発的な人口増加と、激しい開墾が押し進められた」として、この時期を「瀬戸内島嶼の時代」と位置づけている。その上で安芸郡倉橋島の事例から「一九世紀島嶼部における爆発的な人口増加は、この時期の一般的な『商品』生産・流通の発達に対応すると予測されるが、特別な新しい産業の導入がない限り、農民的な開墾による耕地の確保を行うことが、なおも必要条件であった」ことを指摘し、近世後期における人口増加と自給的食糧生産のための開墾および新産業の導入が密接な関係にあったとしている(14)。

また、宮本常一も周防大島における近世中期から後期にかけての急激な人口増加を取り上げ、その理由に甘藷の導入を挙げると同時に、

食糧の自給があってもそれだけでは生活はたたない。金銭が必要になる。その金銭を手にするために出稼ぎがおこなわれた。帆船の舸子、大工、木挽、石工、浜子などが多かった。一方そうした仕事があったから分家も可能になったといえる。だから人口が七万に達した時代があったとしても、そのすべてが島に常住したのではなく、盆正月を除いては他の地方で暮す者が多かった(15)

と述べ、現金収入源としての「出稼ぎ」の重要性が指摘されている。さらに、宮本は

扨これらの島々が離島に比して必要以上の人を住わせつつ一応安定し得て居るのは、離島に見られる如く、島の

中の問題を島自体で解決すべく要請せられる事少く、近世後期に入つて貨幣経済及び交通の発達にともない、たえずその周囲の陸地に依存して解決を見出すようになつた事である。それにしてもこれらの島々の姿は同時に日本の現在の姿とも相通ずるものがあるやうに思う(16)

安永3 (1774)		安永9 (1780)		寛政4 (1792)		寛政10 (1798)		安政5 (1858)	
人口	増加率	人口	増加率	人口	増加率	人口	増加率	人口	増加率
93327	105.38	93819	105.94	93377	105.44	95153	107.45	109171	123.27
28946	140.73	33512	162.92	43115	209.61	44685	217.24	77658	377.55
36648	123.94	43689	147.75	49176	166.31	49798	168.41	64220	217.19
52910	111.99	54395	115.13	58046	122.86	60567	128.20	71331	150.98
41874	124.54	43314	128.83	50227	149.39	50602	150.50	59496	176.96
47163	108.76	53348	123.03	57169	131.84	56802	130.99	66867	154.20
35075	99.37	33068	93.69	37616	106.57	38025	107.73	45516	128.95
65556	108.32	69192	114.33	74270	122.72	76899	127.07	81437	134.57
28779	103.67	29828	107.45	32366	116.59	33133	119.35	34112	122.88
1380	85.93	1332	82.94	1231	76.65	1273	79.27	1753	109.15
67296	110.60	67641	111.17	68768	113.02	69439	114.13	80349	132.06
25118	96.24	25934	99.37	26670	102.19	26251	100.59	28720	110.05
524072	110.32	549072	115.58	592031	124.62	602627	126.83	720630	151.70

とも述べ、近世後期の人口の増加の背景に、貨幣経済や交通の発達にともなう陸地部への依存があったことも指摘している。

これらの先行研究から、瀬戸内島嶼部では一八世紀中頃から一九世紀にかけて急激に人口が増加したことは明らかである。さらに、この人口増加の背景には瀬戸内島嶼を取り巻く社会的環境の変化と、それに対応するための開墾という島内環境の整備の、大きく分けて二つの動きがあったことを見逃すことはできない。佐竹も述べているように「瀬戸内島嶼という地域的・社会的特質と、近世後半から近代への転換という歴史的展開の交わるところ(17)」に、この人口増加という現象は位置づけられるのである。

こういった瀬戸内島嶼社会の変化のなかで、タビが果たした役割は大きい。右記のように、青野が挙げた瀬戸内島嶼部で水呑層が増加しても渡世できる条件のひとつに、「出稼ぎ」の発展がある。青野は伊予越智島・伊予中島等の天保期から安政期にかけての「出稼ぎ」の状況を具体的数字から示している。表4は天保一五(一八四四)年の伊予越智島の「出稼ぎ」の状況である。この

表3　近世周防長門の人口と増加率

和暦		享保5		享保17		延享元		寛延3		宝暦12	
西暦		(1720)		(1732)		(1744)		(1750)		(1762)	
地域		人口	増加率	人口	増加率	人口	増加率	人口	増加率	人口	増加率
瀬戸内	玖珂郡	88559	100.0	95237	107.54	90211	102.99	90050	101.68	89472	101.03
	大島郡	20569	100.0	20894	101.58	23649	114.97	24553	119.37	25019	121.63
	熊毛郡	29569	100.0	31981	108.16	37211	125.84	35700	120.73	38443	130.01
	都濃郡	47245	100.0	48197	102.02	49765	105.33	48934	103.57	50838	107.61
	佐波郡	33622	100.0	34189	101.69	43886	130.53	42243	125.64	39438	117.30
	吉敷郡	43363	100.0	39592	91.30	48425	111.67	47922	110.51	46140	106.40
	厚狭郡	35297	100.0	28779	81.53	33890	96.01	33747	95.61	34205	96.91
日本海	阿武郡	60518	100.0	65120	107.60	65811	108.75	65806	108.74	62934	103.99
	大津郡	27761	100.0	26742	96.33	29594	106.60	29762	107.21	28830	103.85
	見島郡	1606	100.0	1801	112.14	1680	104.60	1642	102.24	1572	97.88
	豊浦郡	60844	100.0	70725	116.24	70178	115.34	70368	115.65	63473	104.32
他	美祢郡	26098	100.0	23228	89.00	27231	104.34	25609	98.13	25235	96.69
合計		475051	100.0	486485	102.41	521531	109.78	516336	108.69	459459	106.43

註：石川敦彦「近世周防長門の人口統計」により作成
　　小数以下第3位を四捨五入

表4　天保15年伊予越智島出稼状況

島	村	他領（国）稼							領内稼		
		日傭稼	船稼	大工稼	桶師稼	鋳掛稼	塗師稼	石工稼	日傭稼	大工稼	桶師稼
大三島	肥海村		21		1						
	大見村	21	5								
	明日村	7	4		3				18		
	宮浦村	42	4	11					1		
	台村	68	25	21					11		
	野々江村	51	27	4	1				29		
	浦戸村	8	7	1					9	1	
	瀬戸村	41		11					26		
	甘崎村	102	12	27	47	3	1	1	6	27	2
	井之口村	130	29						5		
	盛村	13	20								
大下島（含小大下島）	大下村	43							26		
岡村島	岡村	58	34								
生名島	生名村		56								
岩城島	岩城村	44	226						2		

註：青野春水「近世瀬戸内海島嶼村落における出稼と株・受」より

表からは松山藩領内だけでなく他領においても「出稼ぎ」が行なわれ、むしろ他領における「出稼ぎ」の方が活発であったことが分かる。

また、周防国熊毛郡上関町の祝島でも天保年間（一八三〇―一八四四年）にはすでに多くの人びとがタビに出ていたことが「上ノ関宰判 風土注進案 岩見島 廿三」(18)から分かる。これによると、当時の祝島の人口は一五五〇人（内訳：男八〇六・女七二八・僧一二・社人一・地下役人三）であるが「但鯨組行其他所稼之者共貳百四拾人有之、壹ヶ年十二ヶ月之内六ヶ月他所ニ出」とあり、人口の相当の割合がタビに出ていたことがうかがえる。さらにその内訳を見ると「鯨組行四拾人」「酒造手子行其他貳百人」とあり、その労働の内容から、ここに記されたほぼすべてのタビが、男性によるものと考えることができる。すると、男性人口の約三人に一人はタビに出ていたことになる。全人口には子供や老人も含まれていると考えられるので、生産年齢にある男性のほとんどがタビに従事していたと考えても大げさではないであろう。このようなタビが当時の瀬戸内島嶼部の人口増加を支えたことは間違いない。なぜなら、タビは口減らしと収入の確保を同時に成し遂げる手段だからである。

以上のように、瀬戸内島嶼部では近世以来、タビが「生産の限定性」に対する有効な解決方法として生業上の重要な位置を占めてきた。島は兼業的なタビによってだけでなく、一年間のほとんどを島外で過ごし、盆や正月、氏神の祭といった機会にだけ帰島したり、あるいは、ほとんど送金によってしか島との関係を保っていない人びとをも、島の余剰労働力として有効に活用し、彼らを「島の人間」としてつなぎとめてきたのである。そして、その人数は島のなかの生産で賄い得る人口をはるかに超えるものであった(19)。

その後、瀬戸内島嶼部のタビの内容は鯨組・杜氏・大工・石工・浜子・奉公などといった伝統産業型から、工員・土工・女工など近代産業型へと変化していく。しかし、瀬戸内海の島々におけるタビは、その職種や形態を変えながらも、近年まで盛んに行なわれてきた。たとえば、祝島では昭和三二（一九五七）年には杜氏のタビに三三人が出掛けており[20]、往時に比べれば大幅に減少しているものの、杜氏のタビが連綿と受け継がれてきたことが分かる。また、杜氏のタビの減少と入れ替わるように岩国や徳山といった比較的近場の工業地帯へのタビが増加した。昭和四三（一九六八）年の段階で岩国へは五〇～六〇人、徳山へは三〇～四〇人が働きに出ていたという[21]。つまり、近世から続いてきたタビの習慣はその職種や形態が変わり、挙家離村による過疎化の問題に悩まされながらも、戦後に至ってもなお島の生業の一形態として残っているのである。

一方で、進学あるいは就職のために島を後にし、そのまま島外に住み続けた人も多い。しかし、近世から続くタビを内包する生業の構造や、島外に出ることに対する意識は全く変わってしまったのであろうか。筆者は二〇〇年近くにわたって培われてきたタビに対する感覚は、現在でも息づいていると考えている。島を後にした人びとの多くはいまだにタビの途上にあるのである。タビは古くから人びとを拘束するだけのものではなく、緩やかに「島の人間」として人びとをつなぎとめる手段でもあったのだ。この緩やかなつながりは、現在でも生き続けている。

2　今治藩の「島方」における人口増加とタビの役割

(1)「島方」の人口増加と内部的生産拡大

近世瀬戸内島嶼部における人口増加とその背景については、前節で見たとおりである。それでは、この時代に本研究の主な調査地である今治藩の「島方」、つまり島嶼部（大島・伯方島・魚島（沖島）・弓削島）ではどのような変化が起きていたのであろうか。

まず、人口から確認してみたい。表5は享保六（一七二一）年から天保一四（一八四三）年までの今治藩の人口の推移である。越智郡については町方・地方・島方・社人に分けられており、享保六年から宝暦七（一七五七）年まではおよそ一〇～一五年おきの人口の変遷が示されている。ただ、宝暦七年から天保一四年までの間の八四年間の人口

表5　今治藩の人口と増加率　（単位／人）

年	享保6（1721）		享保18（1733）		寛保2（1742）		宝暦7（1757）		天保14（1843）	
地域	人口	増加率	人口	増加率	人口	増加率	人口	増加率	人口	増加率
越智郡	36192	-	35093	0.97	35087	1.00	37076	1.06	46654	1.26
町方	4800	-	4569	0.95	4551	1.00	4907	1.78	5046	1.03
地方	18466	-	17356	0.93	16853	0.97	17305	1.03	18163	1.05
島方	12926	-	13168	1.02	13683	1.04	14864	1.09	23338	1.57
社人									107	-
その他			704	-	797	1.13	1036	1.30	2591	2.50
地方			480	-	546	1.14	695	1.27	1254	1.80
島方			224	-	251	1.12	341	1.36	1337	3.92
合計	36192	-	35797	0.99	35884	1.00	38112	1.06	49245	1.29

註：『今治郷土史　今治拾遺』をもとに作成
小数点以下第3位を四捨五入

については不明である。

この表5によると、享保六年から宝暦七年までの人口は、町方がほぼ横ばい、地方がおよそ一〇〇〇人減少しているのに対して、島方は二〇〇〇人近く増加している。さらに、宝暦七年から天保一四年までを見ると、町方は一三九人増加、地方は八五八人増加で、それほど大きな変化が見られないのに対して、島方は八四七四人も増加している。これを増加率で見ると、町方の増加率が一・〇三、地方の増加率が一・〇五であるのに対して、島方の増加率は一・五七となっており、爆発的な人口増加の傾向を読み取ることができる。こういった越智郡の島嶼部における近世後期の人口増加については、右で紹介した青野や石川、そして佐竹の指摘と一致しており、宮窪町や伯方町においても他の瀬戸内島嶼と同様に人口が増加していたと考えることができる。

それでは、この人口増加の背景にはどのような生業上の変化があったのであろうか。宮窪村（現宮窪町宮窪）の農業を例として考えてみよう。

東昇の新田改帳の調査(22)によると、宮窪村の田畑面積石高変遷は表6のとおりである。東によると、この表の数値や新田改帳の字の分布から、「田は17世紀段階で開発が終了し、近世中期以降は畑を中心とした開発が進行していた」ことが分かるという。

具体的に見てみよう。田の開発は元禄一六（一七〇三）年までは盛んに

表6　宮窪村の田畑面積石高変遷一覧

		田畑		田		畑			
年代	西暦	面積	石高	面積	石高	面積	石高	備考	石高増加
元禄2検地	1689	42.19	450.576	20.69	284.839	21.5	165.737		450.576
元禄2新田	1689	17.6	147.134	10.51	110.144	24.63	185.348		597.71
元禄7	1694	1.86	7.437	0.36	2.488	1.5	4.949	途中切	605.147
元禄8	1695	3.5	11.866	0.77	3.239	2.72	8.627		617.013
元禄10	1697	1.85	5.112	0.01	0.037	1.84	5.075		622.125
元禄11	1698	1.14	2.606			1.14	2.606		624.731
元禄16	1700	0.85	3.79	0.02	0.119	0.83	3.671		628.521
正徳3	1713	2.72	13.467			2.72	13.467		641.988
享保10	1725	0.33	1.32			0.33	1.32		643.308
宝暦10	1760	0.59	1.777	0.59	1.777				645.085
寛政8	1796	0.04	0.24			0.04	0.24		645.325
天保12	1841	2.66	8.166			2.66	8.166		653.491
明治2	1869	0.95	3.971			0.95	3.971		657.462

註：東昇「地名にみる村上水軍の足跡」より

行なわれているが、それ以降は宝暦一〇（一七六〇）年に一度行なわれただけである。それに対して畑の開発はもっとも古い記録の残る元禄二（一六八九）年から近世をとおして行なわれている。元禄以降の畑の開発として注目されるのは正徳三（一七一三）年と天保一二（一八四二）年である。正徳三年には新畑として二町七反二畝が記録され、石高は一三石四斗六升七合増加している。これは一八世紀中最大の増加である。それに対して天保一二年の記録では、新畑の面積は二町六反六畝となっており、増加した石高は八石一斗六升六合となっている。正徳三年と天保一二年では開発した面積は大きく変わらないのに対して、増加した石高は天保一二年が正徳三年の六割程度となっているのである。東は宮窪村の新田改帳に記載された字と耕地数の分析から、近世の開発が「宮窪の西の山間部及び海岸部」に集中していたことを指摘している。このことから考えると、近世後期に開発された土地は決して条件の良いところではなかった。つまり、当時の宮窪村の開発は限界に近い状態に達していたと考えられるのである。

それでは、この宮窪村の田畑ではどのような農業が営まれていたのであろうか。近世の宮窪の農業に関する記録はほとんど残されていない。したがって、辛うじて残された若干の史料を参考程度に紹介したい。

広い田畑を確保することの難しい瀬戸内の島嶼では、古くから米と麦を中心とした自給的農業が展開されてきた。そして近世になって甘藷が導入される。『今治拾遺』には「一同年、甘藷苗日向国飫肥へ申遣、越智郡大島村内へ始而植附方申聞候得共、百姓共敢テ不受候処、漸ク植始候事」という記述が元禄五（一六九二）年に見られる。越智郡の島々では甘藷が導入されていたおかげで享保の大飢饉の際にも餓死者を一人も出さなかったという話が伝承されている。越智郡島嶼部の各地ではいも地蔵が祀られており、宮窪にも島四国七番札所にいも地蔵が祀られている。甘藷が島の生活に果たしてきた役割の大きさがうかがわれる。[23]

しかし、当時の農業の拡大には明らかな限界があり、換金作物の記録を見ることはできない。明治一一（一八七八）年に国分村（現今治市国分）最後の庄屋、加藤友太郎によって記された「旧想録」には、「御年貢米」について「嶋方ニてハ、御定めとて米ニ替テ大麦納めあり、小麦あり、大麦小豆等もあり、故御進納者其代米分減スルモノ也」とあり、稲作の限界と大麦・小麦・小豆などの畑作物への依存をうかがうことができる。[24]

さて、それでは農業以外の産業としてはどのようなものが挙げられるのであろうか。最も大きな収入をもたらしたのは木綿の生産にともなう織物産業であった。

享保年間からはじまったという綿替木綿制度によって、松山藩・今治藩では藩を挙げて綿の栽培と綿布の生産に取り組んだ。島方でも綿替木綿制度の発達した化政期以降綿布の生産は急増し、松山藩の越智島だけでもその生産高は十万反にも達したといい、今治藩でも今治近在だけでは原綿の生産が間に合わないほどであったという。また、青野は嘉永二（一八四九）年の伊予宇摩郡川之江村の大庄屋猪川氏の「役用記」の記述から、農民にとっての綿布生産の重要性を「実綿一本を繰綿・篠巻に加工するには一七人半の雇用労働を要した。従って数千本の実綿があり、それを繰綿・篠巻にする時は、『小前一同第一ばんの稼』であった」と指摘している。[25][26][27][28]

宮窪においても近世から相当数の綿布が生産されていたようである。河野通博は『宮窪郷土史』[29]の「本村の農家の婦女子ハ古来野外ニ出デ農耕ニ従ハズ、専ラ内ニアリテ実綿ヲ紡ギ、本県有名ノ産ナル白木綿ヲ織リ、之ヲ実綿ト交換」していたという記述を引き、明治初期における農家の生計が「婦人の白木綿賃加工によって補われていた」ことを指摘している。[30]さらに明治一三（一八八〇）年の「越智郡地誌」には「物産」として「木綿五千五百反壱反ニ付廿四銭、総計代金千三百廿円」とあり、[31]明治二七（一八九四）年には「手織機が五八五台（各戸一台）ほどあり、絹綿交織七五〇反、縞木綿二、五〇〇反、織色木綿二、〇〇〇反、生木綿一二九、一一六反、価格計二八、四二三円（一戸平均四八円五九銭）を生産していた」[32]という。その後、宮窪の織物工業は白木綿の家内工業から綿ネルや絣縞を生産する織物工場での労働へと変化し、明治三五（一九〇二）年には四工場六九三人の女工が雇用されている。ただ、明治四三（一九一〇）年には六工場七〇人の女工となり、被雇用者の数は減少している。こういった近代の織物工業について河野は「中小企業であるだけに、いずれも景気変動に対する抵抗力が弱く、宮窪の人にとっては必らずしも安定した労働市場とはいいがたかった」と述べているが、[33]綿替木綿制度が近世中期から果たしてきた、女性の労働機会の提供という役割については重要である。ただ、綿花の栽培については記録が残されていない。

一方、伯方町ではより盛んに木綿が生産されていたようである。「越智郡地誌」には木浦・北浦・伊方で「物産」として木綿が挙げられている。産出高は木浦が「金九千弐百円」、北浦が「千五百弐拾円」、伊方が「八百円」となっている。同書によると木浦では塩田の産出高が「壱万四千六百九拾七円拾銭」、北浦では「弐千四百円」となっており、これと比較すると木綿生産の産業としての重要性が理解される。

(2)　外部的生産拡大としてのタビ

島外へのタビも、少なくとも一八世紀にはすでに行なわれていた。今治藩では「他所」での労働が藩の意向に反して活発に行なわれていたようで、たびたび禁止の触れが出されている。たとえば宝暦四（一七五四）年の「御触書」では農民の他所稼ぎや町方奉公を禁止し、すでに働きに出ているものは在所に帰って農業をするよう命じている。

一向後地方村々男女共、他所稼並町方奉公可令停止、足軽格等之子弟ハ可為制外事、
並是迄他処或ハ、町方江罷出候者共、当書替与不残村方江呼帰、庄屋与頭長百姓、随分取持致世話、百姓ニ有付或ハ村々互ニ申合、下人ニ抱可申候、（後略）[34]

こういった他所稼ぎや奉公に関する触書は一八世紀半ばから増加するが、このような触書は当時の農民の在所外での活発な活動を裏づけていると言えるであろう。

それではこの当時、今治藩の島方ではどのような他所稼ぎ、つまりタビが行なわれていたのであろうか。「旧藩政当時実見録[35]」には以下のような記述が見られる。

島日雇及地日雇人並賃米ノ事
大三島伯方大島辺ヨリ、九月土用ニ入レハ多ク来ル、其人ヲ雇テ、以テ刈取リヲ始メ、稲コギ麦撒地拵へ等ノ、手伝ヲナサシムルモノ也、
島人男子上人一日賃米壱升二合位、女同上八合九合位迄也、地方人者島人ヨリハ少シ高徳ノ方也、籾摺日雇ハ前夜四ツ半位ヨリ始メ、翌日七ツ時位迄ニテ、賃米男子米三升、女子米二升ナリ、右何レモ食物ハ当方（雇家）ヨリ弁スル事、[36]

この記述からは、幕末にはすでに秋の稲の収穫および麦の播種の時期に、伯方島や大島からも、地方に農作業の手伝いに出かけていたことが分かる。賃米は地方の人よりも安かったようだが、食事が出されて賃米をそのまま持ち帰ることができたことを考えると、島の人にとっては魅力的な仕事であっただろう。

また、近世後期から明治初期にかけて杜氏や塩田の浜子、あるいは石屋のタビが活発となる。これらのタビについ

ては次章以後で詳述する。

以上のように、瀬戸内島嶼部では江戸時代中期以降、人口の増加と開墾や新産業の導入が同時に進行した。今治藩の島方では宝暦七（一七五七）年から天保一四（一八四三）年までの間に人口が一・五七倍も増加した。宮窪町や伯方町の具体的な数字については史料が少なく明らかにできないが、当然この島方には両町も含まれている。そして、その人口増加と同時に、内部的生産拡大としては近世をとおして開墾が進められた。新たに開かれた田畑で行なわれた農業については自給的なもの以外詳しく知ることはできないが、新たな産業については、今治藩が藩を挙げて取り組んだ綿布の生産が行なわれていた。さらに外部的生産拡大としては、農作業などのタビで島外へ出ていたことが史料から明らかである。

つまり、宮窪町や伯方町では他の瀬戸内島嶼部の例と同じように、少なくとも近世後期から本来島で抱えることのできる人口以上の人びとを、内部的生産拡大によってだけでなく、舟運や農作業手伝い、杜氏、浜子、石屋のタビといった、外部的生産拡大を取り入れることによって、「島の人間」としてつなぎとめてきたのである。

註

（1）宮本常一は瀬戸内海の島における生活条件を生活景観の上から七つのタイプに分類している。すなわち、①水田農耕を主とする島 ②畑地と水田の島 ③畑作を主とする島 ④農耕集落と純漁集落 ⑤船着場 ⑥採石の島 ⑦島と牧場、である（『瀬戸内海の研究』国書刊行会、一九九二（一九六五）年、一三―二二頁）。

（2）安室知は『水田をめぐる民俗学的研究―日本稲作の展開と構造―』（慶友社、一九九八年）のなかで、日本において稲作以外の伝統的生業（畑作や漁撈や狩猟）が単一では生計活動とはなりえなかったことを指摘した上で、「人（または家）を中心にその生計維持方法を明らかにする」複合生業論を提唱している（三八―三九頁）。

（3）宮本常一「島と出稼」（『民間伝承』第十七巻第五号、民間伝承誌友会、一九五三年、四一頁）

（4）宮本常一の著作には瀬戸内海の島々におけるタビを扱ったものが多くあり、示唆に富む数々の指摘がなされている。しかし、その記述は断片的であることが多く、瀬戸内海の島々におけるタビの総合的理解は必ずしも試みられていない。

（5）魚澄惣五郎「研究課題としての瀬戸内海地域」（魚澄惣五郎編『瀬戸内海地域の社会史的研究』柳原書店、一九五二年、二二五頁）

（6）註（1）同書　四〇頁

（7）註（1）同書　四七頁

（8）中山富広「近世瀬戸内農村の景観と構造」（白幡洋三郎編『瀬戸内海の文化と環境』新・瀬戸内海文化シリーズ2、神戸新聞総合出版センター、一九九九年、一二五—一二八頁）

（9）野本寛一「西瀬戸島嶼巡航記—生業民俗資料—」（『民俗文化』第10号、近畿大学民俗学研究所、一九九八年）

（10）漁業に関してはその数が膨大であり、また、出漁形態も多岐に渡るため割愛した。

（11）註（3）同書　四一頁

（12）青野春水「近世瀬戸内海島嶼村落における出稼と株・受」（地方史研究協議会編『瀬戸内社会の形成と展開—海と生活』雄山閣、一九八三年、二〇—二六頁）

（13）石川敦彦「近世周防長門の人口統計」（山口県史編さん室『山口県史研究』第三号、山口県、一九九五年、六七—八二頁）

（14）佐竹昭「近世瀬戸内島嶼村落の特質について—安芸国倉橋島を中心として—」（瀬戸内海地域史研究会『瀬戸内海地域史研究』第四輯、文献出版、一九九二年）

（15）宮本常一「島のくらしと出稼ぎ—周防大島の場合—」（『展望』4（第88号）、筑摩書房、一九六六年、一三七—一三八頁）

（16）註（3）同書　四一頁

（17）註（14）同書　二二一—二二三頁

（18）「上ノ関宰判 風土注進案 岩見島 廿三」（山口県文書館編『防長風土注進案』第六巻 上関宰判 下、山口県立山口図書館、一九六三年、四二四—四四一頁）

「上ノ関宰判風土注進案」は天保一三（一八四二）年正月に藩の命を受けて、勘定元で事業を主宰し、各村島の庄屋から録進した資料によってまとめられたものである。したがって、ここに載せた記述もこの時期のものと考えられる。

（19）宮本常一は周防大島の昭和二一（一九四六）年から三〇（一九五五）年までの一〇年間の海外へタビに出た人びとからの送金の調査をもとに、国内外へタビに出た人びとからの送金が島の年額総生産額に匹敵するものであったと推定している（註（15）同書　一四八—一四九頁）。

（20）上関町史編纂委員会編『上関町史』上関町、一九八八年、四五七頁

(21) 松原利幸編『佐柳島・祝島』瀬戸内海調査シリーズ4、関西学院大学地理研究会、一九七一年、八二頁
(22) 東昇「地名にみる村上水軍の足跡」（愛媛県教育委員会文化財保護課『しまなみ水軍浪漫のみち文化財調査報告書―歴史地理編―』愛媛県教育委員会、二〇〇二年）
(23) 服部正弘「今治拾遺」四之巻（今治郷土史編さん委員会『今治郷土史 今治拾遺』資料編 近世Ⅰ（第三巻）、今治市長 岡島一夫、一九九一年、九四頁）
(24) 加藤友太郎「自著 旧想録（国分村旧記）」（今治郷土史編さん委員会『今治郷土史 国府叢書』資料編 近世2（第四巻）、今治市長 岡島一夫、一九九一年、七五五頁）
(25) 綿替商が各戸に原綿を配り、各戸では婦女子がこれを綿打して糸をつむぎ、機で織って綿替商に納めてその賃金を得る制度。
(26) 関前村誌編集委員会『関前村誌』関前村教育委員会、一九九七年、二五七頁
(27) 愛媛県史編さん委員会『愛媛県史』社会経済3 商工、愛媛県、一九八六年、一八三頁
(28) 註（12）同書　二五頁
(29) 河野によると明治四四（一九一一）年に書かれたという。著者は不明。宮窪においても実物を確認することができなかった（河野通博「明治後半期における内海島嶼部一村落の統計的考察（愛媛県越智郡旧宮窪村）―瀬戸内海島嶼部における半農半漁村の経済地理学的研究（第3報）」（『岡山大学法文学部学術紀要』第十九号、岡山大学法文学部、一九六四年））。
(30) 今治藩の綿替木綿制度がはじまった近世中期以降に島の婦女子が綿織りに従事するようになったと考えられる。
(31) 「越智郡地誌」一八八〇年、愛媛県立図書館蔵
(32) 註（29）同書　九頁
(33) 註（29）同書　一一―一二頁
(34) 加藤友太郎「国府叢書」巻ノ八（註（24）同書　四二二頁）
(35) 加藤友太郎「旧藩政当時実見録」（註（24）同書　一〇一九―一〇二〇頁）
前書きによると、この記録は「明治五年六月ヲ以テ根居トナシ、本簿ノ雑事ヲ記シタルモノナレ共、整頓ハ則明治二十五年」であり、さらに「抑本書は旧藩政当時、大陰暦の世を以て、調査の根定としたるもの」とされている。したがって、この記述からは、少なくとも近世末期には「出稼ぎ」が行なわれていたことが確認される。
(36) 註（35）同書　一〇一九―一〇二〇頁

第三章　兼業的なタビ

――愛媛県今治市宮窪町宮窪の生業構造とタビの役割――

本章では、愛媛県今治市宮窪町宮窪で営まれてきた、兼業的なタビを内包した生業の複合の様相を明らかにする。第一節では、地域の地理的・社会的概要を示した上で、生業のうち、内部的生産拡大を概説する。第二節では、外部的生産拡大としての杜氏および浜子のタビについて、その歴史と実態を可能な限り明らかにする。第三節では、三人の話者およびその家の具体的な生業履歴を提示し、宮窪における兼業的なタビを包含した複合生業の様相とその特徴について考察する。

一　宮窪町宮窪の概要

1　位　置

愛媛県今治市宮窪町は、今治市街地の北東海上約四kmに位置する大島の北東半面を占めている。島の南西部を占める吉海町と陸で接し、北は伯方島の伯方町および大三島の上浦町と海を挟んで接している（図2）。町の面積は一九・五九平方kmである。大島は平成一一（一九九九）年の来島海峡大橋の完成にともなう西瀬戸自動車道（通称しまなみ海道）の開通によって、尾道および今治と陸路で結ばれた。また、宮窪町は越智郡宮窪町として一つの独立した自治体

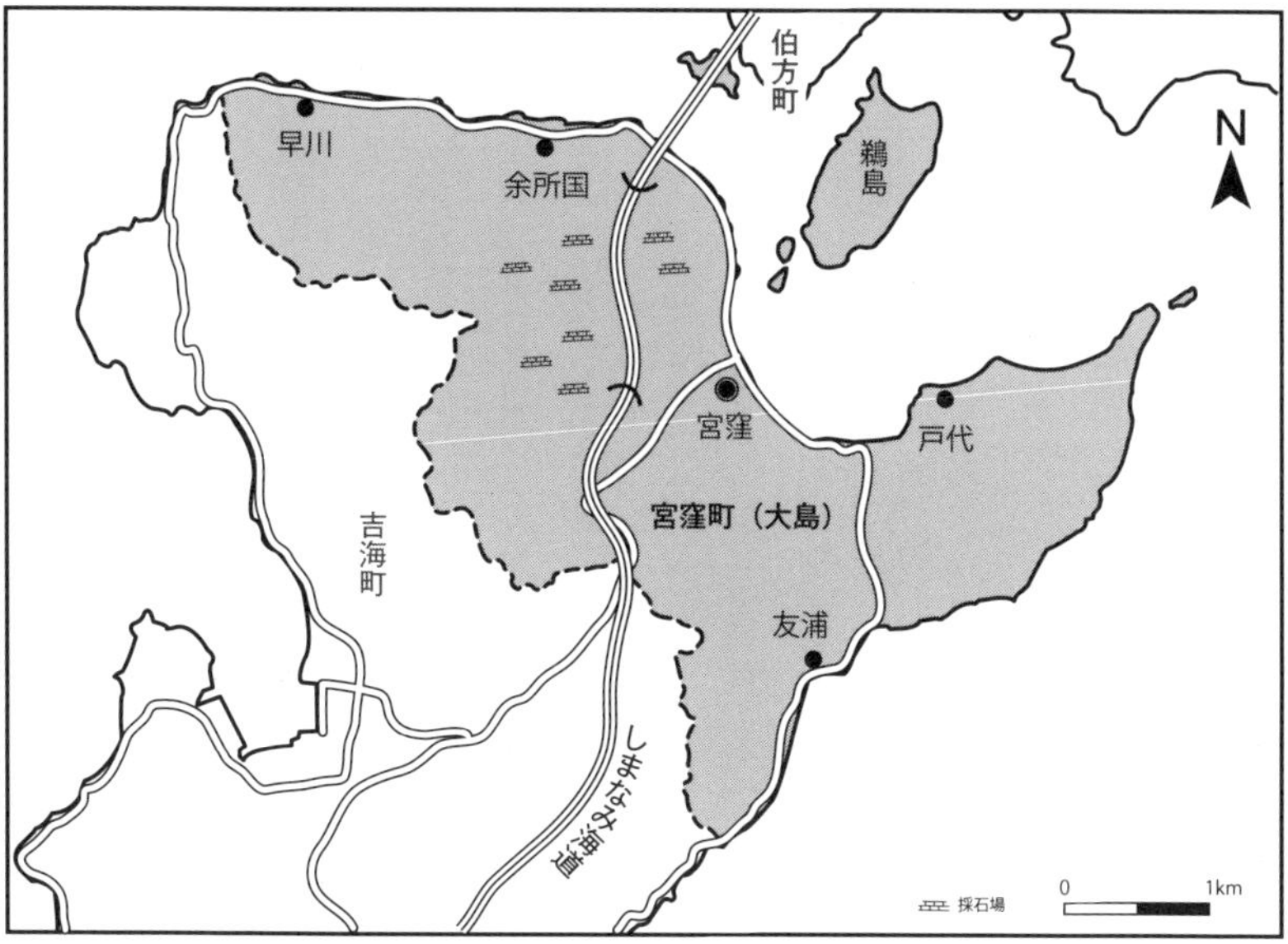

図2　愛媛県今治市宮窪町

であったが、平成一七（二〇〇五）年一月の今治市との合併により今治市宮窪町となった。宮窪町は宮窪・友浦・余所国・早川の四つの大字から構成され、公共施設は宮窪に集中している。本章で取り上げるのは宮窪町宮窪である。宮窪は中村・陸・向側・浜・戸代・鵜島の六つの地区に分けられる。このうち、中村・陸・向側・浜の四地区（以下この四地区を宮窪と呼ぶ）が宮窪の中心部を構成している。浜は漁業者の地区であり、その他の三地区はいわゆる「農業者」の地区である。本章が主な対象とするのは中村・陸・向側の農業を主生業とするとされる三地区である。これら三地区は浜に対して在と呼ばれている。

さて、今治市との合併以前から、宮窪町を含めた島嶼部の人びとと今治との関係は密であった。今治へ渡る主な目的は高校への通学や病院への通院、買い物、あるいは飲食店や娯楽施設の利用などである。島嶼部には大島高校（今治南高校の分校となった後、平成二一年三月に廃止）・伯方高校・伯方高校岩城分校（平成二〇年三月に廃止）・大三島高校（現今治北高校大三島分校）・弓削高校の五つの県立高校と国立の弓削商船高専があるが、大学への進学や専門的な教育を求めて今治の県立高校や私立高校に通う生徒も多い。また、公立、私立の総合病院も今治に集中している。[1] 入院をともなうような治療が必要な場合にはとくに今治の病院が選択されることが多い。このような状況は伯方島も含め他の島においても同様である。

　宮窪町から今治市街への交通手段は、船を使ったルートと橋を使ったルートに分けられる。船を使ったルートのひとつは宮窪町友浦からの高速船である。平成一七（二〇〇五）年段階で、芸予観光フェリーの高速船とフェリーが今治―大島（友浦）―伯方島（木浦）―岩城島―佐島―弓削島―生口島―因島（土生）のルートを一日一三往復結んでいた。しかし、平成一八（二〇〇六）年五月より、伯方島と大島へのフェリーの寄港が廃止され、友浦に寄港する便は高速船の一日九往復だけとなった。所要時間はおよそ二〇分である。また、大島のほぼ南端にある吉海町の下田水《しただみ》港からもフェリーが運航されている。朝六時半から夜九時まで三〇分おきに運行される協和汽船の高速船およびフェリーは大島島民の最も重要な足となっている。[2] 来島海峡大橋の開通にともなって大幅に料金が引き下げられ、大人一人が二八〇円、軽自動車の場合は搭乗者を含めて七八〇円の料金で、今治まで二五分で渡ることができる。橋を軽自動車で渡った場合には通行料金が一三五〇円であるから、ほぼ半額で今治まで行くことができる計算となる。したがって、大島の島民はバスや自家用車、バイクなどで下田水港まで行き、そこからフェリーを利用することが多い。

　一方、橋を使う場合には主に自家用車かバスが利用される。[3] 自家用車の通行料金は右記のとおりであり、今治市街地までの所要時間はおよそ三〇分である。また、バスの料金は宮窪町の石文化運動公園から今治桟橋まで七三〇円である。愛媛県立病院などのバス路線の近くに立地する施設を利用する場合には、バスを選択する人も多い。

2　人口と産業別就業者数

　宮窪町の世帯数および人口の変遷は表7のとおりである。世帯数は昭和三五（一九六〇）年にピークを迎え二一三六九世帯、人口は昭和三〇（一九五五）年にピークを迎え一〇四二一人となっている。これは他の例に漏れず、戦後の一時的な帰郷とベビーブームによるものであると考えることができる。その後は世帯数、人口ともに減少を続け、今治市の統計によると、平成一七（二〇〇五）年一〇月一日現在の世帯数は一二六二世帯、人口は三三九一人である。

表7　宮窪町の世帯数と人口

年次		世帯数	人口			備考
和暦	西暦		総数	男	女	
明治 13	1880	936	5030	2512	2518	伊豫国越智郡地誌
37	1904	965	5579			宮窪村郷土誌
大正 2	1913	1085	5996	3077	2912	愛媛県誌稿上巻
大正 5	1916	1060	6072	3127	2945	越智郡々勢誌
昭和 23	1948	1848	8699	4286	4413	愛媛県統計課調
30	1955	2312	10421	5177	5244	
35	1960	2369	9953	4903	5050	
40	1965	2147	8215	4025	4091	
45	1970	2078	7296	3613	3683	
50	1975	1875	6103	2958	3145	
55	1980	1545	4890	2371	2519	国勢調査
60	1985	1473	4537	2178	2359	
平成 2	1990	1373	4140	1961	2179	
7	1995	1335	3922	1855	2067	
12	2000	1302	3671	1748	1923	
17	2005	1262	3391	1624	1767	

註：昭和 23 年以前は余所国および早川は含まれない

この数字を大正五（一九一六）年の記録と比較すると、世帯数では平成一七年が上まわっているにも関わらず、人口は大正五年の約半分である。

　産業別就業者数は表8の通りである。第一次産業は、農業が昭和四〇（一九六五）年の二八・三%から平成七（一九九五）年の一六・五%へと大幅に減少しているものの、漁業の増加によって若干の減少にとどまっている。漁業は昭和四〇年には一二・三%であるが、平成七年には二〇・六%と倍増している。これは小型底曳網漁業、刺網漁業、潜水漁業の隆盛によるものである。第二次産業は昭和四〇年の四一・六%から平成一七年の二三・六%へと大幅に減少している。日本でも有数の品質を誇る花崗岩である大島石によって鉱業が支えられながらも、製造業が昭和四〇年の三一・三%から平成七年の一一・〇%へと三分の一に減少している。昭和五〇（一九七五）年から昭和六〇（一九八五）年の間には一〇%もの減少が見られるが、これは昭

表 8　宮窪町の産業別就業者数　　　　単位：人（括弧内％）

種別		昭和 40 年（1965 年）	昭和 50 年（1975 年）	昭和 60 年（1985 年）	平成 7 年（1995 年）	平成 17 年（2005 年）
総数		2001(100)	2966(100)	2199(100)	1942(100)	1760(100)
第 1 次産業	小計	815(40.1)	1117(37.7)	925(42.1)	720(37.1)	625(35.5)
	農業	567(28.3)	693(23.4)	469(21.3)	320(16.5)	
	林業	1(0.0)	0(0.0)	1(0.1)	0(0.0)	
	漁業	247(12.3)	424(14.3)	455(20.7)	400(20.6)	
第 2 次産業	小計	832(41.6)	1068(36.0)	634(28.8)	513(26.4)	416(23.6)
	鉱業	84(4.2)	198(6.7)	183(8.3)	143(7.4)	
	建設業	121(6.0)	185(6.2)	162(7.4)	157(8.1)	
	製造業	627(31.3)	685(23.1)	289(13.1)	213(11.0)	
第 3 次産業	小計	352(17.6)	781(26.3)	640(29.1)	709(36.5)	719(40.9)
	卸・小売業	96(4.8)	304(10.2)	267(12.1)	269(13.9)	
	金融・不動産業	3(0.1)	21(0.7)	26(1.2)	24(1.2)	
	運輸・通信業	92(4.6)	114(3.8)	83(3.8)	63(3.2)	
	サービス業	128(6.4)	271(9.1)	190(8.6)	278(14.3)	
	公務	35(1.7)	68(2.3)	72(3.3)	69(3.6)	
分類不能		0(0.0)	3(0.1)	2(0.1)	4(0.2)	

註：「2000 年宮窪町町勢要覧資料編」に加筆
平成 17 年は今治市ホームページ

和五一（一九七六）年の住友金属鉱山の四阪島工場の銅精鉱による精錬廃止と、新居浜市からの通勤体制への移行によるものと考えられる。四阪島は宮窪町に属している。昭和四〇年に一七・六％だった第三次産業は大幅に増加し、平成一七年には五五・七％となっている。この増加の背景には、しまなみ海道の開通などに支えられた観光産業、つまりサービス業の増加があると考えられる。現在でも観光産業への取り組みは積極的に行なわれており、今後もサービス業の割合の増加が予想される。

3　内部的生産拡大

右でも見たように、宮窪町において主要な位置を占めてきた産業は、農業、漁業、石材業である。以前は柑橘類の栽培を中心とする農業が基幹産業であったが、農家人口の高齢化や柑橘類の価格の低迷によって、現在では荒廃園が目立っている。一方、漁業は一時期ほどの水揚はないが、後継者も多く、宮窪でもっとも活気のある産業となっている。もともと宮窪の少数派であり、海岸端に家を構えていた漁家は、現在ではその戸数が増加して、在の人びとの田畑を宅地へと変えている。また、石材業で採掘される大島石は、瀬戸内で採掘される花崗岩のなかでも非常に品質が高く、宮窪町の特産品となっている。

(1)　農　業

戦前の宮窪における農業は水田での米と裸麦、畑での甘藷と裸麦の栽培を中心とする二毛作であった。これに加えて葉タバコ、除虫菊、ミカンなどが植えられて現金収入が確保されていた。除虫菊の栽培は昭和一〇(一九三五)年を頂点として、終戦前には終焉を迎える。葉タバコは昭和三〇年代までは盛んに栽培されるものの、昭和三二(一九五七)年からの専売局による減反方針やミカンの増植によって昭和五〇(一九七五)年までには、ほぼ消滅する。

戦前の宮窪の農業の様子はつぎのMＩ7氏の話によく表れている。「土地がない場合、よその畑を小作することもあった。米はたくさんは残らん。米の年貢は二畝一俵。一反で五俵。米は一反で六〜七俵しかとれんから、ほとんど残らん。ただ、麦は全部取ることができた。だから、食べる分には世話ない」。このように、宮窪においては、田では米と裸麦を作り、畑では甘藷と裸麦を作るといった自給的な農業が営まれていた。また、右の換金作物の他にも、畑にビワやモモ、スモモ、クリ、カキなどの木を植えて、四季を通じてある程度の現金収入を確保できるようにしていたという(MＩ17氏)。さらに、「祭りになると、おばあさんがあちこちの畑で作っている豆を取ってきて乾かして、今治の乾物屋に売って、その金でアゲ、ハンペン、コンニャクなどを買ってきたのを覚えている」(MＩ12氏)というように、現金収入は常に意識されていた。しかし、基本的にはミカン栽培隆盛以前、つまり戦前の宮窪における農業は、ほぼ自給に専念したものであり、農業で大きな現金収入を得ようという発想は少なかったと考えられる。

それでは、戦後の宮窪の農業はどのような状況にあったのであろうか。表9は宮窪の在(中村・陸・向側)の昭和四五(一九七〇)年から平成一二(二〇〇〇)年までの農家数・専兼業別農家数・経営耕地面積規模別農家数・経営

規模別農家数								経営耕地面積 (a)						
1.0～2.0		2.0～3.0		3.0ha 以上		3.0～5.0		面積計	田		畑		樹園	
戸	%	戸	%	戸	%	戸	%		面積	%	面積	%	面積	%
36	10.9	4	1.2	1	0.3			17880	2580	14.4	220	1.2	15080	84.4
45	14.8	1	0.3	1	0.3			17671	1367	7.7	178	1.0	16126	91.3
39	14.8	4	1.5	2	0.8			15572	1048	6.7	99	0.6	14425	92.7
16	7.0	1	0.4			1	0.4	10295	712	6.9	475	4.6	9108	88.5
								6171	362	5.9	212	3.4	5597	90.7
6	7.5	2	2.5					5164	296	5.7	181	3.5	4687	90.8
								4340	472	10.9	215	4.9	3653	84.2
4	7.4	2	3.7					3558	436	12.3	128	3.6	2994	84.1
								3378	250	7.4	363	10.7	2765	81.9
2	4.3	1	2.2					2681	233	8.7	197	7.3	2251	84.0

耕地面積を示したものである。

総戸数は、昭和四五年に比べて平成一二年は増加しているにも関わらず、農家数は七割も減少している。これは他産業への労働力の移動と高齢化の影響だと考えることができる。

専兼業別農家数は、もっとも多いのが第二種兼業農家だが、専業農家や第一種兼業農家の割合は決して低くはない。第一種兼業農家の割合は年を追うごとに減少しているが、これは杜氏や浜子のタビが減少し、専業的な農業外の労働に就いて第二種兼業農家へと移行したことによると考えることができる。

経営耕地面積規模別農家数は、終戦直後、昭和二二（一九四七）年八月の統計によると、旧宮窪村の全農家六八八軒のうち一町以上一町五反未満の経営耕地面積を有する家はわずか一四軒、五反以上一町未満が一八八軒、三反以上五反未満が一七二軒、三反未満が三一四軒となっている(4)。つまり、終戦直後においては、五割弱の農家が三反未満の耕地しか有さず、七割の農家が五反未満の耕地しか有していなかったのである。表9を見ると、その後、このような状況は若干改善されたことが分かるが、宮窪の農家の耕地面積が極めて狭小であることに変わりはない。島の農業の限界が垣間見える。

田、畑、樹園別の経営耕地面積は、昭和四五年から平成一二年までの期間は、常に樹園地が八割以上を占めている。戦後の宮窪の農業を支え

表9　宮窪町宮窪（在）の経営耕地面積の変遷

年	総戸数	農家数	非農家数	専兼業別農家数						経営耕地面積					
				専業農家		第1種兼業農家		第2種兼業農家		0.3ha 未満		0.3～0.5		0.5～1.0	
				戸	%	戸	%	戸	%	戸	%	戸	%	戸	%
1970	446	329	117	66	20.1	107	32.5	156	47.4	103	31.3	70	21.3	115	35.0
1975		304		51	16.8	46	15.1	207	68.1	87	28.6	66	21.7	104	34.2
1980	550	263	287	65	24.7	26	9.9	172	65.4	82	31.2	52	19.8	84	31.9
1985		227		57	25.1	10	4.4	160	70.5	99	43.6	39	17.2	71	31.3
1990	407	139	268	44	31.7	9	6.5	86	61.8						
販売農家		80		21	26.2	5	6.3	54	67.5			34	42.5	38	47.5
1995		97		39	40.2	7	7.2	51	52.6						
販売農家		54		19	35.2	5	9.3	30	55.5			22	40.7	26	48.1
2000	473	93	380												
販売農家		46(2)		19	39.6	3	6.3	26	54.1			23	50.0	20	43.5

註：農業集落カードをもとに作成（農家数の括弧内は例外規定販売農家）

たのはミカンの栽培であった。昭和二〇（一九四五）年段階での宮窪のミカンの栽培面積は七三〇反である。栽培戸数は不明だが、聞き取り調査によると戦前のミカン栽培は決して盛んではなかったという。ミカン栽培が宮窪農業の基幹となったのは昭和三〇年代に入ってからである。昭和二五（一九五〇）年と昭和三五（一九六〇）年の旧宮窪村における田、畑、樹園地の面積を比較すると、田の面積は八九七反から八八一反へ若干減少し、畑の面積は一〇九一反から六八〇反へと大幅に減少しているのに対して、樹園地は九八四反から一六三五反へと激増している[5]。また、表9によると樹園地の面積がもっとも広くなるのは昭和五〇（一九七五）年で一六一二六a（一六一二反）にまで及んでいる。宮窪の全耕地面積の九割以上を占める広さである。

写真1　ミカンの集荷（昭和33年頃）（今治市村上水軍博物館蔵）

ミカン栽培が全盛であった

写真 2　空から見た宮窪（昭和 30 年代）（今治市村上水軍博物館蔵）
山が切り拓かれてミカンが植えられている

写真3　空から見た宮窪（平成16年）（今治市村上水軍博物館蔵）
ミカン畑は山へと戻っている

当時の様子は「あまりにたくさん山を開いてミカンを植える義父に対して『そんなにたくさん山を開いても作れん』と言うと、義父は『作れんかったら（土地と木を）売ればいい』と答えた」（MⅠ3氏の妻）、あるいは「ミカンブームのころは、野菜はミカンの端で作っていた。『間があったら一本植えい』という時代だった」（MⅠ11氏）、「当時ミカンは金のなる木と呼ばれていた。かご一杯のミカンで日当が出るほどの金額だった。妻は子供の学費を思いながら肥をかついでいた」（MⅠ13氏）、「昭和四〇年代のミカンの値のよい時期には、藁で編んだイングリ二つ（一荷）で土方一日分の金になった」（MⅠ3氏）といった話者の言葉からうかがうことができる（写真1）。

ただ、ここでひとつ確認しておきたいのは、このミカン栽培の隆盛という状況が、少なくとも宮窪においては長期的で安定したものではなかったということである。たしかに、瀬戸内の島嶼部では戦前からミカンの栽培が盛んに行なわれ、現在でも特産品としての柑橘類のイメージは強い。しかし実際には、多くの島では昭和四七（一九七二）年にミカンの価格が暴落して以降、ミカンの栽培熱は急激に冷めていく。宮窪も例外ではなく、ミカンの好景気を享受できたのは多く見積もっても昭和三〇年代に入ってから昭和四七年までの一五年ほどに過ぎない（写真2・3）。

(2) 漁　業

漁業は主に宮窪の浜地区の人びとによって専業的に営まれており、在の人びとが漁業に従事することは、基本的にはない。戦前の宮窪の漁業は一本釣が主であったが、戦後は潜水漁・底曳網漁・刺網漁が盛んとなった。

昭和三五（一九六〇）年から平成元（一九八九）年までの宮窪の登録漁船数の変遷を見ると、総隻数は二三〇隻から三四五隻へと一〇〇隻以上増加している。その内訳は、一本釣が昭和三五年の一四三隻から昭和四五（一九七〇）年には九四隻、平成元年には八三隻に減少しているのに対して、小型底引網は四二隻から一〇一隻に、刺網は五隻から五七隻に増加している(6)。また、平成一〇（一九九八）年の第一〇次漁業センサスの漁業集落カードでは、主要な漁業経営体数として「その他の釣」三五、「小型底びき網」八三、「その他の刺網」五二一、「ひき寄せ網」一四が数えられている。その漁獲対象は「その他の魚類」（おそらくメバルやカサゴ、キスなどであろう）をはじめとして、「えそ類」「えび類」「ひらめ・かれい類」「いか類」「たい類」「にべ・ぐち類」「たこ類」などであるが、注目したいのは「貝類」である。「貝類」の漁獲量は昭和三五年にはすでに六九一トンと、宮窪の総漁獲量の約半分を占めているが、昭和五五年には二一八二トンにも及んでいる。これは潜水による瀬戸貝漁の盛況を示している。

宮窪における潜水漁のもっとも主要な漁獲物は、戦後しばらくの間は瀬戸貝（貽貝）であった。瀬戸貝は明治一三（一八八〇）年ころに記された地誌にも、宮窪の産物として見えているが、宮窪の人びとの漁法は、樫の棒を一五尋（約二〇m）ほどつなぎ合わせた先に、鉄製の熊手をつけたもので掻き取るというものであった。そこに大正末期、徳島県阿南市伊島から潜水業者が来て、莫大な利益を上げた。それを見て、戦後は宮窪の漁師が潜水漁に直接従事するようになった。また、瀬戸貝は宮窪で水揚げされ、婦人たちの手で身抜きが行なわれたため、多くの雇用をもたらした。最盛期には八隻の瀬戸貝採集船が操業し、一二〇名以上の雇用を生み出したという（写真4）。

写真4　瀬戸貝の身を剝く女性（昭和30年代）（今治市村上水軍博物館蔵）

しかし、潜水器具を使った漁業は瀬戸貝の乱獲を招き、現在ではサザエやアワビ、ナマコ、ウニが漁獲の中心となっている。また、網漁ではマダイやエビ類、カレイ類の生産額が多い。ただ、市場価格の低迷によって現在では売上高は最盛期を大きく下回っている。

写真5　石を割る石屋（昭和30年代）（今治市村上水軍博物館蔵）

写真6　機械化された現在の丁場（平成20年）

(3)　石材採掘業

宮窪町は大島石と呼ばれる花崗岩の産地であり、石材採掘業は宮窪町の基幹産業のひとつとなっている。石材採掘の行なわれる丁場は宮窪町宮窪および余所国を中心として、早川にかけて広がっている。大島石は細粒質であるため花崗岩の中でもまれに見る硬さを誇り、光沢が落ちにくく、さらに変色しないため、香川県の庵治石に次ぐ高級品として高値で取り引きされ、墓石や記念碑などに用いられている。

大島石の採掘の起源は慶長九（一六〇四）年の今治城の築城だと伝えられているが、本格的な採掘がはじまったのは明治に入ってからだと考えられている。明治六（一八六七）年には皇居の基礎石が、明治二〇年代には呉軍港の築港用に大島石が積み出されたことが記録に残っている。戦前の最盛期には六〇数丁場が稼動し、常に三〇〇人を超す従業員が働いていた(7)。

しかし、石材需要が大幅に拡大し、機械化による大規模な石材採掘が行なわれるようになったのは戦後のことである（写真5）。戦後は、戦災復興にともなう護岸工事や墓石、とくに軍人墓の需要の伸びによって、さらに高度経済成長期以降は都市人口の増加や都市における霊園の整備、核家族化、所得水準の上昇による高級志向等によって、石材業は活況を呈した。また、昭和三〇年代の削岩機の導入や昭和四〇年代のジェットバーナー（切削機）やバックホーの導入は、ノミやツチ、ヤ等による手作業の石材採掘に技術革新を起こし、硬質の大島石の切り出しを容易にした(8)。その結果、宮窪町の山容は岩肌を露出した荒々しいものへと変化した（写真6）。

戦後の丁場（採石場）数は、昭和二三（一九四八）年の四〇丁場から昭和四九（一九七四）年には七一丁場にまで増加するが、その後は徐々に減少して平成九（一九九七）年の段階で四〇丁場となっている。現在では中国や韓国からの輸入石材に押され、石材加工業や運送業とともに厳しい経営状況が続いているとは言え、高級ブランドとして確立された大島石の地位は揺るぎないものとなっている。

二　宮窪の外部的生産拡大

杜氏をはじめとして、大工・石工・船乗り等、瀬戸内島嶼部のタビは、島という地理的に限定された土地での生活を根幹から支えてきたにもかかわらず、これまでその実態や役割について十分な議論が行なわれてこなかった。それどころか、その種類や具体的な内容についての整理・報告すらなされていないのが現状である。杜氏や塩田の浜子のタビについても、少なくとも近世後期以来、旧越智郡の島々の生活において非常に大きな役割を果たしてきた。しかし、その歴史と実態についてはこれまで十分に明らかにされてきたとは言いがたい。それは、資料の不足もさることながら、タビが地域外で営まれるために地域の生業としてみなされにくく、また、地域の貧困を象徴する不幸な歴史として捉えられてきた側面があったからであろう。しかし、古くから越智郡の島々で行なわれてきたタビが、地域の主要な生業として、そして、生活をより豊かにする手段として重要な役割を担ってきたことは明白である。「地域内で営まれる生業」と、「地域を支える生業」とは、必ずしも一致しない。

さて、宮窪ではさまざまなタビが行なわれてきた。宮窪では古くから、家を継ぐべき長男であっても、あるいは女性であっても、若いころに一度は島を出て「他人の飯を食う」ことが理想とされた。これは、タビの持つ文化的役割として重要な側面である。次節で紹介する話者MＩ3氏やMＩ7氏などは尋常高等小学校を卒業後に大阪や神戸、松山などに働きに、あるいは手に職をつけるために出かけている。また、MＩ3氏の妻も、東京で医者をしていた親戚のもとで、終戦までの数年間を働いて過ごした。早くに母親を亡くしたMＩ3氏の妻は、家では重要な労働力であったにもかかわらず、父親の「嫁に行く前に一度は他人の飯を食っておかなければ」という一言で東京に行くことになったという。

このような若いころに行なわれるタビには、もちろん経済的な役割も課せられていたが、それ以上に、人生修業としての、あるいはひとつのイニシエーションとしての役割が与えられていたのである。さらに、タビに出る若者にとって島を出て都会で暮らす喜びは、計り知れないものであった。宮窪では、長男が家を継ぐことが規範とされ、長男に対しては幼いころから「クドの灰までお前のものだ」と教え、家の後継ぎとしての自覚を促したというが、これは裏を返せば、長男であっても島を出たがる人が多いということである。実際、聞き取り調査を行なっていても、次男以下で家を継いでいる人によく出会う。タビに出た長男が島に戻らず、仕方なく家を継いだのだという。こうしたタビの文化的側面についても軽視することはできない。

それに対して、杜氏や浜子といった兼業的なタビは、どちらかと言えば経済性を重視したものであった。これらは主に、いわゆる「農家」の男性によって行なわれ、(9)「冬は酒屋、夏は浜子に行かないものは一人前ではない」と言われていた。冬は四国方面の酒蔵へ、夏は本州方面、とくに広島県福山市松永の塩田へ、多くの人がタビに出ていた。そもそも、杜氏のタビは地域の農業の年間のサイクルに沿って行なわれるものであった。彼らは毎年一一月〜一二月ころに集団を組んで徳島県や愛媛県内の酒蔵に出かけ、三月〜四月ころに帰ってくると、麦刈りと田植えを済ませてから今度はすぐに塩田に出かけ、秋の米の収穫にまた帰ってきて田を鋤き、裸麦を蒔いて出かけた。タビが「余業」であるか否かは別としても、これが農間余業と呼ばれる所以であろう。働き盛りの男性が留守の間は、女性や老人によって耕地が維持管理されていた。宮本常一は、瀬戸内島嶼部の必ずしも農業を中心とせず、「出稼ぎ」などの生業が農業と併置されている状態を「経営分裂」という言葉で表現しているが、(10)青年・壮年期の男性がタビで現金収入を確保し、女性や老人を中心に農業が営まれるというのが、少なくとも宮窪の「農家」においても一般的な姿であった。

このような生活のなかで、杜氏や浜子のタビが果たしてきた生計上の役割は大きい。なぜなら、耕地拡大の限界という地理上の制約の大きい島の農業に対して、杜氏のタビは毎年安定した収入をもたらし、さらに自らの努力と才覚によって収入を増やすことが可能であったからである。したがって、杜氏や浜子のタビを、もはや農間余業や副業と呼ぶことはできない。この問題については第三節で詳しく取り上げたい。

それでは以下、宮窪を代表するタビとしての杜氏と浜子について、その概要を示したい。杜氏に関しては、とくに戦後の様相についての新資料が得られたため、できる限り詳細に記述した。

1　杜氏のタビ

ここでは越智杜氏の歴史と実態を、文献調査および聞き取り調査によって可能な限り詳細に復元することを目的とする。

(1)　越智杜氏

愛媛県内には二つの大きな杜氏集団があった。ひとつは県西部、佐多岬を占める西宇和郡伊方町を本拠地とする伊方杜氏であり、もうひとつが県中部、旧越智郡を本拠地とする越智杜氏である。越智杜氏の地元である愛媛県旧越智郡（平成一六年一〇月に弓削町、生名村、岩城村、魚島村が合併して上島町が発足し、その他の地域はすべて平成一七年一月に今治市と合併した）は高縄半島北部と芸予諸島の島々から成る。越智杜氏は主に、現今治市域の大島、伯方島、大三島、岡村島などの島の人びとで構成されていたが、戦後の記録を見る限りでは、その多くが大島出身である。大島のなかでも古くは宮窪町宮窪の勢力が大きく、越智杜氏は別名「宮窪杜氏」とも呼ばれていた。

大正年間には、越智杜氏の組合である愛媛県越智郡醸酒業者組合（のちに越智郡杜氏組合と改称）は、全国四八醸造業組合のうち六番目に位置づけられるほどの規模をほこり、一〇〇〇人以上の酒造労働者を輩出していた。戦前に比べて規模は縮小したものの、戦後も一時期は五〇〇人もの人びとが酒造労働に従事していた。

さて、伊方杜氏についてはある程度まとまった報告が見られるもの(11)の、越智杜氏についてはこれまで概要の紹介が行なわれている程度である(12)。それは、越智杜氏に関する記録がほとんど残されていないことによるものと考えられる。明治末から大正初期に愛媛県越智郡醸酒業者組合が組織され、事務所が今治に置かれていた。しかし、昭和二〇（一九四五）年の空襲と昭和二三（一九四八）年の漏電火災により、戦前の組合の書類は消失している。また、昭和五〇年代から急速に越智杜氏の勢力が衰えたことも、越智杜氏に関する報告が少ないことに影響しているであろう。伊方杜氏のように規模は縮小しながらも、近年まで杜氏集団としての形態を維持していれば、「文化」としての酒造労働という価値が与えられ、研究対象ともなったはずである。さらに、但馬、丹波、南部の杜氏のように、有名な大酒造地での労働ではないため、注目を集めにくかったということもあるであろう。

以上のような理由から、これまで越智杜氏の概要については十分に明らかにされてこなかった。そこで筆者は、平成一七（二〇〇五）年に宮窪町役場で発見された戦後の越智郡杜氏組合に関する資料（今治市村上水軍博物館蔵）を活用しながら、越智杜氏の歴史と実態について可能な限り明らかにしたい。このような作業は、ひとつのタビの様相を復元するという意味にとどまるものではなく、瀬戸内の主要な生業としてタビを位置づけ、タビを中心とした島の生活像を描き直す上でも、重要な役割を果たすものである。

ここで、本研究で用いる「杜氏」という呼称について確認しておきたい。「杜氏」という呼称は酒造労働に携わる人びとすべてを指す場合と、酒造労働者のうちの責任者、つまり責任杜氏を指す場合とがある。本研究では、「杜氏」と記した場合には酒造労働者全般を指すこととし、酒造労働者の責任者には「責任杜氏」という呼称を用いる。また、「杜氏」以外の酒造労働者については「蔵人」と呼ぶこととする。「蔵人」のなかでも、頭《かしら》・麹師《こうじし》・酛廻《もとまわり》といった役職者を「役人《やくびと》」と呼び、それ以外の人びとを「倉夫《くらふ》」と呼ぶ。

(2)　起原と歴史

越智杜氏の起源には二つの話が残されている。「酒呑み坊さん」が酒の造り方を伝えたという話と、遭難した漁師が酒の造り方を覚えて帰ったという話である。

「酒呑み坊さん」とは、宮窪の真言宗海南寺の第一六代住職・円乗のことである。海南寺の過去帳によれば円乗は愛媛県宇摩郡今村氏の出で、寛政二（一七九〇）年に吉海町椋名の法南寺から海南寺に移った後、庫裏や石垣、井戸を築造し、大般若経や涅槃像などを調えた海南寺の中興の祖である。『宮窪町誌』などによると、無類の酒好きであった円乗は高野山や京都にさまざまな用向きで出かけるたびに伊丹に宿をとり、灘の酒を楽しんでいた。この円乗が灘の酒の造り方を教わって帰り、村の人びとに伝えたのが、越智杜氏のはじまりだという(13)。

また『宮窪町誌』にはもう一方の話も紹介されている。「ある年一漁民が漁に出かけ、暴風雨に会い遭難した。やっとの思いで灘の地に上陸することができた。やがて、近くにあったある酒屋に住み込みで雇われることとなり、糊口を凌ぐことができた。最初は唐臼の米搗きが毎日の仕事であった。年を経るにしたがって、酒造の技術を身につけ、後に帰村して伝えたのが、そもそもの起こりであった(14)」。

一方、史料に宮窪の酒造労働者がはじめて登場するのは安政二（一八五五）年である。宮窪の中心部から南へ一㎞ほど行ったところに高取山という山があり、その山頂には金毘羅大権現が祀られている。この金毘羅大権現に奉納されている安政二年の常夜灯には、「酒屋親父中」として宮窪村内の向側地区、一二名の名前が刻まれている(15)。当時からこれだけの酒蔵が宮窪、それも向側地区にあったと考えることはできない。したがって、この「酒屋親父中」とは島外の酒蔵にタビに出ていた責任杜氏連中のことと考えるのが妥当であろう。つまり、安政年間以前から、すでに島外への杜氏のタビが行なわれていたと考えられるのである。

その後の記録は乏しいが、大正六（一九一七）年に愛媛県から発行された『愛媛県誌稿』の下巻には「越智郡宮窪村は東予に於ける杜氏の本場なり。醸造時期には全村の壮丁殆と同村を去り各地の醸造場に従業す。労作期間は約百日にして多くは毎年四月に入りて帰村す(16)」とある。また、昭和三（一九二八）年に越智郡杜氏組合による杜氏への勤続表彰のために作成された資料からは、安政元（一八五六）年生まれの村上平助が、明治一五（一八八二）年にはすでに宮窪から杜氏として徳島県板野郡の酒蔵へ出かけていたことが分かる。さらに、倉田一郎は、昭和一三（一九三八）年に行なわれた柳田国男主導のいわゆる「海村調査」の記録『採取手帖（沿海地方用）』の質問項目23番「出稼ぎや遠方への出漁は、昔からあつたのでせうか」に対する答えとして、宮窪の杜氏の状況をつぎのように記している。「酒造りの刀自。この島から出た刀自は技術優秀で四方に知られてゐた。一二月初旬から、百ヶ日若くは百五十ヶ日位、徳島、香川、大分、宮崎、福岡及当県下の諸地方へ出稼をして儲けて帰つたから、在方の者は今も裕福だ。欧州大戦頃、よその刀自が廉くやるので、こちらは技術が優れてゐるといふ腹から気構へ高く賃銀高い故、傭ふものが少なくなつた。盛んな頃は二〇〇〇人も出た。こゝの技術は備前の系統で、約百五十年前から始まつてゐる(17)」。

この倉田の報告からは技術が優秀な宮窪の杜氏が四国から九州にかけてタビをし、大きな利益を上げたこと、最も盛んなころには二〇〇〇人の酒造労働者を輩出していたこと、そして、大正前期には衰退の兆しが見えていたこと等がうかがえる。

(3)　越智杜氏の人数と就労地

それでは、越智杜氏はどれほどの人数を数え、どのような地域にタビに出ていたのであろうか。まず、人数から確認してみよう。

大正一一（一九二二）年刊行の『酒造乃心得(18)』に添付された地図「酒造蔵人出身地略図」に掲載された越智郡醸酒業組合の杜氏の数は一三〇八人となっている。この地図には全国四八の組合が取り上げられているが、越智杜氏はそのうちでも六番目の規模を誇っている。さらに、昭和初期には一七一二人の組合員を擁し、広島税務監督局管内の杜氏組合としては岡山県の備中杜氏組合（二一一五人）、山口県の熊毛郡酒造杜氏組合（一九〇七人）についで三番目の規模である(19)。

戦後の越智杜氏の人数は表10のとおりである。責任杜氏が戦後もっとも多かったのは昭和三五（一九六〇）年で、八九人である。この年の蔵人数は不明だが、一人の責任杜氏につく平均的な蔵人の数を仮に五人として計算すると、およそ四四五人の蔵人がタビに出ていたことになり、責任杜氏と合わせるとタビに出ていた人数は五三四人となる。杜氏を輩出した町村のなかで、責任杜氏がもっとも多いのは宮窪町で、四五人である。ここでも蔵人の数を仮に五人として計算すると、責任杜氏と蔵人の合計は二七〇人となる。国勢調査によると昭和三五年の宮窪町の一五歳以上の男性の人口は三二〇四人、そのうち五九歳までの生産年齢人口は二八一三人である[20]。つまり、一五歳から五九歳までの生産年齢人口の約一〇人に一人が酒造労働者としてタビに出ていた計算になる。この数字から、戦後においても酒

	大三島町		関前村		その他				
方村	岡山村		関前村		(今治·波止浜·波方·玉川·岩城)		杜氏総数	蔵人総数	合計
蔵人	杜氏	蔵人	杜氏	蔵人	杜氏	蔵人			
			3		1		62	191	253
	2		4		2		80		
	2		3		1		79		
	2		1		1		74		
	2		2		2		82		
	1	2	2	5	1	4	88	258	346
	1		1		1		88		
	1		1		1		89		
	1		1		1		87		
	1		1		1		83		
	1	4	1	4	1	8	81	419	500
	1		1		1		79		
	1	3	1	4	1	4	78	409	487
	1		1		1		79		
	1	3	1	4	1	7	76	397	473
	1	4	1	4	2	7	72	371	443
	1	4	1	3	1	4	68	332	400
	1	4	1	4	1	2	66	308	372
	1	3	1	4	1	1	59	261	320
	1	2	1	1	1	1	54	223	277
	1	2	1	2	1	1	50	201	251
	1	2	1	3	1		45	171	216
	1	2	1	3	1		46	170	216
	1	2	1	4	1		36	136	172
		1	1	1	2		33	117	150
	1	1		1	1	1	28	103	131
	1	1	1	1	1		34	110	144
						3	21	79	100
	1					3	23	83	106
						4	19	65	84
						4	19	64	83
	1					3	21	61	82
						1	14	43	57
					1	2	15	43	57
					1	3	14	29	43
					1	3	12	26	38
						2	9	13	22
						2	9	12	21
					1		10		
							9		
							9		
							9		
							9		
							9		

表10　酒造従業者数の変遷

旧町	宮窪町		吉海町						伯方町		
旧村	宮窪村		大山村		津倉村		亀山村		伯方町		西伯
年	杜氏	蔵人	杜氏	蔵人	杜氏	蔵人	杜氏	蔵人	杜氏	蔵人	杜氏
昭和25	33		8		12				5		
27	40		10		12		1		8		1
28	39		10		12		1		5		4
29	38			23(杜氏)					8		1
30	40			25						11(杜氏)	
32	45	123		28			105(蔵人)			11	19(蔵人)
34	46			27						12	
35	45			29						12	
36	45			26						13	
37	41			26						13	
38	41	169		23			195			14	39
39	38			24						14	
40	37	159		24			207			14	32
41	38			24						14	
42	38	162		23			189			12	32
43	34	151		23			176			11	29
44	32	128		23			164			10	29
45	31	113		22			164			10	21
46	28	88		20			147			8	18
47	25	74		20			132			6	13
48	23	64		17			123			7	9
49	18	43		18			114			6	9
50	19	43		18			113			6	9
51	12	28		15			92			6	10
52	8	21		16			86			6	8
53	5	11		16			82			5	7
54	8	14		19			84			4	10
55	3	7		14			63			4	6
57	5	10		14			63			3	7
58	3	4		13			51			3	6
59	3	7		12			47			4	6
60	4	6		12			46			4	6
63	3	2		9			34			2	6
平成1	3	4		10			31			1	6
2	3	3		8			21			2	2
3	3	4		6			17			2	2
4	3	1		4			9			2	1
5	3	1		4			8			2	1
6	1			5						3	
7	2			4						3	
8											
9	2			4						3	
10	2			4						3	
11	2			4						3	
12	2			4						3	

註：村上水軍博物館所蔵の資料より作成
　　現在の吉海町と伯方町はそれぞれ昭和29年と昭和30年に合併で成立した

蔵へのタビがいかに重要な生業であったかをうかがい知ることができる。ただ、昭和三五年をピークとして、越智杜氏の人数は一方的に減少していく。その原因については後で考察したい。

それでは、これほどの隆盛を誇った越智杜氏はどの地域の酒蔵にタビに出ていたのであろうか。昭和二（一九二七）年の調査によると、愛媛県内の杜氏（越智杜氏および伊方杜氏等）の就労地は、徳島県（二〇九人）、香川県（四七人）、愛媛県（一一四一人）、大分県（七四人）となっている。高知県は同じ四国にも関わらず、愛媛県の杜氏を採用していない。同調査によれば、高知県では岡山県の杜氏（備中杜氏と推測される）を一二二人採用しており、他県の杜氏は全く採用されていない(21)。また、香川県の人数が少ないのも、備中杜氏との結びつきが強いことによるものである(22)。

戦後の越智杜氏の就労地は図3の通りである。戦前と同様に戦後も一貫して愛媛県内での就労がもっとも多く、それに続いて徳島県が多数を占めている。ただ、戦後は年々徳島県への就労が減少してくる。聞き取り調査によれば、これは柑橘類の栽培が盛んになったことによるものだという。温州ミカンの収穫時期は酒造の時期と重なってしまう。戦後しばらくの間、ミカンは高値で取り引きされ、杜氏のタビに出る家にとっても重要な現金収入源であった。したがって、戦後には蔵人は交代で休みを取ってミカンの収穫に戻ったという。そのため、少しでも地元に近い愛媛県内での就労が好まれた。これが、徳島県へのタビを減少させた一因とされている。

ただ、杜氏の就労地が県内へと変化するのは、越智杜氏だけの事例ではないようである。昭和二（一九二七）年と昭和四八（一九七三）年で「酒造出稼ぎ者の分布の変化」を比較検討した松田松男によると、中国・四国・九州においては、昭和二年に比べて昭和四八年では、県内への就業が軒並み増加している。その理由は詳らかでないが、杜氏集団の全国的な増加が影響していると考えられる。昭和二年には二一府県だった杜氏の供給県は、昭和四八年には四二道府県に拡大している。越智杜氏の県外就労地である香川県と徳島県においても、昭和二年には見られなかった杜氏集団が、昭和四八年には新たに形成されているのである(23)。つまり、就労先で杜氏が自己供給されることによって、

図 3　昭和 35 年越智杜氏の就労地

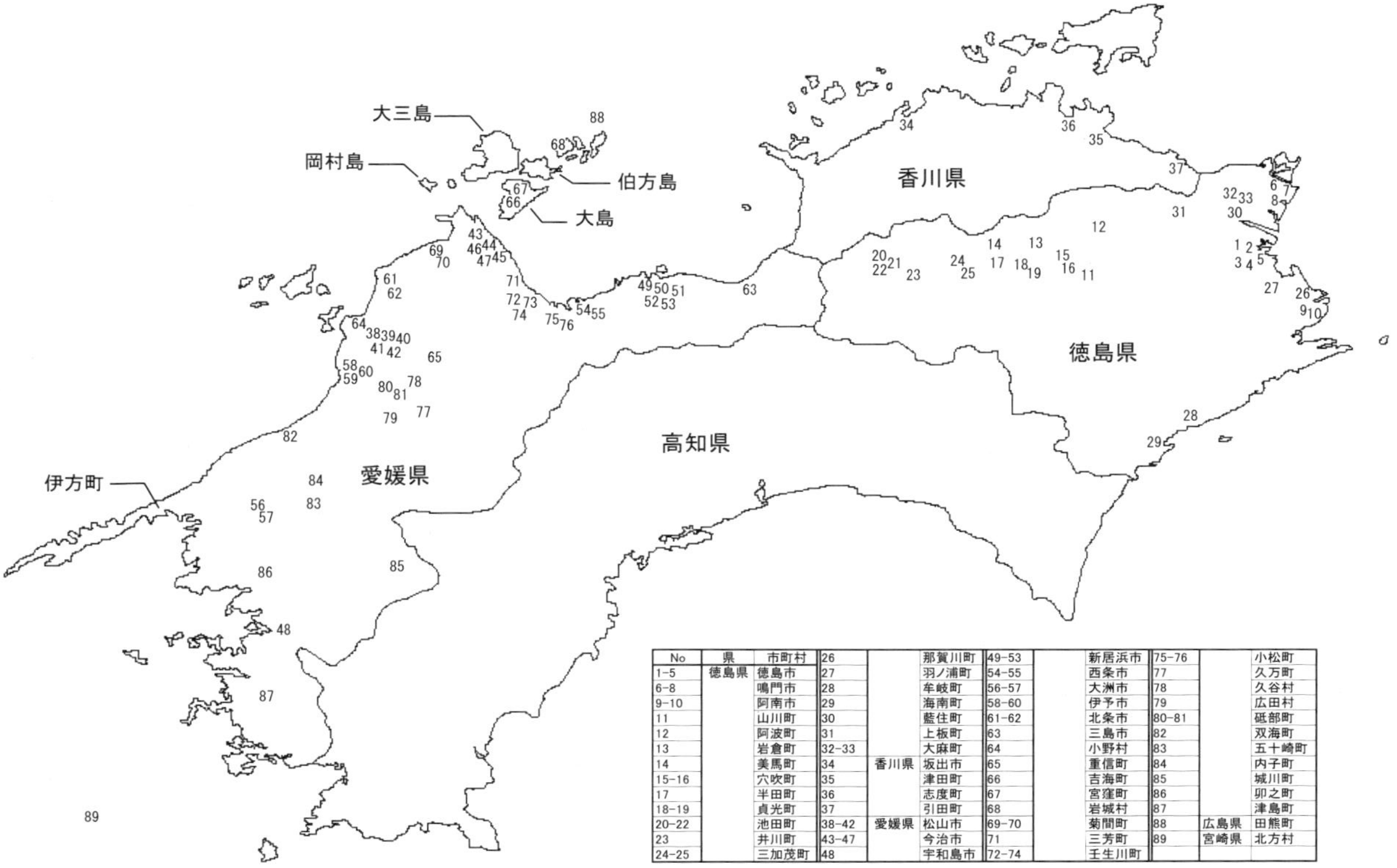

No	県	市町村
1-5	徳島県	徳島市
6-8		鳴門市
9-10		阿南市
11		山川町
12		阿波町
13		岩倉町
14		美馬町
15-16		穴吹町
17		半田町
18-19		貞光町
20-22		池田町
23		井川町
24-25		三加茂町
26		那賀川町
27		羽ノ浦町
28		牟岐町
29		海南町
30		藍住町
31		上板町
32-33		大麻町
34	香川県	坂出市
35		津田町
36		志度町
37		引田町
38-42	愛媛県	松山市
43-47		今治市
48		宇和島市
49-53		新居浜市
54-55		西条市
56-57		大洲市
58-60		伊予市
61-62		北条市
63		三島市
64		小野村
65		重信町
66		吉海町
67		宮窪町
68		岩城村
69-70		菊間町
71		三芳町
72-74		壬生川町
75-76		小松町
77		久万町
78		久谷村
79		広田村
80-81		砥部町
82		双海町
83		五十崎町
84		内子町
85		城川町
86		卯之町
87		津島町
88	広島県	田熊町
89	宮崎県	北方村

表11　越智杜氏と伊方杜氏の就労地

越智杜氏			伊方杜氏		
県	郡・市	人数	県	郡・市	人数
愛媛	温泉・松山	10	愛媛	今治以東	2
	伊予・喜多・上浮穴・大洲	10		伊予・喜多・上浮穴・大洲	8
	越智・今治	9		西宇和・八幡浜	23
	周桑・新居・新居浜	11		東宇和	13
香川		3		北宇和・宇和島	11
徳島	阿波・板野・鳴門	7		南宇和	3
	三好・美馬・麻植・名西・徳島	18	高知		3
	那賀・海部	3	大分		11
広島		1	宮崎		2
大分		1			

註：篠田統「西日本の酒造杜氏集団」を参照
　　越智杜氏は昭和30年、伊方杜氏は昭和29年

越智杜氏は不要となり、県内での就労が増加したと考えることができるのである。

それでは、愛媛県内においては、越智杜氏はどのような地域に就労していたのであろうか。越智杜氏を同じ愛媛県の杜氏集団である伊方杜氏と比較すると、はっきりとした住み分けが行なわれていたことが分かる。たとえば、昭和三〇（一九五五）年の越智杜氏の就労地と昭和二九（一九五四）年の伊方杜氏の就労地を比較してみよう（表11）。越智杜氏の主な就労地は愛媛県の南予の東寄りから中予以東、そして徳島県であるのに対して、伊方杜氏の主な就労地は中予の西寄りから南予、そして高知県と大分県となっている。県内においても、このような住み分けを守りながら、双方の杜氏が発展してきたものと考えられる。

(4)　越智郡杜氏組合の役割

すでに述べたように、二度にわたる災害により、昭和二三（一九四八）年以前の越智郡杜氏組合に関する史料はほとんど残されていない。したがって、ここでは昭和四一（一九六六）年に書かれたと考えられる「越智郡杜氏組合史」[24]という五ページにも満たないが、非常に貴重な記録などをもとに、組合成立の経緯やその目的について明らかにしたい。

越智郡杜氏組合の設立は明治四五（一九一二）年または大正二（一九一

三）年だとされている。当時多発していた腐造を防ぐために、酒造講習会を開いて技術の向上を図ること、および、杜氏の人格の練成等が目的とされる、官制色の濃い組合であった。その証左として初代の組合長には越智郡長が就き、その後も今治税務署長が、そして戦後の一時期までは宮窪町長が組合長をつとめていた。当初の名称は、杜氏という言葉が責任杜氏のみを指すような印象を嫌い、越智郡杜氏組合ではなく愛媛県越智郡醸酒業者組合であった。組合は宮窪村・東伯方村・津倉村・大山村・岡山村・関前村・波止浜町の七町村の支部で構成されていた。戦後は、もっとも多くの酒造労働者を輩出し、地理的にも中心をなしていた宮窪の役場内に組合の拠点を移し、支部も宮窪・吉海・伯方の三つとなった。

昭和二四（一九四九）年八月施行とされる「越智郡杜氏組合規約」によると、組合は「組合員相互の徳義を重じ親睦を図り醸造技術の向上と斯業の改良発展を期し明朗な職務体制の確立を目的とする」とし、事業内容には以下の五点が挙げられている。

① 組合員の親睦、品性向上に関する事項
② 醸造技術の向上並酒造界の改良発展を期するため講習会、唎酒会、講演会等の開催に関する事項
③ 醸造場に於ける職務体制の明朗化
④ 酒造家其の他とのていけいに関する事項
⑤ 其の他本組合の目的達成のため必要なる事項

まず、①「組合員の親睦、品性向上に関する事項」について考えてみたい。この事項に掲げられた「品性向上」とは、不正の防止を意味していると考えられる。たとえば、昭和三八（一九六三）年一〇月には今治公共職業安定所へ今治管内の各酒造家と越智郡杜氏組合長が赴き、そこで酒造労働者の失業保険に関して「総てが正直でなければならない」との説明を受けたこと、そして「目下風当りは相　等《ママ》に激しい」ことが杜氏に報告されている[25]。実際、ある責

写真7　自醸酒鑑評会（昭和30年代）（今治市村上水軍博物館蔵）

任杜氏は「小さい酒屋だと日数が短く、失業保険がつかなくなるので、一一月に一度掃除をしに出かけて、仕事に採りかかったことにして戻ってきた。こうすることで四月の火入れまで半年間働いたことになる」と語っていた。失業保険に関する職業安定所との調整も事業のひとつであったことがうかがえる。また、昭和四二（一九六七）年には高松国税局関税部長から組合長宛に、杜氏による清酒の抜き取りや飲用、自宅への送付の防止を促す手紙が届いている(26)。この当時の、杜氏の実態の一端をうかがわせる資料として興味深い。このような、不正防止のための杜氏と官とのパイプ役は組合の役割であった。

②「醸造技術の向上並酒造界の改良発展を期するため講習会、唎酒会、講演会等の開催に関する事項」については、自醸酒鑑評会や酒造講習会が行なわれている。越智郡杜氏組合の自醸酒鑑評会は毎年四月に責任杜氏がそれぞれ自らの造った酒の原酒を持ち寄り、高松国税局の鑑定官を審査員に招いて行なわれていた。たとえば、昭和三七（一九六二）年には八五人の責任杜氏が計一七九本の酒を持ち寄って鑑評会が開かれ(27)、五五銘柄が優等賞に選ばれている(28)。このような機会は、責任杜氏にとっては自らの酒を披露する晴れの舞台であり、労働意欲の増進に大きく役立っていたことであろう（写真7）。

また、酒造講習会は毎年八月に開かれていた。国税局鑑定官室を中心に行なわれる技術指導は、明治四三（一九一〇）年ころから全国で行なわれているが、越智郡杜氏組合で酒造講習会がはじめて開かれたのは大正一三（一九二四）年である。当時は丸亀税務監督局や県から専門家を招いて近代的な最新技術の講習を行ない、講習の最終日には責任

表12　越智郡杜氏組合における杜氏の平均賃金（1ヶ月）　　（単位：円）

蔵規模	50-100kl 未満		100-200kl 未満		200-300kl 未満		300-500kl 未満		500-700kl 未満	
年度	昭和 37	昭和 38	昭和 37	昭和 38	昭和 37	昭和 38	昭和 37	昭和 38	昭和 37	昭和 38
責任杜氏	39000	40000	39000	42000	41000	43000	42000	45000	42000	45000
役人	24000	27000	24000	27000	27000	28000	27000	28000	27000	28000
働（上）	22000	25000	22000	25000	25000	26000	25000	26000	25000	26000
働（下）	21000	24000	21000	24000	24000	25000	24000	25000	24000	25000
精米士	22000	25000	22000	25000	25000	26000	25000	26000	25000	26000

註：村上水軍博物館所蔵資料より作成

杜氏への昇格試験が行なわれた。その後、丸亀税務監督局が廃止され、広島税務監督局、松山局を経て高松国税局鑑定官室から講師を招くようになる。講習会への参加は強制ではなかったが、つぎの冬に酒屋に出かける者は全員参加していたという。講習会の期間中には責任杜氏によって蔵人の紹介や勧誘も行なわれたからである。

③「醸造場に於ける職務体制の明朗化」については、醸造場、すなわち酒蔵の主人との賃金や有給休暇に関する交渉が行なわれている。たとえば、昭和二五（一九五〇）年には酒蔵の主人に宛てた手紙で、組合の総会で「本年の給与は麹師以下昨年の一割増、杜氏は麹師の倍額と決定」したことを、一方的にではあるが伝えている。このような賃金に関する手紙は毎年酒蔵の主人に宛てて出されている。杜氏の賃金は、戦後は毎年上昇しており、平均値を出すことはできないが、昭和三七（一九六二）年および昭和三八（一九六三）年の段階では表12の通りである。蔵の規模によって金額は異なるが、昭和三七年には責任杜氏で月に三万九千円から四万二千円、昭和三八年で四万円から四万五千円となっている。責任杜氏の賃金は役人（麹師・酛廻）の一・五倍以上と定められている[29]。当時の都市銀行の大卒初任給の平均が、昭和三七年で一万九千円、昭和三八年で二万一千円である[30]。この金額は、もっとも賃金の安い蔵人「働（下）」を下回っている。つまり、中学校を卒業したばかりの若者でも、冬場の一定期間は大卒の若者以上の賃金を得ることができたのである。

また、昭和三六（一九六一）年には賃金の交渉に加え、有給休暇制度の実施を訴えている[31]。これは全国的に酒蔵に有給休暇の制度が導入されつつあったことや、ミカン栽培が盛んになり、収穫のために一時的に帰村したいという蔵人の要求に応えようとするものであろう。

④「酒造家其の他とのていけいに関する事項」については、酒蔵への責任杜氏の斡旋などが行なわれている。昭和二四（一九四九）年には組合長、つまり宮窪村長の名前で、徳島の酒造家に対して責任杜氏が引退し、迷惑をかけることに対する謝罪と、新しい杜氏を推薦する旨の手紙が送られている。また、同じく昭和二四年の惣代会の議事録には、徳島県の酒蔵に推薦する杜氏の人選が行なわれた記録が見られる。そこには四人の責任杜氏の名前と七人のＢ級人員の名前が挙げられ、全員に履歴書の提出を求めることと、Ｂ級人員に関しては酒造講習会で責任杜氏への登格試験を受験させることを決定している。(32) 酒蔵への責任杜氏の斡旋が組合の主要な事業のひとつであったことが裏づけられる。

(5)　集団の形成と人集め

杜氏の集団構成は蔵の規模によって異なる。ハンジマイの酒蔵では、二日に一本の割合で樽が仕込まれていく。一方、ヒジマイの酒蔵では、毎日一本の樽が仕込まれていく。したがって、ヒジマイの酒蔵には多くの蔵人が必要となる。ハンジマイの場合には責任杜氏・麹師・酛廻が一人ずつと、その下に倉夫が二、三人程度で集団が構成され、ヒジマイの場合には責任杜氏の下に頭《かしら》が入り、倉夫も五人から一〇人ほど雇われた。越智杜氏がタビに出た四国方面には大きな酒蔵が少なく、ハンジマイの酒蔵が多かった。したがって、越智杜氏は五、六人の集団で酒蔵に出かけることが多かった。この集団は責任杜氏によって人選が行なわれて構成される。人の選び方はさまざまだが、全く面識のない人を選ぶということはない。

昭和四五（一九七〇）年の、宮窪町の事例から見てみよう。

【事例三―1】　責任杜氏のMＩ7氏は、この当時ヒジマイの酒蔵に出かけていた。一緒に蔵入りした蔵人は頭、麴師、酛廻が一人ずつ、倉夫三人、精米一人である。頭は実兄に頼んでいた。麴師は他の責任杜氏から連れて行ってくれないかと話が来た人で、この人の従兄弟のところにMＩ7氏が蔵人で行った経験がある。酛廻は義理の弟である。倉夫の一人は甥、一人は前任の責任杜氏が使っていた人、もう一人は同じ地区の気心の知れた人である。精米は近所の人である。

【事例三―2】　責任杜氏のMＩ3氏は、この年、麴師と酛廻一人ずつ、倉夫三人を連れて蔵に入っている。麴師は同じ地区に住む友人で、酛廻は酒造講習会で紹介された吉海町の人である。倉夫はすべて宮窪町内で、二人が講習会で紹介された漁師、もうひとりは叔父である。

【事例三―3】　責任杜氏のMＩ12氏は麴師と酛廻を一人ずつ、倉夫二人を連れて蔵入りした。麴師は同じ地区の知り合いに頼み、酛廻は町内に住む義兄に頼んだ。倉夫は近所の人、および、同じ地区内で葉タバコを共同で耕作していた人を連れて行った。

責任杜氏は思い通りの仕事をして良い酒を造るために優秀な人材を求め、蔵人の人選に細心の注意を払っていた。その結果、集団は知人や親戚によって構成され、誰からの紹介もない知らない人を集団に加えることはなかった。責任杜氏は他の責任杜氏と酒を飲む席などで蔵人に関する情報を交換し、酒造講習会などの機会に蔵人を決定していた。責任杜氏が集まれば蔵人の話ばかりをしていたという。その際、なるべく同じ地域内である程度その性格などが分かっている人を優先して採用した。責任杜氏だったB氏は蔵人の人選について、「（責任）杜氏は酒造りがうまくても、蔵人を上手に使えなければだめである。蔵人には（責任）杜氏とうまくいかないと黙って夜の間に帰るような人もいた。また、蔵人が温度管理などの仕事をしっかりとしてくれなければいけない。したがって、信用できる人を連れて行かなければならない。蔵人が一人去《い》ぬるとなったら、人数の少ないハンジマイの酒屋では大変なことになる。だから（責任）杜氏はきちんと人を使えなくてはいけない。そうするとやっぱり地元の人間が分かりやすい。他の地域の人だと人物も技術もどのようなものか分からない」と語っている。また、親戚を雇うのは、無理を言いやすく、大変な仕事でも気持ちよくやってくれるからだという。しかし、いくら親戚でも技術・人格ともに優れた人でなければなかなか連れて行かなかったという責任杜氏もいる。親戚同士だとわがままが出やすく、それに対して注意をしにくいからだという。責任杜氏は酒蔵の全財産を預かって酒を造る。したがって、その肩にかかる責任は非常に重い。責任杜氏はその重責をまっとうするために、慎重に蔵人を選んでいたのである。

一方で、集団は必ずしも固定したものではなく、蔵人はより良い賃金や労働環境を求めてある程度自由に移動していた。酒蔵の主人や責任杜氏との相性が合わなければ一冬で酒蔵を替えることもあり、また、出される食事の良し悪しも酒蔵を選ぶ条件になったという。蔵人は知人の責任杜氏を通じて、または連れて行ってもらいたい責任杜氏のところに自ら話を持ちかけて自分を売り込んでいた。

(6)　越智杜氏の衰退

前述のように、越智杜氏の人数は昭和三五（一九六〇）年を境として減少していく。これは越智杜氏に限ったことではなく、全国的に見ても昭和三一（一九五六）年に「酒造出稼ぎ者」数はピークをむかえ、その後、減少傾向に転じる。松田松男は、その原因を「基幹的農業従事者」の減少と、第二種兼業農家率の増加に求めている。[33] また、『愛媛県史』では、造船業や石材業といった地元での雇用機会の増大により、近場での年間雇用の仕事が増加したこと、自給的農業からミカンを主とした商業的農業への転換による冬期の繁忙、そして若年層の杜氏離れが越智杜氏の衰退を招いたとしている[34]。

たしかに、これらは越智杜氏減少の大きな要因と言えるであろう。たとえば、昭和四六（一九七一）年に杜氏を引退した責任杜氏ＭＩ３氏について考えてみよう。直接的な原因は妻の足の具合の悪化だが、当時ＭＩ３氏は、たとえ杜氏を引退したとしても、ミカンの栽培と夏場に営んでいた林業とで十分生活は成り立つと考えていたという。昭和四〇年代後半のミカンの価格の暴落以降は、伯方島の造船所へつとめた。ＭＩ３氏がそもそも「基幹的農業従事者」であるかについては疑問があるが、杜氏のタビに出なくても生活の目途が立つ環境が整っていたことは確かである。

ただ、二点だけつけ加えておきたい。一点目は全国的な酒造業自体の衰退である。国税庁の調べによると、戦後の日本酒の製造免許場数は昭和二〇（一九四五）年の三一六〇場から、昭和三五（一九六〇）年の三九八〇場へと大幅な伸びを見せるが、その後は昭和四五（一九七〇）年には三五三三場、昭和五五（一九八〇）年には二九四七場と減少に転じる[35]。これは直接的に杜氏の就労の場の減少を意味している。愛媛県について見ても、昭和二（一九二七）年には杜氏の需要が千人を超えていたが、昭和四八（一九七三）年には五百人を下回っていたという。その理由にはビール製成量の増大や零細醸造場の協業や統廃合、酒造の機械化などが挙げられる[36]。

二点目は地元での雇用機会の増大についてである。たしかに、戦後の宮窪では石材採掘が大規模となり、伯方島では造船景気に沸いて、周囲の地域にまで多くの雇用を生み出した。昭和四六（一九七一）年に全国杜氏組合連合会によって実施されたと考えられる「酒造従業員動態調査」では、杜氏をやめて他の職業に就いた四三人のうち一八人が、その理由を「出身地の付近に工場その他職場ができたから」と回答している。しかし、宮窪町ではそれ以前から、石材業や造船業は冬期に酒造のタビへ出る人の夏場の日雇仕事として確立しており、その規模の拡大だけが必ずしも転職の直接的な原因になっているとは言えない。

問題は石材業や造船業といった仕事が、以前よりも魅力的なものとなったということである。その魅力のひとつが厚生年金である。酒造労働では就職と離職を一冬ごとに繰り返すため、厚生年金への加入ができず、制度の浸透にともなって、杜氏は老後の生活への不安を抱くようになっていった。そのため、厚生年金への加入が可能な地元での年間雇用の職場が大きな魅力となったのである。実際に前出のＭＩ12氏は、松山の酒造場に二六年間つとめ、責任杜氏にまで上り詰めていたにも関わらず、昭和五〇（一九七五）年ころに杜氏をやめて地元の土建会社に就職した。ＭＩ12氏は、転職の理由をはっきりと「厚生年金をもらうためだった」と語っている。また、ＭＩ７氏も、厚生年金の制度が浸透してから年間雇用の仕事に転職する杜氏が多かったと語っている。

さらに、その背景には失業保険から雇用保険への制度改革や、特例一時金制度の導入などによる、杜氏の収入減も影響していると考えられる。戦後日本の失業対策事業は、昭和二二（一九四七）年公布の失業保険法および失業手当法を根拠とする失業保険制度にはじまる。しかし、昭和四〇年代に入ると季節労働者などによる給付の濫用が社会問題化し、昭和五〇（一九七五）年には、新たに雇用保険法が施行され、失業保険制度に代わって雇用保険制度が創設され、杜氏は一般被保険者と分けられて短期雇用特例被保険者となり、特例一時金の受給資格者となった。これにより、杜氏は半年間酒蔵にタビに出ても、離職時の受給額が基本手当日額の九〇日分から五〇日分に引き下げられた。(37)簡単に言えば、春以降に国から給付される保険金額が、半額近くになったということである。(38)このような社会的状況の変化に敏感に対応する人びとの姿勢を無視することはできない。

2　浜子のタビ

降雨量が少なく、空気が乾燥し、花崗岩質の砂が豊富な瀬戸内海地域では、古くから製塩が盛んに行なわれてきたが、近世に入って入浜式塩田が普及すると、広い砂地、大きな潮の干満の差、波静かな入江、京都・奈良などの大消費地への運搬の利便性といった条件が、ますます瀬戸内の塩田開発を活発にさせた[39]。

このような塩田の増加によって釜焚きの燃料、俵、塩田労働者などの需要が拡大し、塩田周辺地域の経済は大きな影響を受けた。

宮窪における外部的生産拡大のなかで酒造労働と双璧を成すのは塩田へのタビであった。いつごろから宮窪の人びとが塩田労働に従事していたかは不明である。しかし、宮窪と同じ大島の津倉村では元禄一三（一七〇〇）年から今治藩主導で塩田の開発が進められ、天保八（一八三七）年までに一六町七反、一四浜の塩田が完成している。この津倉浜では塩田労働者の常雇いが一六〇名、不定期の雇いが数十名働いていたといい、周辺地域の発展に大きな役割を果たしたという[40]。また、四国本土の波止浜（愛媛県今治市）では一七世紀末期から製塩が行なわれていたが、この波止浜塩田の浜子には大島の津倉の出身者が多かった[41]。宮窪に関する直接的な近世の史料は管見の限り見当たらないが、宮窪の人びとを塩田労働へと導く環境が近世から整っていたことは確かである。

その後、宮窪を含む大島の人びとの移動範囲は拡大していく。大島の人びとがもっとも多く浜子として出かけたのが広島県の松永や竹原などの塩田であった。「大島者」と呼ばれる人びとは持ち前の技術と勤勉さで次第に地元の浜子を圧倒し、幕末から明治にかけてその数が増加したという[42]。また、独自の製塩技術を習得し一流派を築き上げた波止浜の製塩業者、田窪藤兵衛の製塩法が松永に伝えられる際に伊予の熟練労働者が雇われるようになり、それ以来、松永に限らず、塩田労働者に愛媛の人が増えたとも言われている。明治一五（一八八二）年ころの話である[43]。

明治末年の竹原塩田の労働者の出身地について『塩業組織調査書』にはつぎのような記述が見られる。

従業者ハ土着ノ者其ノ三分ノ二ヲ占メ他ハ愛媛県越智郡津倉村、亀山村、宮窪村地方ヨリ出稼ノ者ナリ　而シテ雇入期間中ハ塩業ノ余暇他業ニ従事スル慣習ナキモ六箇月期間雇入ノ者ニシテ解雇後ニアリテハ其ノ大部分ハ酒造家ノ蔵人ニ雇入レラルルノ慣行アリつまり、竹原塩田の従業者の三分の一は津倉、亀山、宮窪等の大島の人びとによって占められていたのである。他の仕事の繁忙期に休みを取る地元の浜子に対して、泊り込みで塩作りに集中する伊予の浜子は、経営者にとって利点の多い存在だった。とくに松永ではイグサの栽培が盛んで、その収穫期の七月から八月は塩田のもっとも忙しい時期と重なっていた。さらに、きめのこまかい潮づかいや、夜間の天候の変化への敏速な対応は、通いでつとめる地元の浜子にはできなかった。一方で、明治末年当時から、夏は浜子、冬は杜氏というタビの一年間のサイクルができていたことを示す資料としても興味深い。

さらに、伯方島の木浦の塩田についてはつぎのような記述が見られる。

塩田所在地ノ労働者少ク大部分ハ大島者ト称シ郡内津倉、亀山、大山、宮窪ノ各村ヨリ出稼スル者ニシテ該各村ハ中等以下ノ農民浜稼ニ従事スル者非常ニ多ク地方塩田ハ勿論松永、尾道、竹原地方ノ塩業ニ出稼従事セリ　前記浜従業者ノ出生地タル大島ハ隣接島嶼ニシテ交通容易ニシテ出稼中ト雖モ時々帰郷シ家事ヲ助ケ得ル便アルヲ以テ希望者多ク賃金モ亦比較的低廉ニ雇入レ得ル利アリ(44)

この記述からは、木浦の塩田の労働者のほとんどを大島の人びとが占めていたこと、そして「中等以下」の農民が塩田での労働に従事していたこと、さらにその行き先が松永、尾道、竹原まで広がっていたことが分かる。彼等の賃金は安かった。しかし、大島の人びとにとっても、交通の便の良さを利用して、タビの途中でも家業のために戻ることができるというメリットもあった。

このような伊予の浜子は、「単に浜子として終わるのではなく、早く技術を習得して大工になり、歩持大工や支配大工となり、小作浜を経営して資金をため、浜を買って浜人になろうという気風が全般にあったから、仕事に対する気組みがちがい、研究熱心であったから、技術のすぐれた人が多かった」という(45)。その結果、大正時代から昭和一五—一六（一九四〇—一九四一）年ころまでの間には、県内外の大島出身者の経営する塩田は一二〇塩戸にも達したと

いう。(46)

こうした「大島者」の地位の向上は、さらに多くの「大島者」を呼び寄せることとなった。浜子の雇い入れは浜大工に任されていたからである。戦前の松永では塩田労働者の六割が地元出身者で、残り四割の他地方出身者のうちの多くが愛媛県越智郡出身だったという。(47)

このような大島の人びとによる塩田労働の隆盛の理由について、『愛媛県史』では、

① 農業の比重の高さに比べて耕地の絶対面積が少ないこと
② 津倉には塩田や製塩所が多く、浜子としての労働素地があったこと
③ 大島が古くから芸予叢島として中四国路の海の道として往き来があり、同国意識も濃い色合いを持っていたこと
④ 技術的には藤平流（波止浜出身の塩業指導者田窪藤平の技術）の釜築造にすぐれていたこと
⑤ 浜子仲介人として津倉・下田水の渡海船業者が取次人として介在していたこと

の五点を挙げている。(48)

さて、宮窪の人びとの主な行き先は松永であった。「松永には宮窪町ができる」と冗談で語られるほど宮窪の人が多かったという。(49)その構成員は季節的に働きに行く人ばかりではない。浜大工や小作、あるいは自作にまで上り詰めたり、塩田の管理や修理のために一年を通して働く人もいれば、そういう人びとの子女として松永で育った人もいた。このような人びとが地元宮窪の労働者を勧誘することによって、塩田労働力の安定した需要が維持されたのである。MI7氏は戦後、浜大工をしていた母親の従兄弟から「夏に仕事がないんじゃったら、うちきてもかまわんぞ」と声をかけられ、MI13氏も、浜大工をしていた叔父から声をかけられている。また、MI5氏は友人から誘われたという。「よー行くか?」「おー行こう」といったごく簡単なやり取りで話が決まったという。こうした歴史を背景とした、

血縁または地縁によるネットワークが確立していたからこそ、安定した需要が維持され、杜氏と並んで浜子という短期契約の日雇い労働を生活のプランに組み込むことができたのである。

製塩に関わる労働は昭和二〇年代の流下式塩田への転換と、昭和三六（一九六一）年の「塩田整備臨時措置法」や昭和四六（一九七一）年の「塩業近代化臨時措置法」等にともなう塩田整理およびイオン交換樹脂膜製塩への全面転換による塩業労働の消滅によって幕を閉じるが、それまでの間、冬は酒屋に行き、夏は塩田に行くというのが宮窪での一年間の生活のひとつのパターンであった。酒屋と浜子の仕事の間一〇日から一ヶ月だけ宮窪で過ごし、体を休めたり男手の必要な農作業を手伝ったという。

三　宮窪の生業構造とタビの役割

前節で確認したように、宮窪では古くから、酒造杜氏と塩田の浜子のタビが盛んに行なわれてきた。本節では、宮窪のタビ経験者個人の事例から、当該地域において営まれてきた生業の複合の様相とそのなかにおいてタビが果たしてきた役割を確認したい。

具体的にはタビ経験のある三人の話者の携わってきたさまざまな生業を、内部的生産拡大としての「農業」「自営業」「日雇」と、外部的生産拡大としての「タビ」の四つに分類し(50)、それぞれの変遷を通時的に追い、話者ごとの生業の構造を把握した上で、タビの役割について確認する。さらに、これらの事例を他の話者の例で補足しながら、「農業」「自営業」「日雇」「タビ」それぞれの特徴を明らかにし、宮窪の生業におけるタビの果たしてきた役割を明らかにする。

このような時系列に沿った個々の話者の事例の提示は、話者の生業を、農業とタビというように固定的に捉えるのではなく、話者を取り巻く時代ごとの状況の変化に対応しようとする生業のフレキシビリティを描くことを可能とする。結婚や子供の誕生、世代の交代、本人や家族の体調、主要農作物の変化、そして日本社会全体の動向など、流動的な状況に対応する話者の姿勢のなかに、生業に対する基本的な行動原理を見出そうとするのである。このような作業からは、農業や漁業などの一般的に「主要」と位置づけられる生業にこだわらず、タビを含むさまざまな仕事を巧みに組み合わせる瀬戸内島嶼部の生業の実態が明らかになると同時に、従来の「出稼ぎ」という概念の枠では捉えきれない人の移動の姿が提示される。

以下、タビ経験者の生業の履歴を示した表を参照しながら事例を提示する。

1　タビ経験者の生業履歴

【事例三―4】　話者ＭＩ３氏の場合（表13参照）

(1)　話者の略歴

ＭＩ３氏は大正一二（一九二三）年にＭＩ３家の長男として生まれた。弟一人と妹一人がいる。現在二人ともに広島県呉市に住んでいる。祖父は馬の種つけと林業で、父は杜氏のタビと林業で現金収入を得ながら、農業をして生計を立てていた。戦後しばらくの間はどの家にも牛か馬がおり、田起こしや物の運搬に使われていた。ＭＩ３氏の祖父はこうした馬の種つけに島内各地を回っていたという。

ＭＩ３氏は昭和一三（一九三八）年に尋常高等小学校を卒業後、大阪機械製作所に二年間つとめ、その後、神戸の三菱造船につとめた。三菱造船では潜水艦のエンジンを作っていた。昭和一七（一九四二）年、一八歳の年末に徴兵され、海軍に入った。昭和二一（一九四六）年の復員後は農業と林業で生計を立てていたが、昭和二八（一九五三）

年から杜氏のタビをはじめた。結婚したのは昭和二四（一九四九）年で、ＭＩ3氏が二六歳、妻が二一歳のときであった。ＭＩ3家には子供はいない。

昭和40年代	昭和50年代	昭和60～平成6年	平成7年～現在
			15伐採
	52イヨカン2畝・自家用野菜1.5畝		
	55頃ベニハッサク	60年代ビワ・大豆	
	50イヨカン接木 51寒波で壊滅・その後は道端4畝で甘藷1年大豆4～5年		8放棄
	49，50クリ		
	49，50 2畝クリ・2畝ミカン・2畝大豆・甘藷	H1ミカンからイヨカンへ	
			11石文化運動公園用地として売却
			11石文化運動公園用地として売却・下の道端で大豆・甘藷を1反・2年間栽培後放置
		H1林業廃業	
	50伯方島の造船所 55事故に遭い3年間リハビリ 59吉海町の建設会社		13建設会社退職
46杜氏廃業			
43～52歳	53～62歳	63～72歳	73歳～現在
	54父親没(82歳)		7母親没(97歳)

表 13　MI3 家の生業履歴

		農地	耕地面積	昭和 9 年以前	昭和 10 年代	昭和 20 年代	昭和 30 年代
内部的生産拡大	農業	数原	8 畝	稲・裸麦			37 ミカン
			7 畝			29 頃購入ミカン	
			3.5 畝			29 頃購入ハッサク	
			1 反 2 畝		16 購入ミカン		
		長川	2 反			21 山林を開墾・ミカン 9：ハッサク 1	
		船蔵	6 畝	ビワ			
			3 畝	甘藷・麦			
			4 反 2 畝	甘藷 2 反	10 頃一部で除虫菊を 2〜3 年	24 残り 2 反の山林を開墾し甘藷・裸麦 27 タバコ 3 反	31 ミカン
			3 反 9 畝 20 歩				30 山林を 1 反開墾・ハッサク 33 2 反 9 畝 20 歩を開墾・ミカン
	自営業					21 林業(夏場)	
	日雇						
外部的生産拡大	タビ			祖父は種馬で種つけと林業。父は杜氏と林業	13 高等小学校卒業 14 大阪の機械製作所 16 神戸の造船所 17 海軍入営	21 復員 28 徳島県 a 酒造倉夫（カシキ） 29 広島県 b 酒造酛廻	31 同蔵麹師 32 愛媛県 c 酒造麹師 33 香川県 d 酒造麹師 34 同蔵頭 36 愛媛県 e 酒造責任杜氏
MI3 氏年齢			大正 12 年生	12 歳以前	13〜22 歳	23〜32 歳	33〜42 歳
MI3 家出来事						24 結婚	

平成 16 年 8 月調査

(2) 内部的生産拡大（農業・自営業・日雇）

① 農　業

戦前、ＭＩ３家で所有していた耕地は数原（字名、以下同じ）の八畝、船蔵の六畝・三畝・四反二畝の山林のうちで開墾した二反の計三反七畝だけであった。そこで栽培されていた作物を見ると稲・裸麦・ビワ・甘藷であり、すべて自家消費用の農作物であった。販売用農作物の生産は、昭和一〇（一九三五）年ころに除虫菊が二～三年と、昭和二七（一九五二）年に葉タバコの栽培が一年間行なわれただけで、その後はミカンをはじめとする柑橘類を待たなければならない。ＭＩ３氏が農業に携わるのは農繁期だけで、普段の農業はＭＩ３氏の妻と父母に任されていた。

ミカンは昭和一六（一九四一）年にはじめて苗が購入されるが、本格的に栽培がはじめられるのは昭和二〇年代に入ってからであり、二〇年代後半から三〇年代初頭まで盛んに山林の開墾や、新規の土地購入によるミカンの植えつけ、自家消費用の作物からミカンやハッサクへの切り替えが行なわれている。これは戦後のミカンの好景気の波に乗った換金作物への転換である。この時期に購入あるいは開墾され、ミカンやハッサクが植えつけられた畑の面積は七反四畝五歩におよんでいる。ＭＩ３家の耕地面積は昭和三三（一九五八）年まで拡大しているが、最大時で一町二反三畝五歩であり、このうちの一町一反四畝五歩がミカンあるいはハッサクであった。これだけ広い耕地での柑橘類の栽培を行なうために、最盛期には収穫時期になると毎年八人ほどの人を雇っていた。また、収穫したミカンは高校生を二人雇って小屋の棚に上げて保管し、収穫がひととおり済んでから二人ほど人を雇って選別した。

これほどの拡大を見せたミカンとハッサクの栽培だが、昭和四七（一九七二）年には全国的な生産過剰が原因でミカンの価格は暴落してしまう。これを受けて昭和五〇年代には、値もよく収穫時に人件費が安く済むイヨカンやベニハッサクへの転換が図られたが、大きな効果を挙げることはなかった。これにはＭＩ３氏の妻の体調の不良や、当時つとめていた造船所での事故による怪我、あるいはＭＩ３氏本人の年齢、寒波によるイヨカンの壊滅などの問題が大きく影響していると考えられる。この時期以降、甘藷や大豆といった自家用野菜への転換が目立つようになる。平成に入ると耕地の放棄や果樹の伐採が行なわれ、公共事業の用地として買収された耕地もある。

②　自　営　業

ＭＩ３家ではＭＩ３氏の祖父の代から林業を行なっていた。山主から山を請けて松の木を伐り、薪として売ったり、浜方の漁師のフナタデ用のスクズ（松葉）を売ったり、その残りを島内の隣町である吉海町の瓦屋に売っていた。

ＭＩ３氏は戦後、復員直後から父親と一緒に林業に携わるようになり、平成元（一九八九）年まで、杜氏のタビに出ない春から秋までの間、林業を行なっていた。山を請けていたのは宮窪・余所国・早川（以上宮窪町）・伯方島（伯方町）・津島（吉海町）などである。ＭＩ３氏の代になってからは、戦後、宮窪で隆盛を極めた瀬戸貝潜水漁の漁師が船上で暖をとるための薪が大きな収入源となっていた。瀬戸貝は一一月から三月の寒い季節が漁期であり、船上では常に火が焚かれていた。

また、終戦直後には炭がよく売れた時代もあった。山に炭窯を作り、松の木のハネ（用材を取った残りの部分）を焼いた。一度に二〇俵から三〇俵の炭を焼くことができたが、手間の割りには儲けが少なく、二年ほどでやめている。一方で薪は木を割る手間はかかるが、いくらでも売れ、身入りがよかったという。

さらに、建築材として今治へ、また、パルプ材として愛媛県内の川之江などへも松を送っていた。まっすぐな木は、末口が五寸以上あれば建築材とし、それ以下ならばパルプ材として出荷した。建築材を伐るときには人を雇う必要があった。通常二〜三人を親戚や近所の人から雇い、大きな木を山から下ろしていた。また、伐採のときに落とした枝や松葉も一束ごとの歩合制で人を雇って束ねてもらった。

③　日　雇

戦前は関西方面へのタビに、戦後は杜氏のタビと、林業と農業に専念していたＭＩ３氏は、昭和四六（一九七一）

年に杜氏をやめるまで、日雇に出ることはなかった。杜氏を廃業してからは、しばらくの間、農業と林業とによって生活していたが、プロパンガスの普及やミカンの価格の暴落はMI3家に大きな影響を与えた。杜氏をやめるときには柑橘類の栽培と林業だけで生活していく予定だったMI3氏だが、昭和五〇（一九七五）年から隣の伯方島の造船所へ日雇工として働きに出ている。この造船所には自宅から通勤していた。しかし、昭和五五（一九八〇）年に事故に遭い、入院と三年間のリハビリを余儀なくされた。怪我から回復してからは大島内の隣町である吉海町の建設会社に日雇人夫として就職する。そして平成一三（二〇〇一）年、七九歳でこの会社を退職して現在に至っている。

(3)　外部的生産拡大（杜氏）

戦前、MI3氏は昭和一三（一九三八）年に尋常高等小学校卒業と同時に大阪の機械工場へつとめた。その後、神戸の造船所につとめ、昭和一七（一九四二）年に海軍に入営する。

MI3氏がはじめて杜氏のタビに出かけたのは、戦後、昭和二八（一九五三）年のことである。それ以来、MI3氏は昭和四六（一九七一）年までの一八年間、毎年欠かすことなくタビに出た。杜氏のタビに出かけるのは、蔵によって相違はあるが、毎年およそ一一月末ころから三月末ころまでである。

MI3氏は当初、同じ宮窪出身の責任杜氏A氏から誘われて徳島県のa酒造へタビに出た。まずは蔵での雑用をする倉夫（カシキとも言う）からである。ここでは一年間働いた。ただ、出される食事の悪さに耐えられず、適当な理由をつけてやめたという。その翌年には同じく宮窪の責任杜氏B氏の紹介で広島県b酒造へ行った。ここではじめ、酛廻を任され、三年目には麴師を任された。この酒蔵では三年間仕事をしたが、B氏が蔵を移ったために愛媛県のc酒造へ蔵を換えた。麴師として雇われていたが、翌年C氏から誘いを受けて香川県のd酒蔵へ移った。初年は麴師だったが、翌年からは責任杜氏の補佐役である頭となった。三年間このd酒造で働いた後、昭和三六（一九六一）年にd酒造の責任杜氏だったC氏の紹介で愛媛県の e酒造へ責任杜氏として迎えられ、昭和四六（一九七一）年までつとめていた。

杜氏をやめた理由は、MI3氏の妻の足の具合が悪くなり、思うように農作業をできなくなったからである。昭和四六年はミカンの価格の暴落の前年であり、ミカンの好景気は絶頂を迎えていた。MI3氏は当時、タビをやめてもミカンと林業で十分食べていけると判断していた。

春、杜氏のタビから帰ると、しばらくの期間失業保険（後の雇用保険）を受給していた。時々、職業安定所が抜き打ちで検査に来て、失業保険を受給しながら働いていないかを確認した。実際には多くの人が自らの商売や石屋や土建会社の人夫として、失業保険を受給しながら働いていたが、安定所の職員が来ると、必ず近所の誰かから連絡がまわり、検査を切り抜けたという。

(4)　MI3家の生業構造とタビの役割

MI3家では主に農業をMI3氏の妻と父母が担い、自営業の林業と杜氏のタビをMI3氏自身が担ってきた。戦後、MI3氏は一一月末ころから三月末ころまで杜氏のタビに出かけ、四月ころから一一月ころまで林業をした。その間、タビに出ている間以外の農繁期には、家の農業を手伝っている。農業に関しては、昭和二〇年代の後半からミカンの栽培が主力となり、商業的な農業への転換が図られ、昭和四〇年代にかけてミカンの耕地面積も拡大を見せるが、その主な担い手はやはり妻と父母である。MI3氏の労働力が依然として農業外の労働に当てられたことに変わりはない。

このような、栽培する作物の転換は農繁期のズレを生むことになった。杜氏のタビへは、古くは米や甘藷を収穫してから裸麦を蒔き、一一月の末から一二月初旬に出かけていたが、ミカンへの転換後はタビの時期とミカンの収穫の時期とが重なってしまう。MI3氏はこれを避けるために早生ミカンのみを栽培していた。早生ミカンの出荷時期は限られており、一定期間に収穫作業をすべて終えなければならないが、杜氏のタビを優先するために人を雇いながらでも早生ミカンを作り続けた。つまり、ミカンという新たな、そして大きな利益を生む換金作物を導入しながらも、タビを優先させていたのである。

しかし昭和四六年になると、妻が足を痛めたことからミカンの栽培に支障が出たため、杜氏をやめて農業と林業に専念するようになる。ここでMI3氏のタビは終焉を迎える。

その後はミカンから、手間の少ないイヨカンやベニハッサクへの栽培作物の転換を行ないながら、徐々に自給的作物への回帰が起こり、農業は次第に縮小していく。その一方で、タビをやめ、農業を縮小した分の収入を補うために、昭和五〇（一九七五）年からは日雇で伯方島の造船所へ通い、その後、島内の建設会社につとめている。

以上をまとめると、MI3家では昭和四六年以前においては、農業が自給的なものから商業的なものへ転換しているにも関わらず、MI3氏のタビに決定的な影響を与えることはなく、むしろタビを優先させる論理が働いていたことが分かる。また、妻が足を痛めた際には、MI3氏は五〇歳手前でタビをやめ、ミカンを中心とした農業と林業で生計を立てる決意をするが、これは必ずしも農業を優先させた結果とは考えられない。宮窪の杜氏たちの間では、あまり年を取ってまで重労働であるタビに出るものではないという意識も存在する。また、子供のいないMI3氏が、足を痛めた妻と年老いた父母の三人を冬の間島に残すことに対する不安もあったようである。

MI3氏はタビを優先させた理由について多くを語らないが、金銭的な理由としてはタビの収入の大きさが挙げられる。MI3氏は杜氏のタビで得られる収入について、ミカンの値のもっとも良かった時期でも杜氏の収入のほうが大きかったと語っている。さらにタビに出ている間は食費が不要であり、タビから帰ってからは失業保険を受け取ることもできる。このような経済的な理由は大きいはずである。

一方、酒造りの職人としての誇りも大きな理由となっていた。酒を造る職人のなかで責任杜氏にまで上り詰める人はごく少数である。ＭＩ３氏は自らの職人としての腕に絶対的な自信を持っており、大きな誇りを抱いている。こういった職人としての誇りもタビを優先させる大きな原動力となっていたはずである。

ただ、同じ半年間でも、仕事としては杜氏のタビよりも林業の方が儲かったという。それは雇われではなくて自分の商売であり、自分の山を見る「メッコ」（目利き）次第で儲けられたからである。それでもＭＩ３氏は「山仕事は冬に酒屋仕事へ出かけるまでに手早く済まさなければいけない」と語り、杜氏のタビを優先させていた。

【事例三―5】 話者ＭＩ７氏の場合（表14参照）

(1)　話者の略歴

ＭＩ７氏は大正一五（一九二五）年生まれで、姉五人、兄一人、弟と妹が一人ずつの九人兄弟の次男である。尋常高等小学校を卒業後、松山の機械工養成所に一年通い、その後、戦時中は昭和一六（一九四一）年から二〇（一九四五）年まで海軍の工作兵として呉の海軍工廠に行っていた。戦後、昭和二一（一九四六）年から平成一二（二〇〇〇）年までの五四年間、一年も休むことなく冬期の杜氏のタビに出かけ、昭和四一（一九六六）年には責任杜氏となった。一方、夏期にはさまざまな自営業や日雇労働に従事していた。

昭和二四（一九四九）年に結婚し、昭和二五（一九五〇）年に長男、昭和二八（一九五三）年に長女、昭和三二（一九五七）年に次男が生まれた。

(2)　内部的生産拡大（農業・自営業・日雇）

①　農　業

昭和40年代	昭和50年代	昭和60～平成6年	平成7年～現在
	52 ミカンをやめ杉檜の苗を植える		
	52 イヨカン、ハッサクなどを植え、自家用に		
	59 味噌造り		H13 味噌造り廃業
40 愛媛県l酒造頭 44 愛媛県k酒造副杜氏 45 同蔵責任杜氏	55 愛媛県m酒造責任杜氏 56 愛媛県n酒造責任杜氏 57 愛媛県o酒造副杜氏	60 同蔵責任杜氏	H12 杜氏廃業
40～49歳	50～59歳	60～69歳	70歳～現在
	52 一級酒造技能士資格取得		

ＭＩ７氏は次男であり、結婚時に分家した。耕地は、宮窪内の高谷のすでにミカンの植えられていた畑を、結婚前に五畝購入していたが、分家の際に本家から土地を分与されることはなかった。しかし、昭和二七（一九五二）年ころに祖父が「お前らが開きゃ、あれやるぞ」と言って、長磯の山六反を分けてくれた。はじめは「こんなとこ遠くて、開いてもいかん」と思ったが、ミカンさえ植えておけば何とかなるという時代であった。この山を自分でひまを見つけては開墾した。何年がかりかで六反の山のうちの開墾可能なところをすべて開き、五反の畑にした。当時はどの家も開ける山をすべて開いてミカンを植えていた。ＭＩ７氏も開墾した先からミカンの苗を植えて太らせた。しかし、当時は苗木の値段も高かったので、一度に植えつけることができなかった。植えたのは早生や中手のミカンである。湿り気の少ない土地なのでハッサクには向かない。

せっかく苦労をして開いた長磯の畑だが、ミカンの値の暴落後、昭和四九（一九七四）年ころからは山の上の方から徐々に荒らすようになり、昭和五二（一九七七）

表 14　MI7 家の生業履歴

		農地	耕地面積	昭和 9 年以前	昭和 10 年代	昭和 20 年代	昭和 30 年代
内部的生産拡大	農業	長磯	5 反			27 祖父より譲り受ける（徐々に開墾しミカンを植える）	
		高谷	5 畝			24 以前に購入（はじめからミカンが植えられていた）	
	自営業					28 耕耘機購入・賃鋤き（平成に入る頃まで） 23 麦買い	30 養鶏（40 頃まで） 33 氷屋をはじめる（現在に至る）
	日雇					21 農協作業（40 頃まで） 土木作業（27 頃まで）	
外部的生産拡大	タビ					21 徳島県 f 酒造倉夫 24 徳島県 g 酒造 27 徳島県 h 酒造麴師 25-28 頃浜子	30 愛媛県 i 酒造頭 33 愛媛県 j 酒造麴師 36 愛媛県 k 酒造頭
MI7 氏年齢			大正 15 年生	9 歳以前	10〜19 歳	20〜29 歳	30〜39 歳
MI7 家出来事					15 松山機械工養成所入所 16 呉海軍工廠勤務	20 復員 24 結婚 25 長男誕生 28 長女誕生	32 次男誕生 33 自宅購入

平成 17 年 6 月調査

年には畑のすべてを杉と檜に植え替えた。それと同時に高谷のミカンも出荷を止め、自家用のミカン、ハッサク、イヨカンなどを作る畑とした。MI7氏は昭和四一（一九六六）年にはじめて責任杜氏に昇格しているが、責任杜氏になるとタビの途中で休みを取ってミカンを摘みに帰ることができない。妻一人が山の高いところまで登ってミカンを摘んで下りるというのはたいへんな作業である。このような背景にミカンの価格の暴落が加わり、ミカンの栽培をやめるに至った。

②　自　営　業

一方、MI7氏はさまざまな商売を自ら営んできた。はじめに行なったのは小麦とウドンを交換する商売である。隣町の吉海町にあったウドン製造業者と提携して、農家を相手に小麦とウドンを交換した。昭和二〇―二三（一九四五―一九四八）年ころの話である。また、そのころ、農協が倒産して麦の出荷に困っていた地域で麦を買い、俵に詰めて宮窪の農協に出荷するという商売もした。

さらに、昭和二八（一九五三）年には耕耘機を購入し、他家の畑を耕す賃鋤きをはじめた。当時はどの家でも麦を蒔いてから杜氏のタビに出ていたが、タビに出る前に稲を刈ってから田を牛馬で起こし、麦を蒔くのは大変な作業であった。したがって賃鋤きの需要があったのである。昭和二八年当時はまだ耕耘機が普及しておらず、宮窪には二台しかなかった。多くの家で牛または馬を飼っており、その牛馬を使って賃鋤きをする人が多かった。はじめた当初は「機械だと土が返らん」と言う人も多く、麦蒔き前の秋だけ賃鋤きをしていたが、次第に牛馬の数が減少し、また、「耕耘機のほうがええ」という人も出てきたので、昭和三〇年代の後半には、春にも賃鋤きをするようになった。賃鋤きは平成に入るころまでやっていた。

昭和三〇（一九五五）年ころからは養鶏も行なった。昔はどの家でも少々の鶏は飼っていたが、ＭＩ７氏は五〇～六〇羽から順々に増やし、最終的には二五〇羽ほどを飼っていた。鳥の糞はミカンの肥料とし、卵は個人や旅館と契約して売っていた。全ての卵が宮窪のなかだけで売り切れた。また、死んだ鶏や、卵を産めなくなった鶏の肉を自分でさばいて売っていた。一〇年ほど養鶏を続けたが、廃鶏の値段が下がったことと、ミカンが成長して収益があがるようになり、その収入で若いミカンの木の肥料代が賄えるようになったことで、養鶏をやめた。

昭和三三―三四（一九五八―一九五九）年ころには家を購入したが、この家は商店街に面しており、かき氷屋の店舗として使われていたものであった。引越し直後から、この店舗と譲り受けた道具を利用して、夏の間だけＭＩ７氏の妻がかき氷屋を経営していた。平成一七（二〇〇五）年の夏までこのかき氷屋の経営は続き、帰省者の多い盆の夜などには店から人が溢れるほどの賑わいを見せ、宮窪の夏の風物詩となっていたが、平成一八（二〇〇六）年には夫妻の体調不良により店を開くことはなかった。

さらに昭和五九（一九八四）年ころからは、酒蔵に行かない夏の間に味噌を作って販売していた。味噌はもともとＭＩ７氏の妻の母親が親戚や心安い人の分を、夏に空くミカン倉庫を利用して造っていた。この義母が味噌作りをやめてからＭＩ７氏が引き継いだ。酒造りの技術を生かしたＭＩ７氏の味噌は評判となり、次第に島内外から注文が来るようになった。梅雨が明けたころから味噌を仕込み、売れて樽が空いた分だけ、順次仕込んでいった。平成一二（二〇〇〇）年に杜氏をやめ、本格的に味噌造りに取り掛かろうとした矢先、平成一三（二〇〇一）年にＭＩ７氏は病気にかかり、味噌造りをやめた。

③　日　雇

日雇仕事はタビに出ない夏期に行なっていた。昭和二一（一九四六）年ころから昭和四〇（一九六五）年ころまで農協の麦縛りをしていた。農協に出荷される麦を俵に詰めたり、検査を手伝ったり、検査後の俵の積み上げなどをする仕事である。その他、終戦直後には土木作業にも従事した。バラスや砂、セメントなどを船から揚げる仕事や護岸工事などの仕事である。土木作業は賃鋤きをはじめるまで行なっていた。

⑶　外部的生産拡大（杜氏・浜子）

ＭＩ７氏は責任杜氏をしていた従兄弟Ｄ氏からの誘いを受けて、昭和二一年の秋から酒蔵へのタビに出かけた。誘い文句は「一年だけ行ってみんけん。酒も飲めるし米も食えるぞ」という一言だった。連れられて行ったのは徳島県のｆ酒造である。ここではモトテゴ（酛廻の手伝い）やムロテゴ（麹師の手伝い）などをつとめた。二年目くらいになると、責任杜氏がムロ（麹師）などを習わせてくれた。見込みのある若者にはさまざまな経験をさせるのである。ＭＩ７氏は、若いころから責任杜氏になることを目指していた。

三年ほどつとめたあと、徳島県のｇ酒造に引き抜かれた。ｇ酒造に行くことになったのは、同じ地区で酒屋づとめ同士が一杯飲んでいるときに責任杜氏のＥ氏の目にとまったからである。責任杜氏は「うるさくない、まじめな、使いよい人」を求めて情報交換をしている。まじめにしていれば誰かが引っ張ってくれるものである。Ｅ氏には「お前は後々（責任）杜氏になるんだから勉強せい」ということで、さまざまなことを教わった。ここでは三年働いた。しかし、Ｅ氏が責任杜氏をやめたので、妻の従兄弟であるＦ氏が責任杜氏をしていた徳島県のｈ酒造へ引き抜いてもらい、麴師に抜擢された。

その後、以前働いていたｇ酒造の責任杜氏Ｅ氏が病気になったため、責任杜氏としてｇ酒造へ戻ることになった。しかし、夏に耕耘機で足を怪我してしまい、ｇ酒造へ戻ることは取りやめになった。とりあえず来て、帳面だけでもつけてくれ、という話もあったが、はじめての責任杜氏だし、あまり簡単に引き受けてもいけないと思ったので断ったという。ただ、冬までに怪我から回復したため、ＭＩ７氏の兄がつとめていた県内のｉ酒造に頭として行った。酒造の単位が石からメートルに切り替わる時期で、石に慣れていた責任杜氏は頭が頼りであった。前の頭は、あまりに責任杜氏に使われるのでやめてしまったという話であった。

ｉ酒造では三年間ほどつとめたが、責任杜氏が別の酒蔵へ移った際に自らの出身地、伯方島の頭を新たに雇ったため、県内のｊ酒造へ麴師として移った。つぎに来る責任杜氏が越智杜氏だったら、そのままｉ酒造に残ることができたかもしれないが、伊方から責任杜氏が来たので残ることができなかった。

ｊ酒造では三年ほどつとめた後、ｈ酒造の責任杜氏だったＦ氏が再び頭としてｋ酒造に引き抜いてくれた。その後他の蔵のヒジマイの経験のない責任杜氏から頭として引き抜きを受け、ｌ酒造へ行った。しかし、またｋ酒造に副杜氏として呼び戻され、昭和四五（一九七〇）年には責任杜氏に昇格した。それ以来、昭和五四（一九七九）年までの一〇年間、ＭＩ７氏はｋ酒造の責任杜氏として働いた。また、この間に一級酒造技能士の資格も取得した。

昭和五四年のｋ酒造の廃業にともなって、昭和五五（一九八〇）年に松山市のｍ酒造に移った。ｋ酒造のオケウリ（未納税輸出）を仲介していた商売人が、新しかったｋ酒造の設備ごとＭＩ７氏をｍ酒造に紹介してくれた。しかし、すぐ翌年に越智郡杜氏組合長の紹介で県内のｎ酒造に移った。その後、昭和五九（一九八四）年に、再び組合長の紹介で愛媛県久万町のｏ酒造に移った。ここでは組合長が責任杜氏で、その下で一年間副杜氏をつとめ、翌年から責任杜氏になった。その後、平成一二（二〇〇〇）年に七五歳で責任杜氏を引退するまで、ｏ酒造で責任杜氏としてのつとめを果たした。

このように、ＭＩ７氏は責任杜氏になるまでの間、数年おきにいくつもの蔵を渡り歩いている。蔵を移動する理由は、ついていた責任杜氏の蔵の移動や、他の責任杜氏からの引き抜き等さまざまであるが、ＭＩ７氏自身の意思による、より積極的な理由も挙げられる。ＭＩ７氏によると、このように酒蔵の移動を繰り返すのは、どのような環境でも良い酒が造れるように修業することと、酒蔵を移動することによって、徐々に役人に昇格することが目的であったという。

越智杜氏は主に徳島県と愛媛県で酒を造っていたが、同じ四国のなかであっても、気候や米、水等、酒造りの環境はそれぞれの土地によって異なっている。したがって、より多くの酒蔵で経験を積むことによって、どのような環境にも対応できる能力を培うのである。

また、杜氏の集団は責任杜氏によって統率されており、人選はすべて責任杜氏によって行なわれる。集団の構成員、とくに酛廻や麹師といった役人はある程度固定されており、若い蔵人が同じ集団に所属し続けても、必ずしもタイミング良く役人へ昇格できるとは限らない。そのため、昇格を望む蔵人は、ある程度の経験を積むと役人の空きを求めて蔵を移動するのである。

一方、ＭＩ７氏は昭和二五（一九五〇）年から二八（一九五三）年ころまで、広島県福山市松永町の塩田に浜子として出かけていたこともある。松永には古くから多くの宮窪の人が働きに出ており、MI7氏の母親の従兄弟も松永に住んで浜大工をしていた。この人から誘われて松永に行くことになった。夏の暑い時期、七月ころからの三ヶ月間の仕事で、MI7氏が今まで経験した仕事のなかで一番きつい仕事であったという。

(4) MI7家の生業構造とタビの役割

MI7家における農業はミカンに特化したものであった。ミカンは、昭和二四（一九四九）年以前に購入された五畝と昭和二七（一九五二）年に祖父から譲り受けて徐々に開墾した五反で栽培されていたが、それ以上の耕地の拡大は行なわれず、昭和五二（一九七七）年以降は販売用のミカンの栽培をやめている。分家であり、もともとほとんど農地を所有していなかったMI7家において、農業は大きな位置を占めていたとは言えない。その一方で賃鋤きや養鶏などの自営業や、農協の作業や人夫などの日雇、そしてタビに関しては積極的に取り組んでいる。

また、日雇は農協での作業を昭和二一（一九四六）年から昭和四〇（一九六五）年ころまで行ない、土木作業も終戦直後から昭和二七年ころまで行なっていた。自営業は終戦直後には麦買いが、そして昭和二八（一九五三）年から平成に入るまで賃鋤きが、昭和三〇（一九五五）年ころから四〇年ころまで養鶏が行なわれ、昭和五九（一九八四）年からは味噌造りをはじめた。

MI7家の基本的な生業の構造は、昭和五二年にミカン栽培をやめるまで、五反五畝のミカン栽培を妻に任せながら、MI7氏自身は昭和二一年から、一一月または一二月から三月までの冬場には酒蔵へタビに行き、夏場は農協での作業や土木作業などの日雇仕事、あるいは塩田の浜子のタビ、耕耘機での賃鋤きや麦買い、養鶏、味噌造りなどの仕事を担うといったものであった。このうちもっとも長い期間行なっていた仕事は、杜氏のタビである。昭和二一年から平成一二（二〇〇〇）年までの五四年間、MI7氏は休むことなく毎年杜氏のタビに出た。杜氏のタビはMI7

氏の生業のなかでもっとも安定した収入源であったと言うことができるであろう。つまり、ＭＩ７家の生業複合の様相は、タビを生業の柱としながら、その時々で収入が見込める多様な自営業や日雇仕事を組み合わせたものであった。実質的には一五年程度しか行なわれなかったミカン栽培も、一時的に収入の見込める仕事のひとつに過ぎなかったはずである。

ＭＩ７氏の生活で興味深いのは、昭和二五（一九五〇）年から二八（一九五三）年まで、夏場に塩田の浜子に行っている間は、当時すでに結婚していたにも関わらず、ＭＩ７氏が留守の間は妻は実家で生活し、ＭＩ７氏が島にいる間、つまり杜氏のタビと浜子のタビの間の期間だけ婚家で過ごしていたということである。ＭＩ７家は分家であるが、夫が一年間のほとんどをタビに費やしていたＭＩ７夫妻には、夫婦で過ごすための家や部屋が日常的には必要でなかったのである。タビがいかにＭＩ７氏の生活で大きな位置を占めていたかがうかがえる。

【事例三―6】 話者ＭＩ９氏の場合（表15参照）

(1)　話者の略歴

ＭＩ９氏は一二人兄弟の三男として昭和三（一九二八）年に生まれた。長兄は渡海船の船員、次兄は宮窪で畳屋をしていた。長兄はＭＩ９氏が一九歳の時に海難事故で亡くなり、この年に父親も亡くなった。二二歳の時に、亡くなった長兄の妻と結婚し、残されていた二人の男の子の他、ＭＩ９氏自身の二人の女の子を育てた。母親は昭和四七（一九七二）年に亡くなった。

昭和一八（一九四三）年の国民学校卒業直前に満州開拓青少年義勇軍に入ったが、満州に行く前に盲腸に罹り、宮窪に戻って郵便局につとめはじめた。戦後は昭和二五（一九五〇）年以降に杜氏のタビをはじめ、年によって漁師の手子などの仕事を取り入れながら、平成に入るまでタビを続けた。

昭和40年代	昭和50年代	昭和60年代	平成7年～現在
44頃タバコをやめる			高速道路用地として売却・残り4畝で野菜を栽培
			高速道路用地として売却
			高速道路用地として売却
			高速道路用地として売却
	57，58頃5畝のみ野菜		
	53頃から石屋の手子	H1，2漁師の手子と石屋の手子をやめる	
		H1，2杜氏廃業	

37～46歳	47～56歳	57～66歳	67歳～現在
47母親没			

表 15　MI9 家の生業履歴

		農地	耕地面積	昭和 9 年以前	昭和 10 年代	昭和 20 年代	昭和 30 年代
内部的生産拡大	農業	マヤシ	1 反 5 畝	米・裸麦・タバコ			
			9 畝	ミカン		戦後はハッサクも作る	
		不動	7 畝	裸麦・甘藷		20 年代ミカン・タバコ	タバコをやめる
		菅原	7 畝	裸麦・甘藷		20 年代にミカン・タバコ	タバコをやめる
		大窪	1 反 2 畝	米・裸麦・タバコ			
	自営業					22 以降賃鋤き（30 年代半ばまで）	
	日雇				18 郵便局勤務	22 以降漁師・農家の手子・土木作業	
外部的生産拡大	タビ					21 県で進駐軍に雇われる（1 年間） 25 以降酒蔵へのタビ	この間、松山市 p 酒造、宮崎県 q 酒造、徳島県 r 酒造、徳島県 s 酒造、徳島県 t 酒造（酛廻）、愛媛県 u 酒造（酛廻）、愛媛県 v 酒造（麹師）へ断続的にタビに出る
MI9 氏年齢			昭和 3 年生	6 歳以前	7〜16 歳	17〜26 歳	27〜36 歳
MI9 家出来事					18 国民学校卒業	22 長兄没・父親没 25 結婚・長女誕生 28 次女誕生	

平成 18 年 1 月調査

(2) 内部的生産拡大（農業・自営業・日雇）

① 農　業

戦前から田は二反七畝、畑は二反三畝ほどあった。

田はマヤシにある一反五畝と大窪の一反二畝である。田には米と裸麦を作付し、昭和四四（一九六九）年ころまで葉タバコも作っていた。マヤシの一反五畝の田は平成に入ってから高速道路の建設用地として買収され、現在では残った四畝で野菜を栽培している。大窪の田では昭和五七—五八（一九八二—一九八三）年ころまで米と裸麦を栽培していたが、現在ではこのうちの五畝だけで野菜を栽培している。これらの耕地で収穫した野菜は、無人販売所で販売している。

畑はマヤシの九畝と菅原の七畝、不動の七畝があった。畑では主に裸麦と甘藷を栽培していたが、マヤシの九畝では戦前からミカンを栽培していた。菅原の七畝と不動の七畝では古くは裸麦と甘藷を栽培していたが、昭和二〇年代からミカンを植え、ミカンの苗が大きくなるまでは、苗の間に葉タバコを植えていた。ミカンが成長すると葉タバコの栽培はやめた。戦後しばらくはミカンか葉タバコさえ植えておけば、どちらかの収入が必ず残った。他家の畑を借りて葉タバコを作ることもあった。

② 自 営 業

自営業は賃鋤きだけである。賃鋤きには飼っていた馬を使っていた。終戦後、一〇年以上、春と秋に宮窪のなかだけでなく、友浦や余所国まで行って賃鋤きをしていた。

③ 日　雇

終戦までの三年間、郵便局の配達の仕事をした。その後、一年間呉で進駐軍に雇われてから再び宮窪に戻った。宮窪に戻ってからは土木作業に雇われた。

漁師の手子にも雇われることが多かった。鯛網（三月末〜六月下旬）、バッシャ網（三月末〜盆）、海苔養殖（一〇月初旬〜三月中旬）、瀬戸貝漁（一二月〜三月）などの手伝いである。漁師の手子には杜氏のタビに行きはじめたころから六二歳ころまで行っていた。同じ漁師のところでは漁期の区切りまで必ず働く。冬場に行なわれる瀬戸貝漁を手伝うときには杜氏のタビには出なかった。漁師の手子は、魚が多く獲れれば獲れるほど多くの儲けになる。一番儲かった仕事が漁師の手子である。瀬戸貝漁の収入はとくに良かった。また、瀬戸貝漁の場合、漁期のはじめと中日と最後に、カマス一杯ずつの瀬戸貝をもらうことができた。昭和五〇年代からは石屋の手子にも行くようになった。瀬戸貝漁が衰退してきて、漁師の手子の仕事が減ったからである。丁場での採掘の手伝いである。

漁師の手子も石屋の手子も、平成元―二（一九八九―一九九〇）年ころに酒蔵へのタビをやめると同時にやめた。

(3)　外部的生産拡大（杜氏）

杜氏のタビに出はじめたのは、昭和二五（一九五〇）年に結婚して以降である。そのきっかけは、一緒にシャモの博打をしていた近所の人の勧めである。「おまえはドーレンソ（遊び人）だから行って来い」と言われて、責任杜氏のG氏を紹介された。このG氏について倉夫としてはじめて行った酒蔵は松山市のp酒造である。ここで二年間つとめ、G氏の移動にともなって一緒に宮崎県のq酒造へ行った。さらに二年後に、G氏の移動にともなって再び徳島県池田のr酒造へ行った。

これらの三つの蔵には、同じ責任杜氏について行ったので毎年連続して行っていたが、その後の酒蔵へのタビは断続的である。良い漁師の手子の口がある年には島内で漁師の手子をし、そうでないときには杜氏のタビに出た。

G氏について行った徳島県のr酒造の後には、別の責任杜氏のもとで同じ徳島県のs酒造に行った。ここでは二年間働いた。次も徳島県のt酒造である。ここにも二年間行っていた。その次は愛媛県松山市のu酒造である。ここでは酛廻を任され、二年間働いた。最後に行ったのは同じく松山市のｖ酒造である。ここでは麹師を三年間つとめた。

(4)　ＭＩ９家の生業構造とタビの役割

ＭＩ９家においても農業は妻と母親に任され、ＭＩ９氏は専ら杜氏のタビや、漁師や石屋の手子の日雇、そして賃鋤きの自営業を行なっていた。ただ、ＭＩ３氏やＭＩ７氏とは異なり、ＭＩ９氏のタビは毎年必ず行くというものではなかった。漁師の手子の仕事がある年には、杜氏のタビには出かけず、島に残ることを選択している。漁師の手子は儲けが良く、とくに杜氏のタビと同じ時期に行なわれる瀬戸貝漁は、もっとも稼ぎの大きな仕事だったからである。このように一定しない生業の組み合わせは、ＭＩ９氏が常にその時々で稼ぎの良い仕事を選択した結果である。ＭＩ９氏は長年杜氏のタビに出かけていたが、責任杜氏になろうという意思はなかった。

したがって、タビは現金収入源の選択肢のひとつという位置にとどまり、年ごとにもっとも有効な現金収入源が模索されていたのである。ＭＩ９家の事例は、宮窪において、必ずしも柱となる生業がなくとも、さまざまな仕事をうまく組み合わせることで生計を立てることができたことを示す好例である。

2　宮窪の生業の特徴

(1)　農　業

まず指摘したいのは、農業への依存度の低さである。もちろん、宮窪では戦前には米、裸麦、甘藷を中心に、除虫菊や葉タバコといった換金作物の栽培も行なわれ、戦後には柑橘類の栽培が隆盛を迎える。【事例三—５】においては、家から距離の離れた山を開墾して五反の畑を開き、そこにミカンを植え、【事例三—４】においても、戦後、七反以上も耕地が拡大され、ミカンが植えられている。

しかしながら、柑橘類の栽培が盛んになる以前の宮窪の農業の主な目的は、耕地面積の狭さや安定した換金作物の不在から、あくまでも食糧の自給にあった。また、戦後のミカン栽培に関しても、昭和三〇年代からの流行は、昭和四七（一九七二）年の暴落によって終息している。つまり、宮窪において、これまで長期間安定した収入源となった換金作物はミカンを含めて存在していないのである。

その原因は、狭小な耕地しか有さないという地理的条件や、市場相場の影響を受けやすい作物への依存などにあると考えることができるが、それ以上に、安定した収入源としての換金作物を必ずしも必要としなかった生業の構造によるところが大きいと考えられる。その構造とはタビ、自営業、日雇といった、農業外の仕事を中心とするものである。つまり、宮窪では農業に大きく依存することなく生活することができる環境が整っていたのである。

(2)　自営業の特徴

【事例三―4】から【事例三―6】で挙げた自営業にはMＩ3氏の林業(51)、MＩ7氏の賃鋤き、麦買い、養鶏、氷屋、味噌屋、MＩ9氏の賃鋤きがあるが、そのほかにも宮窪では大工、左官、し尿汲取り、乳牛飼育など、さまざまな自営業が試みられてきた。こういった自営業はもちろん成功したものもあれば失敗したものもあり、代々続けられたものもあれば数年で終わったものもある。

たとえば、MＩ3氏の林業は祖父の代から続けられてきたものであり、MＩ3氏が同じ半年間の仕事でも酒蔵へのタビよりも儲けが良かったというように、事業が順調であれば収入も大きかった。また、MＩ7氏の賃鋤きも昭和二八（一九五二）年という早い段階での耕耘機の購入が功を奏し、安定した収入源としての地位を確立していた。このように自営業が安定したものとなれば、その需要の続く限り資本や労働力の投下が行なわれるが、一時期だけ試みられてすぐに消えていったものも多い。たとえば、MＩ4氏は国や農協による融資を利用して、昭和三六（一九六一）

年から二〇頭の乳牛を飼育していたが、乳価の下落で採算が取れなくなり、昭和三九（一九六四）年には借金を残して廃業している。また、ＭＩ７氏は昭和三〇（一九五五）年ころから養鶏をはじめたが、ミカンからの収入の増加と鶏肉価格の下落によって、一〇年後の昭和四〇（一九六五）年ころには養鶏をやめている。

宮窪の人びとは、「儲かりそうだ」あるいは「面白そうだ」という仕事に対して、躊躇することなく、まずは試みる。その一方で、彼らはまた、その仕事から手を引くことについても躊躇しない。こういった仕事に対する軽やかな姿勢は話者の言葉の端々に表れてくる。

「『リツ』にならんことをいつまでもしよったらいかん。どんなことにも『シオ』がある」（ＭＩ１氏）

「どんな仕事でもその結果の良し悪しを見て、パッパッと切り替えないとしんどい目を見る」（ＭＩ３氏）

このような姿勢は自営業に対してだけではなく、農業やタビなどの他の仕事においても貫かれている。ミカンブームに敏感に反応した姿勢も自営業に対する姿勢と同様に、良いものは柔軟に取り入れようとする投機的発想によるものである。そもそも、現金収入の獲得を前提とする農業は、農業という産業分類上の特別な枠を外せば一種の自営業であり、それに対する意識が似ているのも当然かもしれない。

このような、自営業に対する臨機応変な姿勢が、農業に大きく依存しない宮窪の生業の上で果たした役割は大きい。

(3)　日雇の特徴

日雇で選ばれる仕事は多種多様である。【事例三―4】から【事例三―6】で取り上げたものだけでも農家や漁師の手子、石屋、農協での作業員、土木作業員、造船所の工員などがある。これ以外にもＭＩ３氏はミカンの摘み手や自営業である林業の手子を雇っていたし、ＭＩ７氏も賃鋤きでは親戚のＭＩ14氏を雇っている。また、その他にも農業の指導員や大工や左官の手子、海産物加工などの日雇も調査で聞くことができた(52)。

こういった日雇は時代によってその職種が変化し、あるものは現在まで存続し、あるものはもうすでに消滅している。その時に景気の良い職種が日雇労働者を必要とし、労働者もその時々で稼ぎの良い仕事を選択する。そして労働者は、その仕事が衰退したり、自分に合わないと判断すれば他の仕事に切り替える。もちろん常に条件の良い仕事があるとは限らないが、仕事さえ選ばなければ親戚や知人から、なんらかの仕事の話が持ち込まれる。

また、日雇は農業、とくにミカンの栽培やタビとも両立することができる労働形態である。冬場のタビに出ている場合には、春から秋まで、日常的には日雇稼ぎをし、農繁期やタビに出る期間は日雇稼ぎを入れなければよい。戦後の日雇には石屋や造船所の工員など常雇いの形式を取るものがあり、こういった雇用形態ではタビと両立することはできないが、日給制という給与形態を活かして、農繁期には仕事を休み、家のミカンの摘み取りを手伝うことができるのである。このように融通の利く稼ぎ口としての日雇の果たしてきた役割は大きい。

(4)　タビの特徴

宮窪におけるもっとも一般的なタビは杜氏と塩田の浜子であった。昔は「酒屋と塩浜に行かなければ一人前ではない」と言われ、男子は学校を卒業すると必ずと言ってよいほどタビに出ていた。冬の杜氏のタビから帰ると、しばらくは島内で麦の刈り取りや田植えなどの農作業を行ない、それが済むと塩田へのタビに出かける。秋は祭の前に塩田から戻り、稲刈りと麦蒔きを済ませてから杜氏のタビに出る。これが一般的な宮窪の男性の一年間の労働の流れであった。

これらのタビは、宮窪の生業において古くからもっとも有力な地位を築いていた。戦前の宮窪において、タビが果たした生業上の役割については、「海村調査」の倉田一郎の記述が参考になる。倉田は『採集手帖（沿海地方用）』の質問項目4番「以前の村の暮しは、もつと楽であつたか、もつと苦しかつたでせうか」についてつぎのように記録している。

在方（農民）の場合。いまは昔より暮しむき楽となれり。この村戸数一〇〇〇戸、人口五千、耕地三五〇町歩あり。農民の多くは、もとトージとなりて出稼し頃の貯蓄いまに残りて然るなりと。また、甘藷類の栽培も起り、ます〳〵裕かとなる也と。(53)

この記述は筆者の行なった聞き取り調査とも一致する。「昔は塩浜の出稼ぎと酒屋の出稼ぎが多かった。塩浜と酒屋で働いておったら『辛抱人』と言われた。塩浜と酒屋をまじめにやっていれば必ず金が貯まった。新宅もちでも家屋敷を買うことができた。また、家のある長男ならば、おとうおかあがぼちぼち畑をして、本人は稲を植えてから塩浜に行き、麦を植えてから酒屋に行けば金がすべて残った」（ＭＩ７氏）。これらの表現から寒村における悲劇的な「出稼ぎ」を読み取ることはできないであろう。また、彼らはより良い労働条件や技術の習得、職人としての地位の向上等を目指して、いくつもの酒蔵を渡り歩いた。このような移動は、重要な収入源としてのタビをより確実なものとし、少しでも多くの賃金を安定して得ることを目的としているのである。

さらに戦後は、失業保険制度によってタビによって得られる収入は増す。一冬の酒蔵へのタビで得られる収入と失業保険を合わせると、麹師でも石屋の棟梁の年収と同じ金額になったという。責任杜氏の給料は最低でも麹師などの役人の一・五倍であるから、杜氏のタビによって得られる収入がいかに大きかったかがうかがえよう。

従来の農業中心の考え方では、タビは農間余業であり、地域の生業としてすら扱われないことがあった。しかし、筆者の調査の結果からは、最も安定した、そして稼ぎの良い収入源として、重要な位置を占めるタビの姿が浮かび上がった。

3　宮窪の生業構造とタビの役割

戦前から昭和二〇年代までの農業は、除虫菊や葉タバコといった換金作物の栽培も若干は見られるものの、ほぼ米、裸麦、甘藷といった自給的作物に特化したものであった。そして、一家の中心である男性家主の労働力は、冬は杜氏のタビへ、そして夏は塩田の浜子のタビや島内での自営業、あるいは日雇へと注がれるのが一般的であった。とくに杜氏と浜子の両方のタビに出る場合、男性は一年間のほとんどをタビ先で過ごしたのであり、まさに宮本の言う「経営分裂」の状況である(54)。しかし、農業とタビ、あるいは自営業や日雇との経済的な関係は決して並立的ではない。飛躍的な収益の増加を望めない農業に対して、タビや自営業はとくに、自らの才覚と努力とによって収入を増やすことが可能な生業だったのである。

一方、戦後はミカン栽培の隆盛および石材業や漁業、あるいは造船業の拡大といった島内および島近隣での内部的生産拡大が見られた。また、昭和四六（一九七一）年の塩田の廃止や戦後の酒蔵の減少といった社会的変化によって、外部的生産拡大としての伝統産業型のタビは縮小する。農業は自給的農業から換金作物主体の農業へと変化し、農業外労働はタビから自営業または日雇労働主体へと変化したのである。しかし、ミカン栽培に対する姿勢は自営業と同じように投機的なものであり、島嶼生活における農業への依存の限界を宮窪の人びとは忘れていなかった。したがって、老人や家主の妻による農業と家主による現金収入の獲得という構造自体は変化せず、農業の拡大もすぐに限界を迎えた。

こういった戦後の生業の様相は、改めて農業の限界と、自営業や日雇、そしてタビといった耕地を必要としない生業の重要性を示している。つまり、伝統的に行なわれてきたタビはほぼ消滅したが、農業の拡大が制限された島という環境、すなわち宮本の言う「生産の限定性」を前提とする土地を必要としない生業の構造は、昭和四〇年代以降も大きな変化を示していない。もちろん、タビと農業との関係は、戦前および戦後のミカン栽培が盛んになる以前は、互いの繁忙期を侵食することなく、一年間の生業のサイクルを形作っていた。しかし、生業上の重要性については、必ずしも並立ではなかったのである。

このような宮窪の生業の様相を見たとき、農業を主業と、そしてタビを含むその他の仕事を副業と位置づけることができるであろうか。農業が果たしてきた安定的に食料を供給するという役割は確かに大きい。しかし、これまでの事例で明らかなように、ひとつの家における農業の役割には明らかな限界があり、農業を主業と位置づけることができないことは明白である。

米山俊直は「〝生活がかかった〟仕事」として農業をとらえ、農民の生活様式についてつぎのように述べている。

それ（農業）によって生活を支えているにはちがいないが、もっとよい生業があれば、べつに農業にこだわることもない。あるいは兼業をしながらやってゆくことも、それが生活全体にとってよりよい方法と判断すれば、むろんとり入れてゆく。生業としての農業は、けっしてただ与えられた場に甘んじている人々によって営まれているのではない。きわめて堅実で、しかもきわめて現実的で利にさとく、行動力のある人々によって行われているのである。(55)（カッコ内引用者）

そして、「利にさとし」い人びとは、内部的生産拡大だけで満足するような人びとではない。宮窪においてタビは、少なくとも昭和四〇年代までは労働力の需要と現金収入を安定的にもたらしてきた。このタビは、一般的に見れば耕地が狭く、米も作れない寒村における「出稼ぎ」である。しかし、事例から明らかになったのは、一家の生活に必要な分の食料は確実に確保しながら、農業だけに頼ることなく、自営業や日雇などの他の仕事と巧みに組み合わせて行なわれる、もっとも安定した収入源としてのタビである。したがって、宮窪におけるタビは、明らかに地域の主要な生業であったのであり、また、社会問題としての悲劇的な「出稼ぎ」のイメージからは程遠いものであった。

ここに、タビという人の移動を包括的に捉える概念の必要性と有効性が顕在化する。本章で示した宮窪の兼業的なタビの事例は、その実態においては従来の「出稼ぎ」という枠組みを逸脱するものではない。しかし、「出稼ぎ」という言葉が持つ、主となるべき生業の存在とその限界、そしてそれを補うための副次的な生業というイメージは強力である。この限定的なイメージを超克し、目の前の現象を見る目を従来の視点から解放するためには、その視点を拘束する言葉そのものを問い直す勇気が必要となるのである。

註

(1) ただし、広島県側の因島にも総合病院があり、弓削島・生名島・大三島などの住民は因島に通院することも多い。

(2) 平成二一（二〇〇九）年現在、便数は大幅に減少している。橋の利用者の増加による措置であるという。今治からの最終便はフェリーが一八時四五分（以前は二〇時）、高速船が二二時（以前は九時半）である。

(3) しまなみ海道の橋はすべて高速道路であるが、人や自転車、一二五〇cc以下のバイクが走ることができる側道も併設されている。来島海峡大橋の料金は二〇〇円である。したがってバイクで橋を渡る人もいる。

(4) 『第一回愛媛県統計年鑑』愛媛県総務部統計課、一九五一年

(5) 農林省統計調査部『1960年世界農林業センサス 市町村別統計書』NO.38 愛媛県、財団法人農林統計協会、一九六一年

(6) 宮窪町誌編集委員会編『宮窪町誌』宮窪町、一九九四年、七三六―七四三頁

(7) 『大島石の研究』大山中学余所国社会科教室、一九四八年

(8) 穐岡謙治「大島石の採掘と加工―愛媛の地場産業―その2―」（『研究紀要』第2集、愛媛県立東温高等学校、一九八七年、五頁）

(9) ただし、彼らの生業全体に占める農業の経済的役割は、必ずしも最大ではない。

(10) 宮本常一『瀬戸内海の研究』国書刊行会、一九九二（一九六五）年、四七頁

(11) 尾崎芾四郎編『郷土地誌提要』三省堂、一九五一年
藤岡謙二郎編『岬半島の人文地理―愛媛県佐田岬半島学術調査報告―』大明堂、一九六六年
伊方町誌改定編集委員会編『伊方町誌』伊方町、一九八七年
伊方町地域振興センター編『伊方杜氏』伊方町、一九九二年
『昭和を生き抜いた人々が語る 宇和海と生活文化』平成4年度地域文化調査報告、愛媛県生涯学習センター、一九九三年

(12)『農山村県土保全機能研究』愛媛県社会経済研究財団、一九九五年
越智杜氏に関する報告は、各地の杜氏集団を扱った論考のなかでの紹介程度である。もちろんそのなかでは、伊方杜氏も同時に紹介されている。また、『愛媛県史』には、若干詳しい記述が見られる。
山本熊太郎「『杜氏』の出稼ぎ分布」上(『地理教育』vol.16、地理教育研究会、一九三七年
篠田統「西日本の酒造杜氏集団」(『京都大学人文科学研究所調査報告』第15号、京都大学人文科学研究所、一九五七年
大沢欣一「伊予杜氏」(『醸協』vol.61、日本醸造協会、一九六六年
愛媛県史編さん委員会『愛媛県史』地誌Ⅱ(東予西部)、愛媛県、一九八六年

(13)註(6)同書 八七七頁
「酒呑み坊さん」(著者不詳、一九九〇年)。村上水軍博物館蔵に保管される『宮窪町誌』作成時の複写資料。原資料は所在不明。

(14)註(6)同書 八七七頁

(15)註(6)同書 二八二頁
「高取山頂神社」(著者不詳、一九九三年)。「高取山頂神社」は村上水軍博物館に保管される『宮窪町誌』作成時の複写資料。原資料は所在不明。

(16)愛媛県『愛媛県誌稿』下巻、名著出版、一九七三(一九一七)年、一〇四五頁

(17)倉田一郎『採集手帖(沿海地方用)』24 愛媛県越智郡宮窪村(1)、成城大学民俗学研究所蔵、一九三八年

(18)『酒造乃心得』谷岡典夫発行(日本醸造協会近畿支部刊の復刻版)、一九八九(一九二二)年

(19)伊方町誌改訂編集委員会『伊方町誌』伊方町、一九八七年、八九八頁

(20)『第12回愛媛県統計年鑑』愛媛県総務部統計課、一九六三年、三六頁

(21)山本熊太郎「『杜氏』の出稼分布」上(『地理教育』vol.16、地理教育研究会、一九三七年、四九—五〇頁

(22)鶴藤鹿忠「備中杜氏に関する研究」(『岡山民俗』三十周年記念特集号、岡山民俗学会、一九七九年、三四四頁)

(23)松田松男『戦後日本における酒造出稼ぎの変貌』古今書院、一九九九年、六五—六八頁

(24)「越智郡杜氏組合史」は筆者および執筆年不詳である。しかし、内容から宮窪在住の筆者によるものであることは明らかである。
また、昭和四一(一九六六)年の組合員数等が書かれていること、そして昭和四一年の『日本醸造協会誌』第六一巻第一一号の大沢欣一「伊予杜氏」に全く同じ内容が掲載されていることから推測して、昭和四一年の秋に書かれたものと考えられる。

(25)村上水軍博物館所蔵資料

(26) 註(25)に同じ
(27) 註(25)に同じ
(28) 『宮窪町公民館報』一九六二年五月、愛媛県越智郡宮窪町公民館
(29) タビの帰りにはショウミ(原酒)をもらって帰る。ショウミの量は主人と責任杜氏の交渉しだいだが、ハンジマイの場合倉夫で五升、役人(杜氏・麹師・酛廻)で一斗〜一斗五升ほどである。また、酒粕も二〇kgほどもらって帰る。一方、賃金の交渉は責任杜氏によって行なわれた。ある杜氏は賃金の交渉についてつぎのように語っている。「杜氏には賃金の交渉からなにから、すべての責任がかかっていた。自分が連れてきたからには、蔵人に一文でも多く渡したいものである。賃金交渉は帰る直前に行なった。酒を造っている間は、主人に認められるように、誠心誠意良い酒を造る努力をする。自分の賃金については主張しづらいが、蔵人の賃金についてはしっかりと交渉した。講習会では賃金の情報交換も行なった」。
(30) 土岐雄三「銀行の初任給」(週刊朝日編『続続・値段の明治大正昭和風俗史』朝日新聞社、一九八二年)
(31) 註(25)に同じ
(32) 註(25)に同じ
(33) 註(23)同書　七四—七五頁
(34) 愛媛県史編さん委員会『愛媛県史』地誌Ⅱ(東予西部)、愛媛県、一九八六年、七一一頁
(35) 『酒のしおり』国税庁課税部酒税課、二〇〇六年
(36) 註(23)同書　六六—六九頁
(37) 基本手当日額は賃金日額に応じて決められる。賃金日額は原則として、受給資格者の離職前、最後の六ヶ月間に受け取った賃金を一八〇で割って算出される。基本手当日額は離職者の年齢や賃金日額によって決められるが、賃金日額のおよそ六〇〜八〇%である。
(38) 社会保障制度の変化と地域生活の変化との関係については、本書補論を参照されたい。
(39) 渡辺則文「十州塩田」(地方史研究協議会編『日本産業史大系』7中国四国地方篇、東京大学出版会、一九六〇年、二六頁)
(40) 吉海町誌編集委員会『吉海町誌』吉海町、二〇〇一年、一八七—一八九頁
(41) 註(39)同書　四九—五〇頁
(42) 註(39)同書　四五頁
(43) 村田露月『松永町誌』松永町役場、一九五二年、一四二頁
(44) 『塩業組織調査書』専売局、一九一三年

(45)『広島県史』民俗編、広島県、一九七八年、六六四―六六五頁
(46) 矢野勝明他編『吉海町史』愛媛県越智郡吉海町役場、一九七一年、四三一頁
(47) 重見之雄『瀬戸内塩田の所有形態』大明堂、一九九三年、一五二頁
(48) 愛媛県史編さん委員会『愛媛県史』民俗上、愛媛県、一九八三年、四〇四頁
(49) 松永で暮らす宮窪の人びとを相手に商売するために、宮窪と松永の間には渡海船が通っていた。宮窪から松永へはミカンや粽・柏餅など季節ごとの食べ物などを運び、松永から宮窪へは特産の下駄などを運んだという。
(50)「農業」とは、自ら経営する耕地に関わる農作業を指すこととする。「自営業」は自らが資本を投下して経営する事業、およびそれに関わる労働とする。「日雇」は他人の経営する事業に労働力を提供することをいう。ただし、賃金形態は日給制とは限らない。
(51) 倉田一郎の『採集手帖（沿海地方用）』には質問項目28番「村の人達が、互に共同して作業をするのはどんな場合ですか」に対して「モヤヒ。山の木を売るのに、三人とか五人とかで共同で買ひうけて、それを共同で伐り、利益も共同してわける」とある（註(17)同書）。
(52) さらに、話者も記憶していないような、ちょっとした日雇仕事も多かったようである。ＭＩ７氏が林業の手伝いをしていたことがＭＩ４家の資料から明らかとなった。
(53) 註(17)同書
(54) 註(10)同書　四七頁
(55) 米山俊直『日本のむらの百年―その文化人類学的素描―』ＮＨＫブックス65、日本放送出版協会、四八―四九頁

第四章　専業的なタビ

——愛媛県今治市伯方町北浦の生業構造とタビの役割——

本章では、愛媛県今治市伯方町北浦で営まれてきた専業的なタビである石屋を含みこんだ生業の複合の様相を明らかにすると同時に、従来の人の移動の概念では捉えきれない石屋の移動の実態を示し、タビ概念の有効性を検証する。第三章と同様に、第一節では、地域の地理的・社会的概要を示した上で、生業のうち、内部的生産拡大を概説する。第二節では、外部的生産拡大としての石屋のタビについて、その歴史と実態を可能な限り明らかにする。第三節では、以上の前提をふまえて、三人の話者およびその家の具体的な生業履歴を提示し、北浦における専業的なタビを包含した複合生業の様相とその特徴について考察する。

一　伯方町北浦の概要

1　位　置

伯方町は愛媛県越智郡の独立した自治体として、伯方島一島が一町を形成していたが、平成一七（二〇〇五）年一月の合併によって愛媛県今治市の一部となった。伯方島は愛媛県北部の瀬戸内海に浮かぶ島で（図4）、島の周囲には大島、大三島、生口島、岩城島など大小さまざまの島があり、瀬戸内海でもっとも島が密集した海域に位置する。

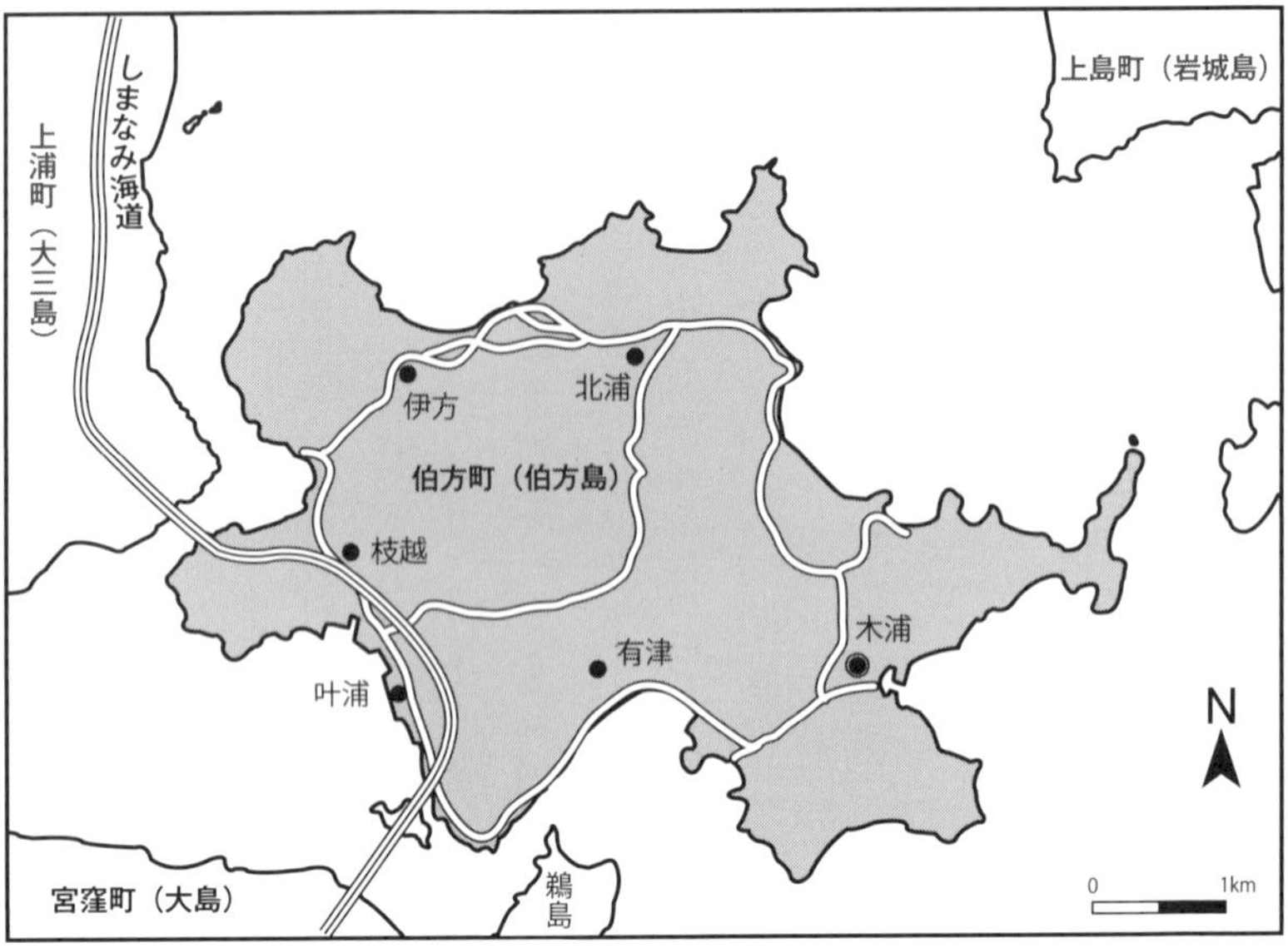

図 4　愛媛県今治市伯方町

今治市街までは海上約二三km、尾道市までは約三一kmあり、宮窪町と同様に平成一一（一九九九）年五月のしまなみ海道の開通によって本州、四国の双方と陸路で結ばれた。島の総面積は二〇・八五平方km、島の周囲は三二・二四五kmある。伯方町は木浦・有津・叶浦・伊方・北浦の五つの大字からなる。昭和三〇（一九五五）年一月までは木浦と有津が伯方町（昭和一五（一九四〇）年までは東伯方村）、叶浦と伊方および北浦が西伯方村であり、木浦と北浦にそれぞれ役場が置かれていた。現在では公共施設は木浦に集中している。本章が主な対象とするのは北浦である（写真8）。

最も近い都市である今治市街への交通にはいくつかの手段がある。伯方町と今治を直接結ぶ交通手段は船である。宮窪町の項で述べた芸予観光フェリーの高速船である。所要時間はおよそ三五分である。一方、木浦から遠い地域の住民には橋を使ったルートが便利である。もちろん自家用車で橋を渡ることもできるが、橋の通行料が高額なため、バスを利用する人も多い。今治までの橋の通行料金は軽自動車でも片道一七五〇円であり、木浦か

写真8　空から見た北浦（平成16年）（今治市村上水軍博物館蔵）
左下の田の字型の区画は塩田跡を利用したクルマエビの養殖場

らの所要時間は約四五分である。一方、一日に一五往復運行されている大三島から今治市街を結ぶ瀬戸内海交通のバスの料金は、伯方島バスストップから今治桟橋まで八四〇円である。したがって、住民にとってはバスが重要な今治市街への足となっている。

2　人口と産業別就業者数

平成一七（二〇〇五）年一〇月一日現在の伯方町の世帯数は二九七六、人口は七三二八である（表16）。戦後の世帯数と人口を見ると、世帯数は昭和二三（一九四八）年以降、昭和三〇（一九五五）年を除いて昭和六〇（一九八五）年まで増加の一途をたどり、平成一七年においても終戦直後の昭和二三年を上回っている。人口は昭和二五（一九五〇）年をピークに減少を続けているが、その減少率は約四〇％であり、宮窪町の減少率約七〇％と比較すると人口の減少は緩やかである。これは分家が繰り返されてきたことや、造船業などの内部的生産拡大の隆盛によるものと考えることができる。

つぎに産業別就業者数を確認しておきたい。昭和四〇（一九六五）年から平成一七年までの伯方町の産業別就業者数を示したのが表17である。まず、第一次産業については、昭和四〇年の三七・一％から平成一七年には八・七％へと大幅に減少している。その原因は農業の減少である。背景にはミカン以外の有力な換金作物を見出せなかったことと、住民の高齢化があると考えられる。一方、第二次産業の占める割合は昭和四〇年の一五・一％から平成一七年の三五・六％へと倍増している。細目を見ると製造業の割合の増加が著しい。これは造船業の隆盛によるものである。造船業は紆余曲折を経ながら、現在でも伯方島の主要産業の位置を占めている。第三次産業は昭和四〇年の四七・七％から平成一七年の五五・七％へと若干の増加傾向にある。注目すべきは運輸・通信業の減少とサービス業の増加である。伯方島は戦前から海運業が盛んであった。戦後も海運業は家族経営の一杯船主だけでなく、巨大な貨物船を何

表 16　伯方町の世帯数と人口

年次		世帯数	人口			備考
和暦	西暦		総数	男	女	
明治 13	1880	1449	7184	3656	3528	伊予国越智郡地誌
大正 2	1913	1837	11492	5832	5360	愛媛県誌稿上巻
5	1916	2093	11497	5896	5601	越智郡々勢誌
昭和 15	1940	2107	8995	4274	4721	国勢調査
23	1948	2637	12370	5855	6515	愛媛県統計課調
25	1950	2572	12403	5881	6522	国勢調査
30	1955	2562	12262	5922	6340	
35	1960	2626	11523	5499	6024	
40	1965	2689	10636	5009	5627	
45	1970	2831	10340	4901	5439	
50	1975	3054	10300	4908	5392	
55	1980	3081	9977	4731	5246	
60	1985	3204	10007	4778	5229	
平成 2	1990	3063	8356	3891	4465	
7	1995	3040	8814	4109	4705	
12	2000	3076	8031	3771	4260	
17	2005	2976	7328	3433	3895	

表 17　伯方町の産業別就業者数　　単位：人（括弧内％）

種別 ＼ 年次		昭和 40 年（1965 年）	昭和 50 年（1975 年）	昭和 60 年（1985 年）	平成 7 年（1995 年）	平成 17 年（2005 年）
総数		4673(100)	4509(100)	4525(100)	3674(100)	3389(100)
第 1 次産業	小計	1735(37.1)	883(19.6)	769(17.0)	409(11.1)	295(8.7)
	農業	1670(35.7)	862(19.1)	688(15.2)	336(9.1)	
	林業	0(0.0)	1(0.0)	0(0.0)	0(0.0)	
	漁業	65(1.4)	20(0.4)	81(1.8)	73(2.0)	
第 2 次産業	小計	705(15.1)	1517(33.6)	1548(34.2)	1319(35.9)	1207(35.6)
	鉱業	50(1.1)	45(1.0)	42(0.9)	28(0.8)	
	建設業	185(4.0)	340(7.5)	456(10.1)	351(9.6)	
	製造業	470(10.1)	1132(25.1)	1050(23.2)	940(25.6)	
第 3 次産業	小計	2231(47.7)	2089(46.3)	2208(48.8)	1941(52.8)	1887(55.7)
	卸・小売業	495(10.6)	519(11.5)	591(13.1)	489(13.3)	
	金融・不動産業	23(0.5)	40(0.9)	68(1.5)	60(1.6)	
	運輸・通信業	1164(24.9)	1033(22.9)	861(19.0)	633(17.2)	
	サービス業	425(9.1)	402(8.9)	562(12.4)	597(16.2)	
	公務	124(2.7)	95(2.1)	124(2.7)	152(4.1)	
	その他	0(0.0)	0(0.0)	2(0.0)	10(0.3)	
分類不能		2(0.0)	20(4.4)	0(0.0)	5(0.1)	0(0.0)

註：「伯方町二〇〇一町勢要覧資料編」に加筆
　平成 17 年は今治市ホームページ

隻も所有する大きな船主を生み出し、伯方島は愛媛県でも有数の社長の多い地域として有名である。しかし、海運業は他の運送手段に取って代わられる傾向にあり、運輸・通信業の減少はその影響であると考えられる。ただ、近年では海運業は再びかつての勢いを取り戻しつつある。一方、サービス業の増加はしまなみ海道の開通などにともなう観光産業の発展によるものと考えられる。

規模別農家数								経営耕地面積(a)						
1.0～2.0		2.0～3.0		3.0ha 以上		3.0～5.0		面積計	田		畑		樹園	
戸	%	戸	%	戸	%	戸	%		面積	%	面積	%	面積	%
22	7.6	1	0.3					12460	3140	25.2	1200	9.6	8120	65.2
19	7.0	1	0.3					11600	2282	19.7	635	5.5	8683	74.8
16	6.4							10112	1918	19.0	686	6.8	7508	74.2
11	5.6							7109	1277	18.0	618	8.7	5214	73.3
								4537	767	16.9	317	7.0	3453	76.1
5	8.3							3456	568	16.4	179	5.2	2709	78.4
								3072	580	18.9	254	8.3	2238	72.8
3	8.8							2041	417	20.4	147	7.2	1477	72.4
								2351	392	16.7	473	20.1	1486	63.2
3	11.5							1506	287	19.1	233	15.5	986	65.4

3　内部的生産拡大

伯方町の主な生業は農業、漁業、造船業、塩業である。農業に関しては、他の島々と同様に柑橘類などの換金作物の栽培が行なわれてきたが、農業だけに依存して生活しようという姿勢は見られない。また、伯方町には専業の漁師はほとんどおらず、漁獲高の多くをクルマエビの養殖などの企業的な漁業が占めている。一方で、造船業と塩業は島の基幹産業として大きな役割を果たしてきた。

(1)　農　業

伯方町における農業は戦後、昭和二五（一九五〇）年ころまで米と裸麦あるいは裸麦と甘藷の二毛作を中心に、換金作物の葉タバコ・除虫菊・柑橘類の栽培が行なわれていた。その後、除虫菊や葉タバコの栽培が衰退するが、それと入れ替わるようにミカンが好況となる。また、昭

表18　伯方町北浦の経営耕地面積の変遷

年		総戸数	農家数	非農家数	専兼業別農家数						経営耕地面積					
					専業農家		第1種兼業農家		第2種兼業農家		0.3ha 未満		0.3〜0.5		0.5〜1.0	
					戸	%	戸	%	戸	%	戸	%	戸	%	戸	%
1970		425	289	136	45	15.6	38	13.1	206	71.3	116	40.1	86	29.8	64	22.1
1975			273		37	13.6	35	12.8	201	73.6	117	42.9	73	26.7	63	23.1
1980		497	251	246	44	17.5	13	5.2	194	77.3	112	44.6	60	23.9	63	25.1
1985			196		34	17.3	7	3.6	155	79.1	109	55.6	38	19.4	38	19.4
1990		522	124	398	30	24.2	10	8.1	84	67.7						
	販売農家		60		17	28.3	9	15.0	34	56.7			28	46.7	27	45.0
1995			94		23	24.5	3	3.2	68	72.3						
	販売農家		34		10	29.4	3	8.8	21	61.8			17	50.0	14	41.2
2000		520	76	444												
	販売農家		26		8	30.8			18	69.2			12	46.2	11	42.3

註：農業集落カードをもとに作成（非公表の1集落を除く）

和三六（一九六一）年の農業基本法の施行によって柑橘類の栽培に拍車がかかり、一方、減反政策によって田は果樹園へと転換されていく。しかし、昭和四七（一九七二）年には生産過剰となったミカンが暴落し、その後は現在まで農業の低迷が続いている。

本章が対象とする北浦の終戦直後の耕地面積を確認できる資料はないが、昭和二二（一九四七）年の西伯方村（北浦・伊方・叶浦）の経営規模別農家数を見ると、農家総数九一七軒のうち、二町以上二町五反未満の経営耕地面積を有する農家が三軒、一町五反以上二町未満が二軒、一町以上一町五反未満が二七軒、五反以上一町未満が一五〇軒、三反以上五反未満が一九七軒、三反未満が五三八軒となっている(1)。つまり、六割弱の家が三反未満の耕地しか有さず、八割の家の耕地面積が五反未満である。

表18は伯方町北浦の昭和四五（一九七〇）年から平成一二（二〇〇〇）年までの農家数・専兼業別農家数・経営耕地面積規模別農家数・経営耕地面積についてまとめたものである。農家数は昭和五〇（一九七五）年の段階ですでに減少しているが、急激な減少を見せるのは昭和六〇（一九八五）年である。総戸数自体が若干の増加を見せているのに対して、農家数の減少が見られるのは他産業への流出によるものと考えられる。専兼業別農家数は平成二（一九九〇）年の販売農家の五六・七％を除い

て、第二種兼業農家がすべて六割以上を占めており、さらに表9の宮窪と比較しても農業への依存度の低さを強くうかがわせる。経営耕地面積規模別農家数は北浦の農業がいかに零細であるかを示している。昭和四五年から昭和六〇年までは五反未満の農家が七割を占め、一町未満の農家は九割以上を占める。また、平成七（一九九五）年からは調査が販売農家に絞られていることによって五反未満の農家の割合が減少しているものの、依然九割以上の農家の耕地面積が一町に満たない。経営耕地面積は樹園地が圧倒的に多いものの、平成二（一九九〇）年の販売農家で七八・四％となっているのが最高である。宮窪の樹園地が常に全耕地面積の八割以上を占めていることと比較すると、決して柑橘類の栽培が盛んであったと言うことはできないであろう。

樹園地についてもう少し詳しく見ておこう。昭和二五（一九五〇）年と昭和三五（一九六〇）年の西伯方村の田、畑、樹園地の面積を比較すると、田が七九町四反から七九町六反へと横ばい、畑が二〇八町五反から一四一町六反へと激減しているのに対して、樹園地は二八町七反から八七町二反へと三倍の増加を示している。これは畑がミカンを栽培するための樹園地へと切り替えられたためだが、宮窪と比較するとこの切り替えは徹底したものとは言えない。なぜなら、宮窪の一軒あたりの樹園地面積の増加率が六三％であり、残された畑の一軒あたりの面積が一反六畝一五歩なのに対して、北浦の一軒あたりの樹園地面積の増加率は六〇％であり、残された畑の一軒あたりの面積は一反九畝一八歩あるからである。(2) つまり、北浦の畑は宮窪ほどには果樹園に転換され尽していないのである。

それではなぜ思い切った転換が行なわれなかったのか。これには様々な理由が考えられるが、その理由のひとつは北浦の土地がミカンの栽培に適さないということである。北浦はその名のとおり伯方島の北部に位置し、南側の山を背にして北側の海に向かって扇状地が開け、東西も山に囲まれている。したがって、山裾の畑においてはとくにミカンの栽培に必要な日照を得ることが困難なのである。また、比較的日照を得やすい平地の田もミカンには条件が悪い。北浦の田は天保六（一八三五）年に干拓されたと伝えられており、(3) 海抜〇ｍである。したがって、水はけが悪く裏作の麦を作ることも困難である。宮窪村の田八九町七反のうち一毛作の田が二四町三反であるのに対して、西伯方村の田七九町五反のうち一毛作の田が五五町もあるのはそのためである。(4)

一方で、逆説的ではあるが、石屋のタビによって安定した収入が確保されていたことも、ミカンをはじめとした農業への依存度を低くした原因のひとつである。近世から生業としての確固たる地位を保ってきたタビによって、農業の拡大を必要とせずに、老人と婦人に自給的な農業を任せるという形態が維持されてきたのであろう。かくして、北浦の農業は戦後も劇的な変化を遂げることなく、現在に至っているのである。

(2)　漁　業

伯方町の漁業は、昭和五八（一九八三）年の段階で漁業経営体数一六五で、旧郡（一三町村）内二位、一経営体あたりの漁獲高は五七六万円で宮窪町の六六六万円についで旧郡内二位であるにも関わらず、決して盛んであると言うことはできない。漁業経営体数一六五のうち一五九が自営漁業経営体だが、そのうちの専業は一五で郡内九位、第一種兼業が一一で郡内八位となっており、漁業収入を主とする自営漁業経営体は非常に少ない。また、漁獲高の二位についても、その多くをクルマエビ等の養殖を行なう少数の特殊企業が占め、年収三〇〇万円未満の経営体が九六と郡内でもっとも多く、二〇〇万円未満が一五一で郡内二位となっており、零細漁業経営体が他町村に比べて圧倒的に多いことが分かる。(5)自営漁業経営体は全世帯数の五％強だが、海運業や造船業、あるいは石屋などの他の生業の発達してきた伯方島において、漁業は主要な位置を占めていない。とくに北浦には、漁業者はほとんどいない。

(3)　海　運　業

海運業は家族経営が多く、また近年ではオートメーション化も進んだために、必ずしも多くの雇用を生み出す産業ではない。しかし、伯方島は「日本で一番社長が多い島」と呼ばれるほど海運会社が多く、木浦や有津を中心として、海運業は現在でも島の経済を支える一大産業である（写真9）。

海運業については文安二（一四四五）年の記録が最も古い。『伯方町誌』には「『兵庫北関入船納帳』（入港税徴収簿の類）によると、この一年間に伯方島（はか田・葉賀田）の二郎兵衛が備後塩一五〇石から二〇〇石を積んで五度入港している」とある。(6) また、慶長七―九（一六〇二―一六〇四）年の今治城築城の際には北浦の石屋と石船が活躍したと伝えられており、これが北浦の石船稼業の起源だともされる。(7) さらに安永八（一七七九）年の田浦浜の新田築造や天保年間の児島半島の元野崎浜の築造に木浦組と北浦組の土船や石船が活躍したという。(8) 木浦の古江浜塩田の築造に際しては、資材の運搬に従事した船のうち二〇隻に上荷船として特権が与えられ、塩田築造後は沖に停泊する本船までの塩の運搬を手がけた。(9) 北浦の喜多浦八幡神社には安政年間（一八五四―一八五九）に製作されたと推定される石船の雛形が残されている。石材や土砂の運搬に従事した木浦の船連中が工事の安全と完成を祈願し、工事完成を神前に報告して寄進したと伝えられる。(10) また、明治九（一八七六）年に塩田が民有化され、塩の売買が自由化されたのを機に、伯方島では「伯方塩田で購入した塩を積み、下関海峡から日本海へ出て、新潟へ運び、そこで塩を売り、米を安く購入し、それを北海道へ回送して一部の米を売却、さらに太平洋を航海して瀬戸内海に帰り、残りの米を売却することによって多額の利潤を得る」「北前通い」と呼ばれる海運業が現れ、大きな利益を上げたという。(11)

写真9　木浦に帰港した内航船（平成21年）

しかし、明治一三（一八八〇）年の『越智郡地誌』を見る限りでは、島嶼部の他の地域に比べて伯方島の船舶の数が特別に多いというわけではない。したがって、伯方町の海運業が本格的に盛んとなったのは、近代になり石炭船の需要が高まり、また住友別子銅山で採掘された銅鉱石の運搬の需要が高まってからだと考えることができるであろう。北浦の喜多浦八幡神社には明治三八（一九〇五）年に「伊予新居浜四阪島航海之図」と題された絵馬が残されている。[12]この絵馬は一四隻一五人によって奉納されているが、この時期に銅鉱石の運搬によって伯方島の海運業が栄えたことを示している。

伯方島の戦前の船は木造の帆船や機帆船であり、昭和三四―三五（一九五九―一九六〇）年から小型鋼船が増加した。愛媛船主の機帆船から小型鋼船への切り替えは素早いものであったという。それは造船所が船主に機帆船を売らせ、その代金で鋼船を造り、残りの代金は延払いにするという、「愛媛方式」と呼ばれる船舶金融方式が採用されたことによるものであった。[13]ただ、木造の機帆船から小型鋼船への切り替えは、「愛媛方式」があるとはいえ、大きな金銭的負担をともなうものであった。したがって、この切り替えの時期に海運業を廃業する船主が多かったという話も聞かれる。また、当初は一杯船主として家族や親族で船に乗っていたが、船の大型化にともなって島外の人びとを雇うようにもなったという。昭和六一（一九八六）年の時点では伯方町全体で一四〇の海運の事業所があり、三〇〇人以上の従業員を抱える事業所もある。[14]

(4)　造　船　業

造船業がいつごろから盛んになったかは定かではない。しかし、伯方島の海運業の隆盛とともに造船業が発達してきたことは確かであろう。

『伯方町誌』には「現在までに閉鎖又は休業している造船所」として明治三〇年代から昭和三〇年代にかけて設立

写真10　伯方島で造られる貨物船（平成21年）

された造船所を一九挙げているが[15]、それ以前の造船所については全く記録が残されていないという。『伯方町誌』が刊行された昭和六三（一九八八）年の段階では七造船所が経営を続けている。平成一二年度には貨物船一隻、油槽船四隻の計五隻が建造されているが[16]、昭和六〇（一九八五）年度の三四隻[17]と比較するとその数は大幅に減少している。ただ、近年では造船景気が再燃しており、伯方島の造船所では大型の貨物船の建造が休むことなく続けられ、数年先まで船の受注で埋まっているという（写真10）。

この造船業がもたらす雇用は大きく、島内外から多くの人が造船所に通っている。

(5)　塩　業

「伯方の塩」で全国的に有名な伯方島では古くから塩業が盛んであった。伯方島の海岸は遠浅になっているところが多く、干満の差も激しい。また、波も静かで降雨量が少ない。製塩には最適の環境である。古いものでは揚浜式塩田の浜床跡が島内各地に見られるが、前章でも紹介したように、近世後期になると今治藩は入浜式塩田の開発に積極的になる。伯方島では、文化四（一八〇七）年には北浦浜塩田が、文化一五（一八一八）年には瀬戸浜塩田が、そして万延元（一八六〇）年には古江浜塩田が完成している。三つの塩田は順次拡大し、北浦浜塩田は文政七（一八二四）年には八町七反一七歩に、瀬戸浜塩田は文政三（一八二〇）年には一九町七反九畝に、古江浜塩田は文久元（一八六一）年には三七町九反一六歩にまで広げられている。[18]

これらの塩田がどれだけの雇用を伯方島にもたらしたのかは詳らかでない。しかし、入浜式塩田を築造するためには大規模な土木工事を行なう必要がある。さらに製塩に使う釜石の生産も伯方島で行なわれていた。明治一三（一八八〇）年の『越智郡地誌』には伊方村の物産に釜石が挙げられており、その生産額は七二〇円とされている。また『明治十七年北浦村外二ヶ村定格取調物進達控』には西伯方村に釜石仲買人一名とあり、石工一八六名が数えられている。[19]その後、明治二二（一八八九）年には釜石仲買人三名、石工一四八名（うち西伯方地区は一三六名）となっている。さらに、明治三一（一八九八）年には「芸予釜石合資会社」が設立され、製塩に用いられる釜が釜石から鉄釜へと代わる明治三九（一九〇六）年まで営業を続けている。[20]このように塩田は、その築造や製塩にともなって多くの雇用を生み出したと同時に、伯方島民の石材採掘・加工技術の向上にも大きな役割を果たしたと考えることができる。

しかし、塩田の民間への払い下げ後は、隣の大島の吉海町の人が多くの塩田の経営にあたり、常雇いの労働者も吉海町の人によって占められた。吉海町には塩田の管理を行なっていた今治藩の役人が多く、その役人が払い下げを受けたからだという。伯方島の塩田の所有者四一名のうち、伯方島の人は一三名に過ぎなかった。[21]地元の人びとの労働形態は、五月から八月までの「四月人」や七月から八月までの「夏人」、あるいは「寄せ子」といった臨時雇いの日雇がほとんどであったようである。

伯方島の塩田は昭和二九（一九五四）年から昭和三二（一九五七）年にかけて流下式への転換が行なわれ、[22]雇用は激減したものと考えられる。さらに製塩方法をイオン交換樹脂膜製塩に全面転換させる政府の方針によって成立した「塩業近代化臨時措置法」によって、伯方島の塩田は一部を除いて昭和四六（一九七一）年に閉鎖された。[23]

二　北浦の外部的生産拡大

1　伯方島の石屋の歴史

瀬戸内海に浮かぶ多くの島々では古くから石が採られてきた。秀吉による大坂城築城の際に石が切り出されたという伝承が残る島は多い。また、それに先だって信長による安土城築城のときにも、瀬戸内海沿岸出身の石垣師が活躍していた。道路・水路の敷設や耕地・宅地の造成を専門とする石屋であったという(24)。

伯方島にも城普請の話が残っている。慶長七（一六〇二）年から同九（一六〇四）年にかけて行なわれた今治城の普請では、築石や石運び、石切りの要員として伯方島から多くの人員が召し出されたという。とくに近年まで多くの石屋を輩出してきた北浦からは相当数の村民が出かけ、これが北浦地区の石船や石屋稼業のはじまりだと言い伝えられている。

また、伊方地区枝越に多い檜垣家の由来を語る受難譚も興味深い。戦国末期に府中老曾山城の城代だった檜垣四郎左衛門は「天正の陣」で討ち死にし、その末裔は野に下っていた。そのうちの一人が石屋としての技術を買われ、普請方のとある役を任された。普請は無事に終わったが、この男は「城の中を知り過ぎている」という理由から城下を追放された。それを普請に召し出されていた伯方衆が哀れに思い、枝越に丁重に迎えた。これが現在でも残る檜垣家の先祖だという(25)。

さて、史料に伯方島の石屋が登場するのは、管見の限りでは嘉永元（一八四八）年のことである。森下徹は倉敷の福田新田に関する野崎家文書の石船の代銀の出入を紹介しているが、そのなかに「伊予北浦丈吉と配下の石工一二名」が記載されている[26]。また、幕末の文久三（一八六三）年、京都防衛のために築かれた摂津海岸線の御台場と西宮砲台築造の記録「西宮御台場石御請書上控」にも伯方島の石屋の名前を見出すことができる。この工事では岡山県笠岡諸島の神島・白石島・北木島・真鍋島の四島から大量の石が切り出されており、史料には請け人として「伊予国博多嶋」の石工六名と「備中国小田郡神嶋外浦」の石工一名の名前が記されている[27]。当時すでに伯方島の石屋が幕府の仕事を請け負うほどの経験と実績を有し、石屋稼業が定着していたことがうかがえる。

森下はまた、文政一〇（一八二七）年には萩藩の支藩である徳山藩の大津島における採石や石船による搬出に、伊予屋儀兵衛という人物が関わっていたことを明らかにしている[28]。この伊予屋儀兵衛が実際に伊予の出身か、そして伯方島の出身かは不明である。しかし、右で挙げたように嘉永元年には伯方島北浦の石船乗りや石工が倉敷で仕事を請け負っており、北浦の人の広い活動範囲が明らかになっていることや、話者に徳山市の大津島や黒髪島へのタビの経験者が多いこと、そして昭和三二（一九五七）年当時の黒髪島について「現在この島で働いている労務者は約百五十人、このうち島に住んでいるものが三十二人、家族をふくめて八十人あまりが島に定着している。二十一軒の社宅に家族持ちが住み、独身者は飯場に泊っている。採石作業の中心は、採石石屋といわれる石を切る石工員だが、一人前の石工員になるには、まず五、六年かかる。島の社宅に住んでいる人は、すべてこの石工員で、愛媛県越智郡と黒髪島の隣の大津島（徳山市）出身者ばかり[29]」との記述があることから考えても、この伊予屋儀兵衛と伯方島のつながりを想像せずにはいられない。いずれにしろ、伯方島北浦においては石船や石屋といったタビが近世後期には確立していたことは確かである。

2　山石屋とカチ回り

伯方島では山から石を切り出す山石屋としてのタビと、各地の工事現場などを回って間知石[30]を割るカチ回りのタビが行なわれてきた。

カチ回りの場合、海岸や河川などの工事現場の近くで手ごろな石を見つけて割ったり、丁場（採石場）で半端な石を間知石に加工したりする。石垣を築く技術のある者は、割った石で石垣をつくところまで行なう。組織に属さずに職人として雇われる場合は、一個割るといくらという歩合制（歩割り）であり、腕次第で大きな収入を得ることができた。働く期間は工事の規模によってまちまちであり、工事が終わったり、石がなくなると他の現場に移動した。また、伯方島への帰郷も、このような工事の切れ目に行なわれていた。忙しい年には、盆も正月も帰らないことがあったという。仕事に関する情報は職人仲間や地元、つまり伯方島で交わされ、その情報をもとに各地を歩き回ったという。

それに対して山石屋は、一ヶ所の丁場を、半年を一区切りとして働いた。山石屋のタビも非常に独立性が高く、より良い労働条件があれば地縁や血縁などの制約がない限りは自由に移動を繰り返していた。『伯方町誌』に「雇用期間に約定はないが慣例で盆・節季までで、石工は雇用条件に多少のくい違いがあったり、ほかから好条件での誘いがあっても半年は辛抱したし、また親方も思うような仕事ができなくとも盆・暮を待って解雇した」[31]とあるように、山石屋もまた職人として自立した存在であった。伯方島への帰郷は、近場でのタビの場合には盆や正月、神社の春祭りや秋祭りなどの際に行なわれ、遠い場合には盆と正月のみ行なわれていた。盆や正月には三〇日前後帰郷していたという。「伊予の石屋さんは出かけて二十日、日和みかけてまた二十日」という石切唄が残されているが、石屋の帰郷はそれほどのんびりとしたものであったという。

また、瀬戸内の各地の島々の丁場で雇われていたＩＫ2氏は、農繁期には帰郷して、農作業をしていたという。このような帰郷が可能であったのは、賃金形態が日給によって計算されていたからである。通常、農業に携わる人のタビの場合、農閑期にタビを行なうことが多いが、専業的な石屋のタビの場合、農繁期だけ帰郷するということも可能だったのである。ただし、自ら丁場を経営する山石屋の場合、丁場の経営上頻繁に帰郷することはできなかった。

以上のように、石屋の仕事はカチと山石屋の二つに大きく分かれるが、その移動の形態は、つぎのように三つに分類することができる。すなわち、

①　石屋本人だけがタビに出るもの

②　家族をともなってタビに出るが、再び帰郷するもの

③　家族をともなってタビに出て、そのままタビ先に住み続けるもの

である。①は、職人本人だけがタビと帰郷を繰り返すものであり、一般的に「出稼ぎ」と呼ばれるものである。このタイプのタビは、カチでも山石屋でも見ることができ、その多くは丁場の経営者としてではなく、職人として雇われる人びとによって担われる。②は、一般的には丁場を経営する山石屋によって行なわれるタビである。丁場のある土地へ、家族をともなってタビに出るが、石屋をやめた後に故郷に帰る。③は②と同様に、丁場を経営する山石屋が家族をともなって出るタビであるが、石屋を引退した後にも、何らかの理由でそのまま丁場のある土地にとどまる形態をとる。

さて、こういった石屋の賃金は体力的に厳しく危険な仕事ということもあって、かなりの高額であった。石屋の賃金の記録については、筆者は入手することができなかったが、たとえば、昭和四（一九二九）年生まれの話者が戦後に兵庫県の家島に捨石を採りに行ったときの日当は三五〇円で、当時のサラリーマンの倍は稼ぐことができたという。

3　石屋の行動範囲

石屋のタビの行き先はカチと山石屋で異なっている。

カチの場合にはさまざまな工事現場やその付近の山が行き先となる。したがって、工事のある場所ならば日本全国、

表19　伯方島の山石屋の主な就労地

県	市町村	島
兵庫県	姫路市家島町	家島
岡山県	備前市日生町	頭島
	笠岡市高島	高島・白石島・北木島
広島県	三原市	
	呉市倉橋町	倉橋島
	江田島市沖美町	大黒神島
山口県	大島郡周防大島町	大島・浮島
	周南市	大津島・黒髪島
香川県	坂出市与島町	与島・小与島
愛媛県	今治市宮窪町	大島
	越智郡上島町豊島	豊島
大分県	東国東郡姫島村	姫島

どこへでも出かけて行くことになる。

一方、山石屋の場合には石材の産地がタビの行き先である。伯方島の山石屋の移動の範囲は瀬戸内の島々と沿岸地域が多い。筆者がこれまでに聞き取り調査や文献資料から得た情報では、伯方島の山石屋の主な就労地は表19のとおりである。注目すべきは、広島県三原市以外、すべて瀬戸内海の島であるという点である。瀬戸内島嶼部には良質の石材が広く分布しているが、理由はそれだけではない。島の場合船による石材の運搬が容易だからである。陸上交通が現在のように発達する以前、石材という重量のある物資を運ぶには、水運が最も適していた。丁場の近くに簡易な船着場と石の集積場を整備すれば、日本全国どこへでも石を出荷することができたのである。

さて、これらの地域には多くの伯方島の石屋が出かけており、地縁や血縁などのネットワークによって、伯方島の石屋が継続的にタビに出るようになった。

また、このようなネットワークは石屋の再生産、つまり、学校を卒業したばかりの若い石屋の修業の場の確保にも大きな役割を果たしていた。カチの石屋でも山石屋でも、はじめの段階では山石屋の丁場にカシキとして入って修業する。そのとき、修業の場として親戚や知人の丁場が選ばれる。したがって、多くの伯方島の石屋が丁場を開いていた岡山県笠岡市北木島や愛媛県越智郡上島町豊島で修業したという石屋が多い。つまり、石屋はまず何らかの縁のある人の丁場において修業し、その後、他の丁場を渡り歩いて腕に磨きをかけたのである。

このような環境はカシキとして北木島や豊島に行こうとする子供に両島に対する親しみを覚えさせたと同時に、山の採掘権の譲渡や売買にも大きな影響を与えていた。石材の採掘に関わる権利は、山の採掘権だけが取引され、土地の所有権はもとの地主に残されることが多い。したがって、石屋の間では、山での採掘権が譲渡・売買される。数代に渡って家族で採掘を行なうことも多いが、それぞれの家の事情や良い石の産出具合、あるいは経営の失敗などによって、同じ丁場でも採掘を行なう石屋が代わることも多い。その場合には丁場の譲渡や売買の相手は、地縁や血縁関係のある者が優先されるのである。

このような石屋のタビは、基本的には家族を伯方島に残して行なわれる。しかし、自ら山の採掘権を手に入れ、職人を雇いながら丁場を経営する場合、家族をともなって丁場のある土地へ行き、生活の拠点自体を移すケースも見られる。一般的にこのような例は「出稼ぎ」とは区別されて「移住」という言葉で表される。しかし、本研究ではこのような石屋の移動をタビと呼び、区別は行なわない。なぜなら、彼らはそのまま丁場のある土地に住み着く場合もあれば、伯方島に戻る場合もあるからである。具体的には次節および第五章で考察する。

三　北浦の生業構造とタビの役割

北浦の場合、男性は一年間のほとんどをタビに費やしているため、内部的生産拡大は、基本的には女性や老人によって担われる農業のみであった。一方の外部的生産拡大は、男性による石屋のタビである。石屋のタビは右で述べたように、カチと山石屋に分かれるが、山石屋のなかには山の採掘権を手に入れて、自ら丁場を経営する人もいる。彼らは家族を北浦に残しながら、あるいは家族をともなって、丁場を経営する土地へタビに出る。本節では北浦に家族を残してタビを行なう事例と、山の採掘を行なう土地に家族と移り住む事例の双方を取り上げる。

家族を故郷に残してタビに出る場合には、家計補助という面でも、回帰性という面でも故郷とのつながりを保っており、従来の「出稼ぎ」の範疇に含まれる移動と考えることができる。一方で、家族をともなって出るタビは、一般的には「移住」の範疇に含まれる事例である。けれども、家族をともなってタビに出る場合にも、本節で示す事例のように、常に帰郷の可能性は残されており、丁場のある土地に移り住んだ状態を「出稼ぎ」と切り離してしまうことには違和感を覚えざるを得ない。タビは常に、あらゆる展開への可能性をその過程において秘めているのである。

昭和30年代	昭和40年代	昭和50年代	昭和60~平成6年	平成7年~現在
除虫菊・ミカン				
		50年代前半大島の丁場へ通う 55頃石屋廃業		
		50年代前半でカチをやめる		
40~49歳	50~59歳	60~69歳	70~79歳	80歳~現在

前節でも確認したように、伯方島の石屋には山石屋とカチがあり、山石屋のタビには、①石屋本人だけがタビに出るもの、②家族をともなってタビに出るが、再び帰郷するもの、③家族全員をともなってタビに出て、そのままタビ先に住み続けるもの、という三種類が認められる。本節では、【事例四―1】で①の事例を、【事例四―2】および【事例四―3】で②の事例を提示する。③の事例については次章で詳述する。

本節では伯方町北浦の事例から、宮窪と同様の手法で北浦の生業におけるタビの役割を確認すると同時に、家計の補助や回帰性といった従来の「出稼ぎ」の概念の条件に囚われないタビのあり方を提示する。北浦の石屋のタビの事例の提示は、彼らのタビが「出稼ぎ」や「移住」という概念で

表 20　KI2 家の生業履歴

		農地	耕地面積	昭和 9 年以前	昭和 10 年代	昭和 20 年代
内部的生産拡大	農業	不明	2 反			20 結婚後に本家から譲り受ける
		不明	1 反			20 夫人の実家から譲り受ける 米・裸麦
		不明	1 反	購入時期不明	裸麦・甘藷	戦後除虫菊・ミカン
		不明	1 反	山を開墾 時期は不明	裸麦・甘藷	戦後除虫菊・ミカン
	日雇					
外部的生産拡大	タビ			6 岡山県北木島 9 山口県蛙島 その他博多・徳島など		戦後は大阪・京都・奈良・福岡などをカチで回る 20 年代後半に豊島・大島で丁場を経営
KI2 氏年齢			大正 4 年生	19 歳以前	20～29 歳	30～39 歳
KI2 家出来事				5 尋常高等小学校卒業	12 軍隊に召集 14 復員	20 結婚 21 長男誕生 22 頃家を建てる

平成 18 年 7 月調査

は捉えきることができないことの証左となり、タビ概念の有効性を裏づけるものとなる。

1　タビ経験者の生業履歴

【事例四―1】話者ＫＩ２氏の場合（表20参照）

(1)　話者の略歴

ＫＩ２氏は大正四（一九一五）年生まれである。兄弟は男五人、女二人の七人で、ＫＩ２氏は三男である。祖父は石屋だったが、父親は石屋のタビに出ることはなく、主に農業で生活していた。田畑は他の家よりも広く作っていて七、八反は所有していた。甘藷、裸麦、米、除虫菊などを中心に栽培し、養蚕も行なっていた。

軍隊へは昭和一二（一九三七）年に召集され、昭和一四（一九三九）年ころまで上海の部隊にいた。

結婚したのは昭和二〇（一九四五）年である。子供は男一人と女三人の四人。一人は亡くなった。長男は昭和二一（一九四六）年生まれだが、他の子供の生まれた年については記憶にないという。KＩ2氏は、子供が生まれてから家を建てたが、それまでは、KＩ2氏がタビに出ている間は、妻は妻の実家に住んで養ってもらい、KＩ2氏が帰郷している間は一緒に本家の納屋に住んでいた。本家には送金をしていたが、妻の実家には送金していなかった。

KＩ2氏は軍隊に行っていた時期を除いて、昭和六（一九三一）年から昭和六〇（一九八五）年ころまで石屋のタビに出ていた。ほとんどの期間が、工事現場を渡り歩くカチのタビであった。

（2）　内部的生産拡大（農業）

三男であるKＩ2氏が結婚して分家するにあたって、本家から譲り受けた畑は一、二反であった。その他に、妻が結婚の際に持参した田も一反あった。自分で購入した田畑もあり、所有していた山林もすべて畑に開いた。平成一八（二〇〇六）年現在の田畑は五反ほどである。KＩ2氏がタビに出ている間は、すべての田畑を妻が耕作し、KＩ2氏は石屋から戻っている間に手伝う程度であった。

換金作物は除虫菊の栽培に力を注いだ。除虫菊が下火になってからミカンを植えた。しかし、現在では野菜すらほとんど作っていないという。

（3）　外部的生産拡大（石屋）

KＩ2氏は昭和五（一九三〇）年に尋常高等小学校を卒業し、一年間家の畑仕事を手伝ったあと、石屋になった。はじめに行ったのは岡山県笠岡市北木島の長谷の親戚の丁場であった。学校に行っている間から「おまえどこそこ行くか？」といった感じで卒業後にまず働く丁場の予約ができているような状態であった。北木島には三年ほどいた。はじめは見習いのカシキからである。その後、仕事を覚えるのに、カシキよりよそに飛び出したほうが良いということで、丁場を替えた。最初に行ったのは山口県徳山市の蛙島である。黒髪島と大津島の間にある小さな島である。昭和九（一九三四）年ころに、何のつてもなく飛び込みで行ったが、「それならうちに来てくれるか」「よう来てくれた、さっそくやっておくれ」といった具合で雇われた。蛙島には二年ほどいた。

その後はほとんど思い気ままに、あるところに半年、あるところに一年といった調子で、次々と仕事場を替わって石割りの技術を高めた。カチである。カチというのは一人前ということで、自慢であった。カチで行ったのは、はじめは福岡県の博多の近くで、その後、徳山付近に戻った。そのほか、大阪、京都、奈良付近の丁場にも行った。仕事のあるところに飛んで行って、石を割る仕事がなくなったら他の現場に移った。カチでは、職人の足りないところに行きさえすれば大事してもらうことができた。KI2氏は一応、丁場の技術も工事現場の技術も習得していたが、できない仕事があっても、自分はどのような仕事でもできると言って宣伝した。カチをしていたのは昭和五〇年代前半の六〇歳過ぎぐらいまでである。KI2氏はカチをやめてから隣の大島の丁場に二、三年通いでつとめてから石屋をやめた。

また、長男が学校に行くようになったころには、愛媛県越智郡弓削町（現上島町）豊島や伯方島のとなりの大島の吉海町泊で、自ら丁場を営んだ。ひと月や半年の間、暇にしている職人はたくさんいたので、同じ北浦の職人を雇った。しかし、あまり良い石が出ずにすぐに丁場を閉めた。

カチで各地を歩いている間は、工事が終わり、仕事の切れ間ができると北浦へ帰った。山石屋は盆や正月が休みであったが、カチの場合には工事が忙しいと正月でも帰れないことがあった。

(4)　KI2家の生業構造とタビの役割

分家であるKI2家においては、農業はKI2氏がタビに出ている間は妻ひとりに任されていた。妻ひとりによって担うことのできる耕地面積には限度があるが、耕地自体それほど広いものではなかった。ＫＩ2家では除虫菊やミカンなどの換金作物も栽培されたが、これらがＫＩ2家の生業の主要な位置を占めることはなかった。

昭和30年代	昭和40年代	昭和50年代	昭和60～平成6年	平成7年～現在
30頃すべてミカンに植え替え				
30頃すべてミカンに植え替え				
	45放棄			
	45次男の家を建てる			
		56愛媛県大島の丁場	60石屋退職	
		56豊島から引き揚げる		
33～42歳	43～52歳	53～62歳	63～72歳	73歳～現在
30年代に母親没	46父親没		60妻没・塵肺および振動病認定	

一方、ＫＩ2氏は尋常高等小学校を卒業して二年目から六〇代になるまで、石屋のタビを続けた。その間、北浦での子育てや畑仕事は、すべて妻に任されていた。「ちょっとでも土地を求めたら、それで食うだけ食いよったら。これくらいでたらめな生活はなかった」とＫＩ2氏が懐かしむように、妻子が島で食べることにさえ困らなければ、給料が安かったり、遊んで金を使いきって帰ってきてもそれほど気にすることはなかったという。しかし、ＫＩ2家における生活が石屋のタビによって支えられていたことは間違いない。

【事例四―2】話者ＫＩ3氏の場合（表21参照）

表 21　KI3 家の生業履歴

		農地	耕地面積	昭和 9 年以前	昭和 10 年代	昭和 20 年代
内部的生産拡大	農業	クロッタ	1 反	甘藷・裸麦・除虫菊・紙糊		
		ゼンダ	7 畝	米		農地改革の際他家に譲る
		ナキイワ	1 反 15 歩	甘藷・裸麦・除虫菊・紙糊		
		カキノコウダコ	1 反 7 畝			27 購入米
		キョウガハナ	1 反 5 畝			27 購入米
		豊島	6 反(畑)			この頃開墾
	日雇					
外部的生産拡大	タビ				13 愛媛県豊島 15,16 頃山口県馬島	20 愛媛県豊島
KI3 氏年齢			大正 11 年生	12 歳以前	13〜22 歳	23〜32 歳
KI3 家出来事					13 高等小学校卒業 17 陸軍入隊 17〜20 頃祖父没	20 復員 21〜23 祖母没 24 結婚・長女誕生・家を建てる 26 長男誕生 28 次男誕生

平成 18 年 1 月調査

(1)　話者の略歴

ＫＩ３氏は三人兄弟の長男として大正一一（一九二二）年に生まれた。兄弟には妹と弟がひとりずついる。確認できる限りでも、祖父の代から三代続けての石屋である。

同じ北浦出身の妻と結婚したのは昭和二四（一九四九）年であり、その年すぐに長女が誕生している。その後、昭和二六（一九五一）年には長男が、昭和二八（一九五三）年には次男が誕生している。現在、長男と次男は広島県尾道市瀬戸田町（生口島）の造船所につとめている。

ＫＩ３氏は昭和一三（一九三八）年に尋常高等小学校卒業後、すぐに石屋のタビをはじめ、昭和五六（一九八一）年まで休むことなくタビが続けられた。

(2)　内部的生産拡大（農業）

ＫＩ３家における内部的生産拡大は農

業のみである。戦前は、北浦の田畑はすべて母親に任されていた。畑は計二反一五歩あり、甘藷・裸麦・除虫菊・紙糊などが栽培されていた。戦後は、昭和三〇年ころにミカンへの転作が行なわれている。戦前の田はゼンダの七畝のみである。米だけが栽培されていた。湿り気が多く、日照の少ないゼンダの田では裏作に裸麦を栽培することができなかった。戦後は農地改革でゼンダの七畝が他家に譲られ、昭和二七（一九五二）年にカキノコウダコの一反七畝とキョウガハナの一反五畝が購入されている。しかし、昭和四五（一九七〇）年にはキョウガハナの耕地にはＫＩ３氏の次男の家が建てられ、耕地としての役割を終えている。

一方、ＫＩ３氏が丁場を経営していた愛媛県越智郡弓削町（現上島町）豊島では、戦後、岩城島や弓削島の人びと二〇軒ほどで起農組合が作られて島を開墾していた。ＫＩ３氏もこの組合に参加させてもらい、丁場で採石の仕事をするかたわら、六反ほどを開墾して耕作していた。

(3)　外部的生産拡大（石屋）

ＫＩ３氏は尋常高等小学校を卒業後、一六歳の四月から父親が経営していた豊島の丁場に石屋のタビに出た。当時、豊島には丁場が七軒あり、すべて北浦の人の経営であった。その後、豊島の丁場を閉めた父親と一緒に、山口県熊毛郡田布施町の馬島に行った。伯方島叶浦の親戚が丁場を世話してくれた。当時、山口県徳山市の富田で埋め立て工事が行なわれており、この工事で使う石を切り出した。この馬島にいるときに徴兵検査を受け、昭和一七（一九四二）年に陸軍の防空兵となった。父親はＫＩ３氏の出征中も石屋のタビを続けていた。

戦後は、昭和二〇（一九四五）年に復員後、すぐに豊島に行った。昭和二一（一九四六）年には父親と豊島で小さな山を買って石を採り、そこでもうけた金で昭和二五（一九五〇）年に同じ豊島のより大きな丁場に移った。はじめは父親と二人で仕事をしていたが、だんだんと職人を頼むようになった。多いときには一〇人の職人を雇っていた。

当時は新居浜や今治の築港工事があり、いくら石を出しても足りないという状況であった。その後、石の需要の変化の影響を受けながらも豊島での採石を続け、昭和五六（一九八一）年に丁場を休止状態にして北浦に引き揚げた。北浦では隣の大島の丁場に通って昭和六〇（一九八五）年まで働いた。石屋をやめる際に塵肺と振動病の認定を受けた。

父親と一緒に豊島にタビに出ている間は、母親は北浦にとどまって、目の悪かった祖母の面倒を見ていた。祖母が亡くなると母親はKＩ3氏の妹と共に豊島に移り、KＩ3氏と父親の面倒を見、職人の食事などの世話をした。その後、昭和二四（一九四九）年にKＩ3氏が結婚すると、妻はすぐに豊島に住むようになり、それと入れ替わりで父親は石屋を引退し、父母は北浦に帰った。父親が五五歳のときである。北浦の父母には生活費を送った。

子供は保育園のころまで豊島で育て、その後は北浦の両親に預けて学校に通わせた。夏休みなどには、子供を豊島に呼び寄せた。子供が中学校を卒業して自立するまで、別々の生活であった。豊島へのタビの場合は子供だけ北浦に置く石屋が多かった。また、豊島の場合は北浦からの距離が近いので、春祭り（四月二〇日）に一週間、盆に一週間、秋祭り（一〇月一五日ころ）に一週間、正月に二〇日～一ヶ月といった具合に、年に何度も帰郷した。

結婚するころにはすでに豊島に家を建てていた。また、豊島には畑もあり、釣りでもしながらのんびりと老後を過ごしてもいいという気持ちはあった。しかし、父母が亡くなってから空き家にしていた北浦の家はボロボロになり、それを見て、やはり帰ろうと思った。豊島では妻の通院が大変だということも北浦に帰った理由のひとつである。

(4)　KＩ3家の生業構造とタビの役割

KＩ3家における内部的生産拡大は農業のみである。しかし、北浦の農業は耕地がもっとも広かった昭和二〇年代後半から四〇年代前半でも、畑が二反一五歩、田が三反二畝、合計五反二畝一五歩程度であり、当然農業のみによって生計を維持することは不可能である。やはり北浦に残った（あるいは戻った）父母によって耕作することが可能な

昭和30年代	昭和40年代	昭和50年代	昭和60～平成6年	平成7年～現在
			H5 放棄	
			H6 放棄	
30,31 高島	40 岡山の鉄工所	50 岡山県水島の石材加工場	H5 石材加工場退社	
26～35歳	36～45歳	46～55歳	56～65歳	66歳～現在
30 長女誕生 31 次女誕生 33 長男誕生 35 次男誕生	40年代岡山に家を建てる		H5 北浦に帰る	

農業の規模を超えていない。もちろん、豊島では戦後に開墾した六反の畑で農業が営まれていた。しかし、ＫＩ3家においては、農業が生業の中心となることはなかった。石屋の仕事が十分な収入をもたらし、また、石屋の仕事をこなすためには、農業に手をかけている暇がなかったからである。

ただ、昭和二七（一九五二）年に田が三反二畝増え、また、昭和三〇（一九五五）年ころには畑の作物がすべてミカンに切り替えられていることには注目しておきたい。金銭的な余裕ができたことや新作物の流行を契機として、新たな内部的生産拡大が模索されているのである。しかし、農業の担い手たる父母の他界以降に、内部的生産拡大を目指す姿勢は見られない。それは、豊島での採石が十分な利益をもたらしていたからである。つまり、ＫＩ3家では石屋のタビが生業の中心となり、北浦での農業にはほとんど依存していなかったのである。

【事例四―3】 話者ＫＩ6氏の場合（表22参照）

(1) 話者の略歴

ＫＩ6家は、少なくとも三代続けて石屋である。ＫＩ6氏の祖父は山口県に行っていた。また、父親は愛媛県越智郡弓削町（現上島町）豊島で自ら丁場を経営していた。ＫＩ6氏は男五人、女五人の一〇人兄弟の末子として昭和四（一九二

表22　KI6家の生業履歴

		農地	耕地面積	昭和9年以前	昭和10年代	昭和20年代
内部的生産拡大	農業	不明	1反	米		
		不明	5～6反	甘藷・裸麦		戦後ミカンへ
	日雇					20,21澱粉工場
外部的生産拡大	タビ					20,21尾道へイグサ刈り 21,22北木島を拠点に兵庫、福岡、島根、愛知
KI6氏年齢			昭和4年生	5歳以前	6～15歳	16～25歳
KI6家出来事					19国民学校卒業、召集	20復員 29結婚姉の家に養子に入る

平成18年1月調査

九）年に生まれた。長兄は丁場の事故で亡くなり、次兄は上海事変で亡くなった。次の兄はビルマで戦死した。本家の跡は長兄の子供が取っており、現在この甥は大阪在住である。

ＫＩ６氏は昭和二九（一九五四）年の結婚と同時に、子供のいなかった姉の婚家に養子に入った。子供は四人で、男女二人ずつである。長女は昭和三〇（一九五五）年、次女は昭和三一（一九五六）年、長男は昭和三三（一九五八）年、次男は昭和三五（一九六〇）年生まれである。四人ともに石屋のタビ先の岡山県笠岡市の高島で生まれた。

ＫＩ６氏は国民学校卒業後、岡山県笠岡市の北木島へタビに出たが、すぐに軍隊に召集された。戦後、再び北木島へタビに出て、北木島を拠点としてカチに出た。その後、岡山県笠岡市の高島で自ら丁場を経営した。

(2)　内部的生産拡大（農業）

ＫＩ６氏の生家では、田畑は年寄りと女性によって守られていた。生家の畑は北浦の船越に五反ほどあったが、戦後、農地改革で三反に減少した。畑では甘藷や裸麦を栽培していた。戦後一〇年ほどして、短期間だが葉タバコも栽培していた。田は二反ほどあり、内訳はカワスソに一反、コウジリに七畝である。山は寺の裏に二～三反、また北浦中学校の近くにも一～二反ある。

ＫＩ６家の田畑は、北浦に残ってタバコ屋を経営していた姉と、石屋のタビを引退した姉の夫によって耕作されていた。ＫＩ６氏が養子に入った姉の婚家は、田を一反、畑を五～六反、山を一～二反ほど所有していた。畑には、戦前は甘藷や裸麦を、戦後はミカンを植えていた。ＫＩ６氏は北浦に戻ってから農作業をしようと考えていたが、畑は荒れ果てており、手がつけられない状態で、土地を売ることもできなかった。現在では自家用の野菜を作る程度である。

(3)　外部的生産拡大（石屋）

ＫＩ６氏は昭和一九（一九四四）年に国民学校を卒業後、姉の夫が経営していた北木島の丁場にタビに出た。職人を二～三人雇う規模の丁場であった。しかし、すぐに軍隊に召集された。昭和二〇（一九四五）年九月に復員後は、半年ほど実家の農作業を手伝いながら北浦の澱粉工場で働き、また、尾道へイグサ刈りのタビに出た。

昭和二一―二二（一九四六―一九四七）年には石の需要が高まり、石屋の誘いの声が掛かるようになった。そこで、兄が経営していた北木島の丁場に戻り、ここに拠点を置きつつ河川工事の現場などにカチに出た。また、兵庫県の家島で捨石の採掘に従事し、福岡県北九州市の曽根で間知石を割り、島根県日原町で石垣つきをし、愛知県豊田市の丁場で採石をした。しかし、その間に腰を痛めた。そこで、自分で丁場を経営して自分のペースで仕事をすれば良いと考え、結婚後の昭和三〇（一九五五）年に、岡山県笠岡市高島で丁場を手に入れ、採石を行なった。このころから徐々にコンプレッサーや削岩機が導入されたため、石をあっという間に採り尽し、昭和四〇（一九六五）年に高島の丁場を閉じた。その後、ＫＩ６氏の妻の弟が経営していた岡山の鉄工所で一〇年ほどつとめ、さらに、岡山県倉敷市水島の石材加工場で働いてから六五歳で北浦に戻った。

ＫＩ６氏はタビに出ていても、盆と正月には必ず北浦に帰っていた。しかし、カチ回りに出ていたころには、仕事の間が空いたという理由では帰らなかった。道楽者と思われるからである。

高島には妻と一緒に移り住み、高島にいる間に子供が四人生まれた。長女だけは三〜四歳の時から北浦の姉の家で育ててもらった。その他の三人は高島育ちである。

昭和四〇年代には、ＫＩ６氏は岡山市に土地を買い、家も建てていた。高島の丁場で儲けて多少の余裕があったので、思いついて土地を買い、その二、三年後には家を建てたという。ただ、自分がこの家で老後を過ごそうという考えはなかった。ＫＩ６氏ははじめから北浦に戻るつもりで、この家には子供を住ませればよいと考えていた。現在この家には息子の家族が暮らしている。

(4)　ＫＩ６家の生業構造とタビの役割

ＫＩ６氏は一〇人兄弟の末子である。したがって、結婚前の本家の田畑は、結婚後に養子に入った姉の婚家の田畑とは切り離して考えなければならないが、まずはそれぞれの家の農業について確認しておきたい。

ＫＩ６氏の生家では、五反ほどの畑で甘藷と裸麦が栽培され、一反七畝の田では米が作られていた。祖父も父親も石屋であり、男が石屋としてタビに出ている間、老人や女性、子供が農作業を担っていた。

一方、養子に入った姉の婚家には田が一反、畑が五〜六反あり、田では米を、畑では甘藷や裸麦を栽培していた。ほとんどが自家消費用である。畑には昭和三〇年代に入ってからミカンが植えられたが、耕地の増加はない。農業は姉の夫の両親や姉夫婦によって担われていた。こういったＫＩ６家の農業では、やはり他の事例と同様にミカンへの転換こそ図られたものの、積極的な拡大には至っていない。

外部的生産拡大である石屋のタビはさまざまな展開を見せる。修業が終わり、ある程度の技術を身に付けると、KＩ6氏は姉の夫の丁場に拠点を置きつつも、各地の工事現場や丁場にタビに出た。これは技術の向上や新たな技術の獲得を目指すものであり、また、より良い賃金や労働条件を求めての移動でもあった。

KＩ6氏の場合は家の継承者ではないため、生家の生業との関係は薄く、結婚前には比較的自由にタビを続けていた。北木島の姉の夫の丁場を拠点とし、盆や正月以外に北浦に帰ることはなかった。しかし、結婚後に姉の夫の家に養子に入ると、故郷である北浦との関係がにわかに強くなる。自分が拠点とすべき場所が新たに生まれたのである。長女を北浦の姉に預けたことや、岡山に家を建てたものの北浦へは帰る予定だったという言葉がその表れである。

さて、KＩ6家において営まれてきた生業は、以上のように農業とタビだけである。農業は自給的なものから換金作物であるミカンへの転換が図られるが、新たな耕地の獲得は行なわれておらず、農業経営の大きな拡大は見せていない。これは農業に依存しようという意識の低さを示している。自給的作物の栽培からミカンの栽培へと発展した農業ではあるが、決してその期待は大きくなく、経済的にはタビに依存するという姿勢を見ることができる。

一方、タビについては経済的な安定と発展のために工夫や努力、あるいは投資が惜しまれない。職人として腕を磨くために、そしてより良い賃金と労働条件を求めて各地の工事現場や丁場を移動する。また、借金をしてでも自ら丁場を経営し、利益を上げている。

以上のようなKＩ6氏の生活からも、他の事例と同様に農業への依存度の低さとタビへの依存度の高さをうかがい知ることができる。

2　北浦の生業の特徴

(1)　農業の特徴

北浦の農業は宮窪以上に生業上の役割は小さく、主たる目的は食糧の自給にあった。その原因はやはり耕地面積の狭さにあるようである。第一節でも見たように、昭和二二（一九四七）年の西伯方村（北浦・伊方・叶浦）の経営耕地面積規模別農家数は、六割弱の家が三反未満の耕地しか有さず、八割の家の耕地面積が五反未満である。また、昭和四五（一九七〇）年から昭和六〇（一九八五）年の北浦に関して見ても、五反以下の経営耕地しか有さない農家が、全農家の七割を占めている。宮窪以上に自給的農業以上のことを求めていない状況であったことがうかがえる。

もちろん北浦においても換金作物の栽培は行なわれてきた。古くは養蚕のほか、綿花、ゼラニウム、除虫菊などが栽培され、葉タバコの栽培も昭和四〇年代なかごろまでは見られた。また、宮窪と同様にミカンの栽培も昭和三〇（一九五五）年ごろから一般農家へ普及しはじめた。しかし、北浦のミカン栽培は、他の島々と同様に、一定の耕地の転換が行なわれたものの、ミカンの栽培への取り組みは徹底したものとはならなかった。このことは事例からも確認することができた。その理由のひとつは、前述のように、北浦の土地がミカン栽培に適さないということである。

しかし、それ以上に石屋のタビによって安定した収入が確保されていたことが、ミカンをはじめとした換金作物の栽培への依存度を低くした原因のひとつである。古くから北浦の主要な生業としての確固たる地位を保ってきた石屋のタビは、北浦で生活するためには十分な収入を確保してきた。つまり、北浦では農業の拡大を必要とせず、老人と婦人による自給的な農業だけで十分であり、むしろ石屋の労働力を農業に傾けることは、収入減を意味したのである。かくして、北浦の農業は戦後も劇的な変化を遂げることなく、現在に至っていると考えられる。

（2）　タビの特徴

古くから石屋のタビは北浦の生業そのものであった。戦前には、尋常高等小学校や国民学校を卒業した男子の八割が石屋になり、一割が船乗りになり、五分が塩田で働き、残りの五分がその他の仕事に就いていたという。もちろんはじめはカシキなどの見習いからであるが、石屋は小学校を卒業してすぐに金になる仕事であり、一人前になれば大工の一・五倍の賃金を稼ぐことができた。

また、タビは北浦の人びとにとって、大きなビジネスチャンスでもあった。より高い技術の獲得を目指して、より高い賃金を求めて、石屋は移動を繰り返す。さらに、技術を磨いた上で自ら丁場を経営すれば、より大きな収入を得る可能性もひらけた。つまり、北浦における生活の向上の機会は石屋のタビにあったのである。

北浦において行なわれてきた石屋のタビの特徴は、一年を通じて専業的に行なわれることにある。カチ回りの場合は仕事の区切りがついたときに、山石屋の場合は盆や正月、あるいは祭りのときなどに帰郷していたが、それ以外はタビ先での仕事に時間が費やされた。学校を卒業してから石屋をやめるまで、生活のほとんどが島外で営まれ、その間、家族は北浦の田畑を耕作しながら父親や夫の帰りを待つのである。

また、飯炊きとしてのカシキの制度がなくなった戦後はとくに、自ら丁場を経営する山石屋は妻子を連れてタビに出ることも多かった。これには、必ずしも故郷との経済的つながりや回帰性といった、いわゆる「出稼ぎ」の条件を充たすものではなく、従来の概念で捉えるならば「移住」と呼ばれるべき現象も含まれている。しかし、彼らは故郷と切り離された存在ではない。それは何よりも、子供を北浦の父母に預けて育てるという、ＫＩ３氏やＫＩ６氏の行動が象徴的に示している。そして、タビ先に住んで丁場の経営をしていた石屋の多くは、石屋を引退すると同時に故郷の北浦に帰ったのである。彼らの労働のための移動は、「出稼ぎ」でも「移住」でもなく、タビとしか捉えようのないものである。

3　北浦の生業構造とタビの役割

さて、以上の事例をふまえた上で、伯方町北浦の生業の様相とタビの役割を確認したい。

北浦においては家計に占める農業の割合は少なく、ほぼタビによって生計が維持されてきた。北浦の耕地面積は狭く、また、戦後瀬戸内の広範囲で隆盛を極めたミカンの栽培には条件が悪かった。したがって、戦後も農業が劇的な展開を見せることはなく、老人や婦人による自給的な農業の延長線上にあった。

一方で石屋のタビは北浦の生活を支えるもっとも重要な生業であった。男性の労働力はこの石屋のタビに集中し、専業的なタビが続けられた。さらに、石屋のタビは安定して高額な収入を保証しただけではなく、自ら山の採掘権を得て丁場を経営することによって、より大きなビジネスチャンスをもたらした。

このような環境のなかでは、農業や自営業などの内部的生産拡大への志向は生まれない。また、農業に関しては北浦の地理的条件から、発展には明らかな限界があった。こういった事情が相互に作用することで、男性が専業的にタビに出て、老人と婦人が北浦の家と田畑を守りながら子供を育てるという生業のシステムが成立したのである。

以上のような北浦の生業において、タビは家計の補助ではなく、あきらかに家計そのものである。北浦の人びとは、石屋のタビという外部的生産拡大に特化し、男性が北浦での生活を放棄することによって、家族の北浦での生活を維持してきたのである。さらに、タビは家や田畑を継承しない次男以下の人びとをも北浦につなぎとめた。次男以下であっても独身時代には実家を拠点としながら、結婚してからも実家の納屋を改装したり、空き家を借りたりして家族を住まわせ、タビを続けていたという。さらに、金が貯れば空き家を購入したり、土地を購入して新築することもできた（第六章参照）。

このような北浦のタビのあり方は、明らかに一般的な「出稼ぎ」の範疇を超えるものである。なぜなら、具体的な家計の補助や定期的な回帰性が必ずしも認められないからである。

たとえば、ＫＩ３氏の生活には「出稼ぎ」と捉えられる部分もあり、また「移住」と捉えられる部分もある。ＫＩ３氏の場合、戦前、戦後ともに父親と一緒に行動している。とくに戦後は、豊島でＫＩ３氏の父親が丁場を経営し、ＫＩ３氏の父親はＫＩ３氏が結婚する五五歳まで、そしてＫＩ３氏自身は五六歳で豊島から引き揚げるまで、一年間のほとんどを豊島で過ごしている。また、豊島で職人を雇用するようになると、食事の支度などのためにＫＩ３氏の母親と兄弟が、ＫＩ３氏が結婚してからはＫＩ３氏の妻が一緒に豊島に住むようになる。その間、父母が元気なうちは父母に北浦の家と田畑を任せているが、子供が学校に上がる時期になると子供までをも任せている。豊島の場合、北浦からの距離が近いことから正月や盆、祭りなどのたびに帰郷することができるが、働き盛りの時代にはほぼ完全に生活の拠点を豊島に移している。つまり、時代ごとに一般的な「出稼ぎ」の条件を満たしたり、満たさなかったりということを繰り返しているのである。そして、最終的には、家を建てて永住を考えていた豊島を離れ、父母も亡くなった後の北浦に帰ることを選択しているのである。

また、ＫＩ６氏は結婚後に妻をともなってタビに出ている。このタビは六五歳で北浦に戻るまで続くが、この間、長女を養父母である姉の家に預けている間以外には、北浦との関係は必ずしも強くはない。また、回帰性に関しても盆や正月などに妻子と一緒に戻る形態をとっており、「出稼ぎ」者と故郷との関係というよりも、「移住」者と故郷との関係に近いと捉えることができる。しかし、ＫＩ６氏には老後をタビ先で送る考えは全くなく、タビは最終的には北浦に帰ることを前提に行なわれていたのである。

このように、故郷としての北浦は、タビに出る石屋にとって休息の場、第一線を退いた後の隠居の場、そして子供を育てて送り出す再生産の場としての役割を果たしていた。また、家族をともなって島外に移り住む場合、彼らにとっての北浦は、必ずしも経済的なつながりや回帰性が保たれていなくとも、自らが生まれ育ち、父母が住む土地であり、場合によっては子供を預けたり、自らが帰ることのできる故郷であった[32]。このような石屋の不確定で循環的な移動を「出稼ぎ」や「移住」といった概念で切り取り、分析を加えることは、労働にともなう人の移動を日常的な営みとして描こうとする試みにとっては不毛である。彼らの移動は常に連続しており、故郷である北浦とのつながりは、その時々によって強固なものとなり、また、薄弱なものともなる。タビは、従来の人の移動の概念を相対化し、移動という現象そのものを包括的に捉えることを可能とするものである。

註

(1)『愛媛県統計書（1950年農業センサス基本調査）』愛媛県総務部統計課、一九五一年
(2) 農林省統計調査部『1960年世界農林業センサス　市町村別統計書』NO.38　愛媛県、財団法人農林統計協会、一九六一年
(3)『伯方町誌』伯方町誌編纂会、一九八八年、一〇一頁
(4) 註（1）同書
(5) 註（3）同書　七八二―七八三頁
(6) 註（3）同書　八七二頁
(7) 註（3）同書　八二頁
(8) 註（3）同書　八七二頁
(9) 愛媛県史編さん委員会『愛媛県史』地誌Ⅱ（東予西部）、愛媛県、一九八六年、六七四―六七五頁
(10) 伯方町文化財保護審議会編『伯方の文化財』伯方町中央公民館、二〇〇四年、一六―一七頁
(11) 愛媛県史編さん委員会『愛媛県史』社会経済3　商工、愛媛県、一九八六年、六九五頁
(12) 愛媛県教育委員会文化財保護課『しまなみ水軍浪漫のみち文化財調査報告書―美術工芸品編―』愛媛県教育委員会、二〇〇二年、一三二頁
(13) 註（11）同書　六九三頁
(14) 註（3）同書　八八一頁
(15) 註（3）同書　八六三―八七二頁
(16)『伯方町二〇〇一年町勢要覧』伯方町総務課、二〇〇〇年

(17) 註(3)同書 八七二頁
(18) 註(3)同書 八〇〇―八一二頁
(19) この数字にはタビの石工も含まれている。
(20) 註(3)同書 八五四―八五五頁
(21) 註(9)同書 六三〇頁
(22) 註(3)同書 八〇六―八〇七頁
(23) 註(3)同書 八一六頁
(24) 田淵実男『石垣』ものと人間の文化史15、法政大学出版局、一九七五年、一八―一九頁
(25) 註(3)同書 三三六―三三八頁
(26) 森下徹『近世瀬戸内海地域の労働社会』渓水社、二〇〇四年、二七三―二七六頁
(27) 「西宮御台場石御請書上控」(『西宮市史』第六巻資料編3、西宮市役所、一九六四年、九〇―九四頁)
(28) 註(26)同書 二四一―二二三頁
(29) 満田祐三編『瀬戸内海』上巻、中国新聞社、一九五九年、三三一頁
(30) 石垣用に加工された石材で、奥に行くに従って細くなる四角錐台状の形のものである。
(31) 註(3)同書 八五七頁
(32) 松田素二は「出稼ぎ」者を定着型と循環型の二つのタイプに分類している。定着型とは「町に出て来た若者がそこで結婚し居を構えて定住し、ときおり田舎の両親を訪問する」形態をとり、日本でも見られる型である。一方、循環型では「初等教育をおえた若者は、村を離れて都会にやってきて賃労働に従事するが、仕事を辞めたあとは故郷の村に帰って老後を暮らす」形態がとられ、アフリカに多く見られる型である。さらに、後者には「短期的・一時的な循環」と「長期的な循環」の二種類が認められるという。「短期的・一時的な循環」の場合、「出稼ぎ」者は農繁期や失業、嫁探し、儀礼への参加といった機会に頻繁に町と村を往復する。一方、「長期的な循環」の場合、「村で生まれ育ち町に出て行くが、最後は村に戻って人生の締めくくりをして、そこで埋葬される」という(松田素二『都市を飼い慣らす―アフリカの都市人類学―』河出書房新社、一九九六年、六一頁)。
本章で紹介した北浦の事例はまさしく循環型である。松田は定着型を日本的な「出稼ぎ」としているが、循環型は北浦のみならず、瀬戸内海嶼部の多くの地域で確認することのできるタビである。日本における人の移動に対する従来の固定的な視点は、定着型の移動を日本的とする観点に縛られていることに起因するのではないだろうか。循環型の移動の普遍性をいかに日本における人の移動の

なかに見出すかが、移動の研究において重要な鍵を握っていると考えられる。

第五章 「出稼ぎ」と「移住」のあいだ

一 問題の所在

本章では、「出稼ぎ」や「移住」といった、これまで別個に扱われてきた現象を統合する概念としてのタビを活用して、伯方島の石屋の岡山県笠岡市北木島や白石島へのタビの具体的事例を描き出す。

一般的に「出稼ぎ」は故郷での家計の補助を目的とし、移動の形態としては回帰性を有することがその条件とされる。したがって、故郷との経済的つながりや回帰性が失われた場合、労働のための移動は「出稼ぎ」とは区別され、「移住」と呼ばれることになる。しかし、両者を無理に切り離すことに、筆者は積極的な意義を認めることができない。なぜなら、両者の境界線上にこそ、故郷を後にして労働に携わる人びとの働くことに対する意識や故郷に対する想いなどが立ち現われてくるからである。

岡山県笠岡市北木島や白石島には、明治の早い段階から伯方島の石屋がタビに出ていた。彼らのタビには、前章でも確認したように、①石屋本人だけがタビに出るもの、②家族をともなってタビに出るが、再び帰郷するもの、③家族をともなってタビに出て、そのままタビ先に住み続けるもの、といった三つのパターンが認められるが、本章で取り上げるのは②と③のパターンである。

伯方島から北木島や白石島にタビに出た石屋は、自ら丁場を経営するようになると、カシキなどの飯炊きを雇って

①のパターンでタビを続けることが多かったが、伯方島から妻子を呼び寄せることも多い。このような状況になった場合、彼らの移動は家計の補助や生活の本拠地への回帰性といった従来の「出稼ぎ」の条件を充たさなくなる。もちろん、石屋が長男であれば、伯方島の両親への送金が行なわれたり、盆や正月の帰郷が行なわれることは多いが、妻子ではなく両親への送金は家計の補助とは一線を画するものであり、また、両親しか残っていない土地を生活の本拠地と位置づけることは難しい。

一方で、家族をともなって北木島や白石島に移り住んだ石屋の移動を、「出稼ぎ」とは別の現象と捉え、「離村」や「移住」として伯方島の人びとの営みと切り離すことができるであろうか。

たとえば、前章のＫＩ３氏やＫＩ６氏の事例のように、家族でタビ先に移り住みながらも、最終的には再び伯方島に帰る例も多く見られるのである。一方、タビ先での永住を決意しながらも、タビ先や故郷の事情によって、その決意が果たされないこともある。彼らは異郷の地で、故郷との関係を保ちながら、あるいは断ち切られた形で、また、アイデンティティを故郷に抱きながら、あるいは新たな土地に見出そうとしながらタビを続ける。そして、そのタビの帰結は帰郷となることも永住となることもある。そこに見られるのは、彼らが異郷の地でタビの石屋として完全には溶け込むことのできない状況に置かれながらも「移住」を選択する姿、あるいは溶け込みながらも帰郷せざるを得ない姿であり、「出稼ぎ」と「移住」が必ずしも明確に区分され得るものではないというタビの実態である。

二　北木島および白石島における採石業の概要

1　北木島

北木島および白石島が属する笠岡諸島は、岡山県笠岡市の南部に帯状に広がっており、全島が笠岡市に属している。笠岡諸島を構成するのは、神島・高島・白石島・北木島・真鍋島・飛島・小飛島・梶子島・六島といった島々であり、真鍋島から南東には香川県の塩飽諸島が続いている（図5）。

北木島は笠岡港から南へ約一七kmの沖合いに位置する笠岡諸島では最大の島である。島の大きさは東西約四・四km、南北約三・五km、面積は約七・三〇平方kmである。[1] 平成一七（二〇〇五）年の国勢調査によると、人口は一二二一、世帯数は六六〇であり、人口は島の中心地域である大浦の二七九人がもっとも多く、それに続いて金風呂の二二〇人、豊浦の一〇六人となっている。

平成七（一九九五）年の北木島の産業別就業者数の割合は、第一次産業が四・五六%、第二次産業が七一・七八%、第三次産業が二三・六七%となっており、第二次産業が圧倒的な割合を占めている。この第二次産業の七一・七八%のうち、製造業が六一・四六%を占めているが、この製造業の多くは石材加工業である。[2] 石材採掘業や石材加工業がもたらされる以前の北木島の生業については詳らかでないが、主に農業と漁業によって島の生活が支えられていたようである。しかし、農業については必ずしも大きな役割を担っていたというわけではない。たとえば、昭和四五（一九七〇）年の記録を見ると、金風呂の総戸数は三六八であり、そのうちの一四二が農家となっている。この農家の経営耕地面積規模別農家数割合は三反未満が七一・一%を占め、三反から五反の農家も二三・九%となっている。[3] つま

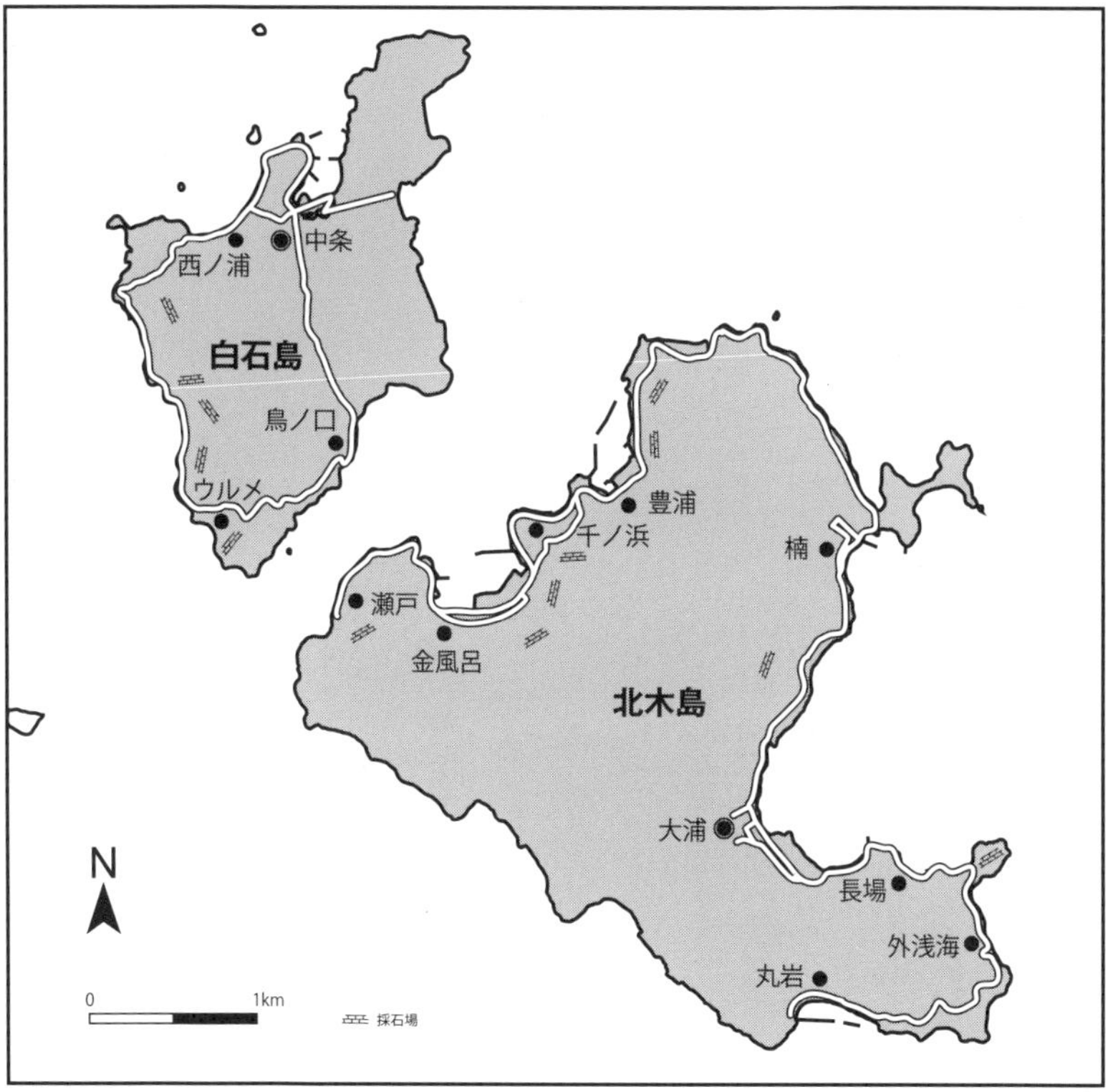

図5　岡山県笠岡市北木島・白石島

り、金風呂の農業はごく零細であったと言わざるを得ない。

一方、漁業については多様な展開が見られたようである。北木島ではタイ縛り網やイワシ地曳網が盛んであった。タイ縛り網は多いときには一三統あり、イワシ地曳網は二〇軒ほどの網元がいたという。[4] また、香川県丸亀市牛島では大正一〇（一九二一）年ころまで鯛網があり、白石島や北木島から四〇～五〇人の網子を船ごと雇ってきたという。[5]

北木島の場合、石材採掘業が伝えられてから、在来の住民も多くが石材採掘業やこれに関連する石材仲買業、石材加工業、石材運搬業などに従事するようになった。とくに、金風呂地区や豊浦地区にその傾向が顕著であった（写真11）。また、瀬戸地区には伯方島出身の石屋が住みつき、小さな集落を形成した。

写真 11　採石で岩肌を露出した金風呂の山（平成 13 年）

北木島で産出される石は「北木石」または「北木御影」と呼ばれる黒雲母花崗岩で、石質は均質堅硬であり、無傷で色むらのない長尺材が採れるといった特徴がある。この良材が北木島を石の島として発展させてきた。

筆者がはじめて調査を行なった平成一三（二〇〇一）年現在、採石丁場は三丁場となっていたが、最盛期の昭和三二（一九五七）年には一二七もの丁場があった（表23）。この表からも分かるとおり、丁場数は戦後の復興期から高度経済成長期にかけてもっとも多い。一方、石材加工業は、採石業が衰退する過程で採石業に代わる産業として成長してきた。しかし、日本社会の景気の悪化と中国などからの石材加工製品の輸入増加によって、現在では加工場も減少傾向にあり、平成六—七（一九九四—一九九五）年にはおよそ六〇軒稼動していたという石材加工場も、平成一三年現在では四〇数軒となっている(6)。

これほどまでに石材との関係が深い北木島において、事業としての採石業が盛んになったのは、慶応元（一八六五）年のことである(7)。当初、北木島の丁場は五丁場、石屋は五〇人だったという。採石をはじめたのは豊浦の畑中平之烝である。畑中自身は丁場の経営に徹し、実際の作業は島外から招いた石屋に任せていたものと考えられる。しかし、この石屋がどこから来た人びとであったのかは分かっていない。

ただ、畑中が採石をはじめる二年前の文久三（一八六三）年に、摂津海岸線の御台場と西宮砲台築造のために、笠岡諸島の神島・白石島・北木島・真鍋島の四島から大量の石が切り出されており、「西宮御台場石御請書上控」には請け人として「伊予国博多嶋」の石工六名と、「備中国小田郡神島外浦」の石工一名の名前を見ることができる(8)。こ

表23　北木島の丁場数の変遷

年	丁場数	年	丁場数
慶応 元	5	47	64
明治 28	30	48	64
昭和 10	65	49	62
12	63	50	62
14	97	51	60
15	94	52	53
16	90	53	49
26	94	54	47
27	120	55	45
28	126	56	41
29	99	57	38
30	89	58	41
31	91	59	39
32	127	60	36
33	107	61	34
34	101	62	33
35	99	63	28
36	91	平成元	26
37	89	2	20
38	87	3	18
39	88	4	14
40	76	5	13
41	75	6	13
42	71	7	9
43	70	8	8
44	71	9	7
45	68	10	4
46	61	11	3

註：北木石材採掘組合資料および『笠岡市史』により作成

のことから、少なくとも幕末にはすでに、伯方島の石屋が幕府の仕事を請け負うほどの経験と実績を有しており、また、笠岡諸島との関係も深かったことがうかがえる。この出来事が畑中の目を採石業に向けさせたことは想像に難くない。さらに、畑中が採石をはじめてから八年後の明治六（一八七三）年には、伯方島から六人の石屋が来島し、数ヶ所に丁場を開設している。(9)

さて、畑中は採石開始以降、横浜正金銀行の建築用石材をはじめとして、日本銀行の建築用石材など、大規模な受注を行なって北木島の石材の名を一気に広めた。大正時代に入ると丁場の数は一〇〇を超え、従業員数も四〇〇人に達した。(10) その後、北木島からは靖国神社の大鳥居や第一銀行本店、三越本店、明治生命本社など、さまざまな建築物に石材を供給し、石材の島としての地位を確立した。

2　白石島

白石島は北木島の北に隣り合う島である。笠岡港までの距離は約一二kmあり、島の面積は二・八六平方kmである。平成一七（二〇〇五）年の国勢調査によると、白石島の世帯数は三二五、人口は六七一である。

平成七（一九九五）年の段階では、白石島の産業別就業者数の割合は第一次産業の割合が二九・四三％、第二次産業が三四・四九％、第三次産業が三六・〇八％となっている。[11]その内訳は不明だが、農業に関しては、昭和四五（一九七〇）年の時点での経営耕地面積規模別農家数割合を見ると、三反未満の農家が七五％を占めていることがわかる。[12]また、柳田国男の主導によって行なわれた「本邦離島村落の調査研究」（いわゆる「離島調査」）の際の福島惣一郎の昭和二五（一九五〇）年の『離島採集手帳』[13]においても、農業に関してはわずかに、農業が女性の仕事であること、小麦や甘藷を多く作ること、その他ソラマメやモチ米を作ること、について触れられているだけであることを考えると、白石島の生業は農業にそれほど大きく依存していなかったことが推察される。

一方、漁業についていては、福島は詳細な記述を残している。白石島ではツボ網と呼ばれる定置網やイワシ地曳網が盛んで、多いときには五〇統ものツボ網があったという。[14]また、香川県丸亀市牛島の鯛網に出かけていたことは前述のとおりである。

白石島では北木島に比べて石材採掘業や石材加工業など、石材関係の仕事に在来の住民が従事することは少なかった。その原因については詳らかでないが、白石島での採石の規模が比較的小さかったこと、集団で行なわれる漁業が盛んで、島を挙げての漁業への参加が確立していたことなどの影響が考えられる。また、白石島では漁業をしなければ船乗りになるといった具合に、一定の仕事に従事する傾向にあったという。

さて、採石が行なわれている白石島の山の所有権は、現在笠岡市が有しており、この山林から得られる利益は五％が笠岡市へ、残りの九五％が島民の財産として白石島財産区管理会へと納められている。このような形態に落ち着くまでには紆余曲折を経ており、またその発端が白石島における採石事業のはじまりとも深く関わっている。

明治三七（一九〇四）年六月に「白石島国有林払下告示」が発せられると、北木島や笠岡方面をはじめとして、各地から払下請願書が農商務省の岡山大林区署に提出された。石材採掘を行なうためである。それ以前には北木島の人びとが、白石島の人びとに無断で採掘を行なっていたという。(15) この明治後期の段階で、すでに白石島が石材採掘に適する地として採石業者たちから注目を集めていたことがうかがえる。これに対して、山林が島外の人の手に渡ることを恐れた白石島の有志は運動を起こし、明治三九（一九〇六）年に神島外村の名義で払下を受けることに成功する。この際、島護会（のちの白石島財産区管理会）という組織を結成し、木の売却益や採石業者からの山手（山の使用料）等の収入によって、払下代金の返済が行なわれた。(16) このときに各地から採石業者を招いたと伝えられている。現在さかのぼり得る範囲では、これが白石島における採石事業のはじまりである。

写真 12　一人で作業をこなす白石島の石屋（平成 18 年）

『小田郡誌』編纂の際に小田郡白石尋常高等小学校長から小田小学校へ提出された昭和一三（一九三八）年の資料によれば、当時の石丁場数は四〇丁場、職人は一二〇人、石屋数三七軒、総採掘料五六〇〇〇円となっている。(17) また、福島惣一郎の『離島採集手帳』には、昭和二五（一九五〇）年九月一日の状況として、六〇人が「林業（石材）」の項に数えられている。さらに興味深いのは「入寄留人口」の項である。この項によると同年同日の寄留世帯数は三四世帯であり、そのうち二九世帯が「他県より寄留」である。もっとも多いのが愛媛県からの寄留で、その数は一五世帯と他県を圧倒している。(18) この寄留者が採石に携わる人びとであったことは間違いない。さらに、財産区管理会の元理事長が管理する資料によると、昭和三七（一九六二）年には二八丁場が稼動していたことが確認できる。

その後、採石業者は徐々に減少し、平成一一（一九九九）年には七軒となっている。また、最盛期には六軒あった加工業者も、同年には三軒となっている。さらに、平成一三（二〇〇一）年現在では、採石業者の数が四軒、加工業者が二軒という状態であり、白石島の石材採掘・加工業は消滅の危機に瀕している。

白石島の石は、以前は白い石のなかにピンク色の粒があり、磨くとこのピンクが浮き立つ「赤水晶」と呼ばれる花崗岩が主流で、商売繁盛を招き墓石にも良いとされるものであった。しかし、現在の主流は「サビ石」（サビ自然石）であり、ほとんどすべてを北木島産の石として売り出している。以前は白石島の石を一手に買い集めて京阪神方面へと売り出していた人がいたために単価も安定していたが、その人が亡くなってからは事業者個人での売買となり、単価が崩れたという。また、それに追い討ちをかけたのが韓国産、中国産の安価な石の進出である。とくに近年では中国産の石の進出が目覚しく、平成一三（二〇〇一）年三月には、全国の輸入金額が過去最高の六三億円となっている(19)。

さらに、白石島の石が現在の流行に合わなくなっていることも、石材業衰退の一因である。現在、墓石や記念碑などに使用される石の主流は硬くてつやのあるものだが、白石島の石は柔らかくてつやがさめるのも早い。古くは石の加工がすべて手作業であったため、硬い石の加工は困難で、柔らかい石の方が喜ばれていた。しかし、昭和四〇年代から石材加工の分野で機械化が進むと、硬い石の加工も容易となり、白石島の石に対する需要は一気に減少して、現在のような状況に至っている（写真12）。

三　採石を担った伯方島の石屋

右記のように、北木島および白石島では当初から主に愛媛県、とくに伯方島の石屋によって採石が行なわれてきた。

北木島には伯方島の人が多く、伯方島出身の石屋にとっては「よそにいる気がしなかった」ほどであるという。その様子については、いくつかの記録や両島の社寺に残された奉納碑や玉垣などからうかがうことができる。

北木島の大浦にある諏訪神社の鳥居の横には「大山祇命」と書かれた大きな石碑が残されている。「大山祇命」は愛媛県今治市の大三島に鎮座する伊予国一の宮「大山祇神社」の祭神であり、石屋から山の神として信仰を集める神である。この石碑は明治四一（一九〇八）年に畑中平之丞によって建てられたものである（写真13）。この碑のまわりには大正八（一九一九）年に作られた玉垣が巡らされているが、この玉垣には寄附者の出身地と金額が刻まれている。この玉垣に記された人びとの出身地域を見ると、もっとも人数が多いのは地元「北木」の三九人であるが、それに続くのが伯方島の「伊方」の二〇人であり、北木島の「丸岩」の一九人を上回っている。数は一気に減るが、これに続くのは伯方島の「木之浦」の三人であり、つぎが同じく伯方島の「北浦」の二人である。さらに伯方島としては「叶浦」も一人いる。つまり、合計九四人の寄附者のうち、二六人を伯方島の出身者が占めていることになる。これらの数字は丁場の親方衆だけだと考えられ、雇われていた職人の数までを含めると、伯方島出身者は相当数にのぼると推測することができる。

写真 13　大浦の大山祇命の石碑（平成 13 年）

また、『伯方町誌』には「北木島に住む当町出身者が島の有力者や、石材組合などの資料をもとに作成したもの」として、つぎのような記載が見られる。「明治時代、北木島の丁場の数三〇か所のうち伯方町出身者の丁場が一七か所、大正時代、丁場数四三か所のうち当町出身者分三二か所、昭和十五～十六年（一九四〇～四一）丁場数八七か所のうち四一か所、昭和六二年現在、丁場数三二か所のうち一一か所となっている[20]」。つまり、「明治時代」には北木島の全丁場の約五六％、「大正時代」には約七四％、「昭和十五～十六年」には約四七％、そして「昭和六二年」においても約三四％が伯方島出身の石屋によって経営されていたのである。

つぎに白石島について見たい。白石島唯一の寺である真言宗の開龍寺は、島の氏神である四社神社と境内を同じくしている。その入り口近くにある明治四五（一九一二）年に石屋によって奉納された幟の竿を結わえるための一対の石柱には、これを奉納した人びとの出身地と名前が刻まれている。石の風化が激しく、すべての人名や地名を読み取ることは困難であるが、読み取ることのできる範囲内でも興味深い事実が分かる。まず、この石柱を奉納するにあたっての「世話人」としては四人の名前が刻まれている。その出身地は右から順に伊予・讃岐・小豆島・当村である。筆者の調査では、この伊予の石屋（後で登場するB氏）が伯方島の伊方出身であることが確認された。また、その他の人びとの出身地をみると「伊予」が五人、「北木島」と「小豆嶋」、「備前」がそれぞれ二人、「当村」の人びとに混在している。この石柱は当時白石島に石屋として来ていた人びとと、白石島で石材業に従事する人びととが協力して建てたものであろう。そのなかでも「伊予」の出身者が多いことには注目しなければならない。

さらに、開龍寺の大師堂へ続く階段の脇には、昭和一一（一九三六）年に大師堂が再建された際の寄附者名が石柱に刻み込まれて並んでいる。これを見ると、全部で五二人が寄附金を奉納しているが、そのなかにも白石島以外の地域の人びとの名前が散見される。寄附者のうちもっとも多いのはやはり「当村」で四二人であるが、それに続くのが「伊予越智郡」で六人いる。続いて「広島県芦品郡」が二人、「香川県三豊郡」が一人となっている。「伊予越智郡」の六人のうち三人が「宮窪村」で大島の出身、二人が「瀬戸崎村字瀬戸」で大三島の出身、そして残る一人が「西伯方村大字伊方」で伯方島の出身である。この六人のうち五人が石屋であることが聞き取り調査によって確認することができた。

白石島の石碑類からは、伯方島からの石屋についてその人数の多さを確認することはできないが、福島惣一郎が昭和二五（一九五〇）年当時の白石島の「石工」について、「石工はかなり多く、下浦という一部落を構成している。それは明治卅八年から四十年の間に、大部分は伊豫越智郡伯方島・大三島から、一部は阿波《（ママ）》小豆島から移住したもので、全戸寄留で、年寄りは居らず、何れも『出稼』にあこがれて来たのであるが、その労働は極めて激しい[21]」と述べていることも考慮すると、白石島においても多くの伯方島の石屋が活躍していたと考えてよいであろう。

四　伯方島の石屋の笠岡諸島へのタビ

１　石屋のタビの実態

はじめに、伯方島の伊方地区出身の石屋、ＫＴ１氏の事例から、伯方島の石屋のタビがどのような形で行なわれたのか、そしてどのような経緯で北木島に移り住み、そのまま現在に至るのか、具体的に示したい。ＫＴ１氏の事例は、あくまでも一個人の事例ではあるが、戦前からタビを行ない、各地を渡り歩いた後に自ら丁場を経営するようになる、典型的な石屋のタビである。

ＫＴ１氏は大正七（一九一八）年に伯方島の伊方地区の枝越で生まれた。戦前・戦後と山石屋として各地を渡り歩いた後、昭和二三（一九四八）年ころ、岡山県笠岡市の北木島に移り住み、義父から採石の権利を買い取って自ら丁場を経営した。ＫＴ１氏は平成に入ってから採石業をやめたが、現在でも北木島に住んでいる。聞き取り調査は平成一三（二〇〇一）年に行なった。

（1）　幼少期と家族

ＫＴ１氏の父親は明治一二（一八七九）年に生まれた。父親は石屋として北木島の千の浜や、山口県徳山市の大津島や黒髪島へタビに出ていた。黒髪島ではコロモ岩という非常に良い石の出る丁場で、棟梁(22)として職人を一〇人ほど使っていた。故郷の伯方島から黒髪島へは、手漕ぎの船で行っていた時代にはおかずに持って行った四斗樽一杯のコンコ（漬物）がなくなるくらいの日数がかかったという。そのころ黒髪島にはまだ電気が通っていなかったので、夜はランプでの作業であった。

若い時にはＫＴ１氏の母をともなって黒髪島に行っていたが、長兄が学校へ上がる時期になると母親と子供は伯方島に戻った。黒髪島には集落がなく、学校もなかったからである。父親はこの島で病気にかかり、伯方島に帰ってから三年後の大正一四（一九二五）年に四九歳で亡くなった。ＫＴ１氏が七歳の時であった。この時に多くの借金をかかえることとなった。

ＫＴ１氏は姉一人、兄二人、弟一人の五人兄弟だった。兄とも弟とも年齢は七つほど離れている。上の兄は父親が若いころ働いていたことのある北木島の親戚の丁場で石屋の修業をし、その後、故郷の伯方島の伊方に戻り、隣の島である大島の宮窪町余所国の丁場へ通うようになった。下の兄も北木島で修業した後、一九歳まで石屋をやり、その後船の機関士になった。弟は学校卒業後に大阪へ出たが、戻って教員養成所へ入った後、海軍に志願した。復員後は大阪の鉄鋼所へつとめた。

（2）　戦前・戦中のタビ

伯方島で近所の親戚に石屋の親方がいた。北木島の千の浜に丁場を持ち採石をしていた人である。ＫＴ１氏は昭和七（一九三二）年に尋常小学校を出ると、この親方のもとに弟子入りした。兄二人も同じ親方のもとで修業した。北木島ではカシキとして一年半働いた。最初の賃金は半年で五円（食事つき）であった。尋常小学校の高等科を卒業したカシキは一〇円もらっていた。しかし、翌年に母親のところにもっと条件の良い話が持ち込まれたので、広島県の大黒神島（江田島市）へ行った。ここの親方が伯方島出身の棟梁に職人を集めさせ、この人が故郷の伯方島に戻って人を集めていたのである。まだ若いカシキの間は親のところに話が行き、親と相談して行き先を決めていた。大黒神島には半年ほどいた。ここでも半分カシキのような身分であったが、賃金は一日七〇銭であった。その後、山口県徳山市の黒髪島へ行った。ここでも半年過ごし、一日九〇銭ほどもらった。昭和九（一九三四）年ころのことである。その後、山口県大島郡の端島へ行き、半年ほど働いた。ここでの賃金は九五銭であった。つぎに、再び黒髪島へ戻り、一年半ほど働いた。はじめ賃金は九五銭だったが、経営者である親方に他所の丁場へ移ると話したら、一円に上げてくれた。ＫＴ１氏が一人前になったのはこのころである。当時、石屋の一人前の金銭的な基準は、ひと月で三三円、半年で二〇〇円程度の収入を得ることであった。

その後、北木島の大浦にいた従兄弟の丁場で一年半ほど働いた。昭和一二（一九三七）年、一九歳のときで、日当一円をもらっていた。つぎに、再び徳山市の黒髪島へ行った。ここではブワリ（歩割）[23]で働いたので、一日に五円になることもあった。

しかし一年ほどして徴兵検査があり、現役兵となって中支に三年間工兵として行った。帰還後、また黒髪島に戻り、この時に結婚した。妻も伯方島の人である。黒髪島では、親方が檜作りの家まで建てて迎えてくれた[24]。しかし、昭和一九（一九四四）年にまた軍隊に召集された。このときには東京へ行き近衛兵となり、初年兵係としてつとめた。ＫＴ１氏は鳶でも建築の仕事でも何でもできた。とくに、腕の立つ石屋は東京にはいなかったので、たいへん重宝された。皇居の爆風よけの石垣作りなどにも参加した。この召集で東京にいる間に子供が生まれた。

兵役につくまでは盆と正月には必ず伯方島に戻っていた。丁場ではへばるまで働かされたが、島に帰るのを楽しみに半年辛抱することができた。いったん戻れば二〇〜二五日は伯方島で過ごした。石屋の休みはそれほどのんびりしたものであった。正月には家族や近所の人が餅つきの段取りをして帰りを待ってくれていた。弟などには土産を買って帰った。親方や棟梁が伯方島の人の場合は、帰郷してから二〇日くらいすると、そろそろ行こうと声を掛けてまわった。

(3) 戦後のタビ

終戦直後は伯方島に戻ってブローカーとなり、野菜やミカンなどを売りさばいた。

昭和二一（一九四六）年の春には広島県の三原市へ行き、そこでKT1氏は丁場をすべて任された。親方が丁場を譲ってくれるという話があったが、その家の息子を仕込んで跡を継がせ、KT1氏は一年半ほどでやめた。やめる時にはつぎの仕事は決まっていなかったが、同じ丁場で働いていた伊予出身（大島、北浦、叶浦）の職人が七〜八人、KT1氏についてきた。九州の博多で仕事を探していると、大分県東国東郡姫島の塩田の埋め立て工事に呼ばれた。六〇町の埋め立てという大規模な工事であった。姫島の丁場は徳山市の業者が請け負っていたが、現場を見まわっているのは、腹に一反のさらしを巻いてドスを差しているようなヤクザばかりであった。このような現場では集団でいたほうが安全であった。姫島の棟梁はソリ出し（木で作った橇に石を載せて、切り出した石を山から運び出す作業）の経験がなく、ソリの作り方すら知らなかったので、KT1氏はすぐに棟梁に抜擢された。石切唄でも前任者には負けなかった。七つの丁場を取り仕切った。石屋は三七人、人夫をあわせると一二〇〜一三〇人はいた。職人には伯方島近辺や山口県徳山市出身の人が多く、かつて黒髪島で知りあった人も多かった。姫島には一年半ほどいた。

しかし、このころ、北木島で二二年間丁場を経営してきた妻の父親が年をとって採石ができなくなり、丁場を人に任せるような状態になっていた。この丁場を遊ばせておくわけにはいかないということで、北木島に行くことにした。

このときに義父から丁場の採掘権を買い取った。義父は伯方島に帰った。昭和二三―二四（一九四八―一九四九）年ころのことである。一緒に姫島に行った伊予の職人たちも、ほとんどがそのときKT1氏とともに姫島の丁場をやめ、その多くは宮窪町の丁場へ移った。やはり親元に近いところで働く方がいいからである。ただ、そのうちの一人は姫島で嫁を貰ったので姫島に残った。男は長男でなかったらたいてい妻の方につくものである。北木島では二～三人ずつ計一五～二〇人くらいの人を雇った。二人の兄や従兄弟が伯方島から来て手伝ってくれることもあった。北木島には家族も呼び寄せた。

戦後は戦中に手をつけられなかった河川の工事などが各地で集中的に行なわれ、墓石の注文も多かった。河川などの工事は期間が決まっていたために、戦前のように盆や正月にのんびりと帰郷しているわけにはいかなかった。ひとつの工事に区切りがつくと、休んだり帰郷したりという形であった。姫島で仕事をしていたときには以前のように盆と正月の長い休みを取ることはできず、会社に許可をもらって、それぞれ一〇日間ほど帰郷した。戦中や戦後に三原市と姫島に行っていたときには、KT1氏の妻と長男は、伯方島の妻の実家に残っていた。北木島に家族で移り住んでからは、盆や正月には一〇日ほど両親の住む伯方島へ帰った。しかし、近年では伯方島にはほとんど戻っていない。今はもう、親も兄もいないからである。伯方島には、数年前に兄が死んだときに帰ったきりである。妻は年に二回ほどは墓参りのために帰郷している。そのときに自分の家の墓にも参ってもらっている。

2　定着の経緯

さて、KT1氏のように、北木島や白石島などの島々に一定期間、あるいは生涯にわたって住み、採石を行なうのは自ら石の採掘権を手に入れて丁場を経営する石屋である。彼らはさまざまな経緯を経て丁場を開くに至り、その後の行動もそれぞれである。そこでつぎに、定着の経験を有する石屋の事例から、彼らがどのような経緯を経て両島で丁場を手に入れ、住むようになったのかについてより具体的に検証しておきたい。

【事例五―1】（話者IK6氏）

IK6氏の父親は幼いころから石屋のカシキとして北木島に行っていたが、若いころに体調を崩して伯方島伊方へ戻った。伊方では時計屋を経営したり、役場の手伝いをして生活していたが、結婚すると生活が苦しくなり、北木島に戻って再び石屋となった。北木島では職人として働いていたが、昭和一七（一九四二）年に白石島で山の権利を買って、自分で丁場の経営をはじめた。白石島の人や従兄弟などを頼んで、二～三人の職人を使っていた。IK6氏も父親と一緒に丁場に出ていたが、昭和三五（一九六〇）年ころには父親は引退し、あとを引き継いだ。IK6氏は父母の体調が悪くなった平成三（一九九一）年に白石島の丁場を閉じて伯方島に帰った。

【事例五―2】（話者KT2氏）

KT2氏は尋常高等小学校卒業後、叔父が北木島の瀬戸で昭和元（一九二六）年から経営していた丁場で働きはじめた。四～五年働いた後、昭和一九（一九四四）年に召集された。

戦後は昭和二一（一九四六）年の終わりから昭和二二（一九四七）年にかけて山口県大島郡の浮島で、兄弟三人で大栗石を採った。その後、山口県岩国市藤生の工事に携わってから、北木島の叔父の丁場に戻った。その際、この叔父の娘、つまり従姉妹と結婚して養子となり、叔父の引退後には丁場をすべて任された。叔父は昭和五二（一九七七）年に引退した。丁場は昭和六二（一九八七）年に閉めたので、一〇年間がKT2氏の代である。

KT2氏は平成一七（二〇〇五）年に北木島で亡くなった。

以上、【事例五―1】と【事例五―2】および前項で確認したKT1氏の事例によって、石屋が自らの丁場を手に入れて定着するまでの経緯を確認した。

彼らは子供のころから、まずはカシキとして石屋のタビに出かけ、修業を重ねて技術を身につけた後に、自ら丁場を経営することになる。そのきっかけは、自ら積極的に丁場の採掘権を買い取ったもの（【事例五―1】のIK6氏の父親の場合）や親子で引き継いだもの（【事例五―1】のIK6氏や【事例五―2】のKT2氏）、結婚後に妻の父親から丁場の採掘権を買い取ったもの（KT1氏）などさまざまである。

このようなきっかけによって、自ら北木島や白石島において採石を行なうに至った石屋は、その後、一定の期間石を採った。そして、そこに家族を呼び寄せた時点で、石屋のタビは「出稼ぎ」の範疇を超える。【事例五―1】の場合、IK6氏の父親は北木島に職人としてタビに出た際に、家族を一緒に連れて行った。この事例では、自ら丁場を経営するのと同時に家族を呼び寄せたわけではないが、その後、白石島で丁場を経営している。【事例五―2】のKT2氏の場合、北木島で丁場を経営していた叔父の娘と結婚することによって、自らの丁場を手に入れている。したがって、丁場の経営に携わることと家族と一緒に住むことが同時に発生している。KT1氏の場合は、伯方島の妻の実家に妻を残してタビに出ていた。その後、妻の父親の北木島の丁場を引き継ぐことになるので、KT2氏の事例と同じく、丁場を手に入れることと家族と一緒に住むことが同時に発生している。

それでは、なぜ石屋は家族を呼び寄せるのか。その理由は、主に三つ考えられる。

まずひとつは、職人の食事などの世話をするためである。石屋のタビは、古くは男だけで行なわれることが多く、食事などの世話はカシキと呼ばれる見習いの石屋によって行なわれていた。しかし、カシキの制度が徐々に解体してくると、丁場を経営する石屋の妻などによって、食事が作られるようになったのである。たとえば、第四章で紹介したKI3氏の豊島の事例では、KI3氏の結婚以前には母親が、結婚以後は妻が豊島に渡り、KI3氏親子やその他の職人の世話にあたっている。

つぎに挙げられるのが、採石の機械化によって、丁場での作業が職人の集団から、経営者の家族によって担われる形に変化したことである。古くは、採石のあらゆる作業が手作業であったため、丁場では多くの職人を雇用していた。しかし、削岩機やバックホーなどの導入は、採石に必要な職人の数を減らし、少人数での作業を可能とした。そこで、親子や夫婦などの家族だけで採石を行なうことが可能となったのである。このような家族による新たな作業形態が、タビ先に家族を呼び寄せる原因のひとつとなったと考えられる。

最後に、家族を呼び寄せた理由として挙げられるのが、タビの寂しさである。山石屋は妻子と離れて半年間タビに出る。筆者が、石屋の経験者にタビの生活で何が楽しみだったかと質問すると、多くの石屋は「伯方島に戻ることが楽しみだった」と答えた。タビの石屋は、常に家族のことを想いながら、時には命の危険すらある仕事に従事していたのである。自らの職場の環境や家族の状況が許すならば、妻子を呼び寄せたいという考えが起こるのは自然であろう。

3　帰る石屋と残る石屋

多くの場合、世代交代や他の石屋への採掘権の売買を契機として、タビ先で丁場を経営していた石屋は故郷の伯方島に帰ったり、他の地域での丁場の経営を行なったり、職人として他の丁場や工事現場で雇われたりすることとなる。しかし、採石をやめた後も、石屋が北木島や白石島にそのまま残るというケースも見られる。石屋が両島に留まる理由はさまざまであるが、主な理由はつぎの四点である。

①　丁場の経営が成功し、息子が引き続き採石を行なっている

②　家での地位が次男以下であり、伯方島に帰っても住居や収入等の生活の目処がたたない

③　北木島や白石島の女性と結婚して、タビ先との関係が深くなった
④　北木島や白石島で子供を育て、タビ先との関係が深くなった

①の理由については、採石業が不況となった現在では新たな事例を確認することはできないが、採石業が活況を呈していた時代には多く見られた。右で挙げた【事例五―1】の場合、話者は父親が職人として働いていた北木島で育ち、後に父親が自ら白石島に丁場を開いている。この話者は最終的には伯方島に帰ることになるが、白石島へ住み続ける意思は強く持っていた。また、【事例五―2】の場合は、養子に入った娘婿に丁場を継がせることによって、家族による丁場経営の存続を果たしている。さらに、右の事例には出てこないが、話者SＩ9氏は祖父の代から北木島に住み、現在では白石島で採石を続けている。このように、丁場の経営が成功することによって数世代に渡って北木島や白石島に住み、採石を続けているという石屋の数は多い。

②の理由も定住の大きな要因となる。伯方島の北浦や伊方において、次男以下にも農地が分配され、その農地が分家のための宅地として利用されることが多いことについては次章で述べる。しかし、このような家の継承の形態はあくまでも規範であって、すべての家が土地を分配することができるわけではない。家の資産の状況によっては、伯方島での次男以下の分家が不可能な家も存在する。そのような場合、ＫＴ1氏が「伯方に戻っても土地はないから、土地のあるところに住めばいい」と語るように、石屋としてタビに出た先で自らの家を持つことはひとつの手段であった。長男が家を継ぐことを規範とする伯方島の石屋の場合、北木島や白石島に住み続ける人の多くは次男以下であった。

③の理由は、②の延長線上にあることが多い。伯方島の北浦や伊方では、それぞれの地域内の家同士で結婚が行なわれることが多かった。しかし、石屋の場合、石を採りに行ったタビ先の女性と結婚することもまた多い。長男の場合にはその嫁を連れての伯方島への帰郷も行なわれ、現在でも伯方島には北木島や白石島出身の老人が住んでいると

いう。一方で、次男以下の場合にはタビ先の女性と結婚すると、そちらに住み着くケースも多かったという。

④の理由は戦後多く見られたケースである。石屋はタビ先に家族を呼び寄せると、当然のことながら子供はその土地で成長する。その場合、伯方島への帰郷の機会は減り、子供にとっては北木島や白石島が新たな故郷となる。自らが石屋を引退した後に帰郷しようとしても、子供にとって縁遠い伯方島に戻ることは、老後の大きな不安要素であった。したがって、子供にとっての故郷である北木島や白石島に残ろうと考えるのである。古くは伯方島の両親などに子供を預けて、子供を伯方島で育てることも多かったが、戦後は家族一緒に住むことが一般化する。④の理由はその結果として現れたと考えられる。

これらの①~④の定住の原因は、それぞれが単独で発現するのではなく、多くの場合、いくつもの原因が複合している。その複合的な原因のなかで、石屋は帰郷と定住を選択してきたのである。

五　石屋と在来島民との関係

1　石屋の立場

以上のような経緯を経て石を採るために島外から来島した石屋と、よそ者である石屋に自らの土地を掘らせることによって利益を得る在来島民との関係は複雑である。

在来島民は石屋から山の使用料である山手を取るのはもちろんのこと、北木島では、山主が採石で使う火薬や石屋の食料を独占的に販売することによって、大きな利益を得ていた。また、在来島民のなかにも石屋の職人となって丁場に雇われる人や、自らが丁場や加工場の経営に乗り出す人も現れた。さらに石船による石材の運搬や、仲買による石材の販売も地元の人びとによって行なわれるようになる。その結果、石材に関連するさまざまな産業が活況を呈し、石材業は北木、白石両島の基幹産業として大きな役割を果たしてきた。したがって、両島における石屋の立場は、よそから来た人びとであるにもかかわらず、必ずしも悪いものではなかった。このような良好な関係については、在来島民と石屋の双方から聞くことができる。【事例五―3】から【事例五―5】は在来島民の語りであり、【事例五―6】は石屋の語りである。

【事例五―3】
石屋はもう島に溶け込んでいる。「あれは石屋だから」といった感情を持っている人はあまりいない。

【事例五―4】
石屋と地元の人のいさかいはない。お互いが重労働をしているから、どちらも生意気なことは言わない。

【事例五―5】
「石屋はよその人」という感じも全くないわけではないが、地元の人と結婚したりしているので今はそのような感覚はない。

【事例五―6】
石屋と島の人がもめることはあまりない。石屋の多くは親の代から住み着いているので、現在では島で生まれ育った人が多い。また、自分の代で住み着いても、子供が学校に行きだすと交流ができる。

このような話からは、数十年に渡って住み続けて石を採っている石屋が、もうすでに在来島民のなかに溶け込んで生活している様子をうかがうことができる。両者の間に刻まれた溝は、時間の経過や互いの仕事への理解、婚姻関係、子供の通学等を通じて、徐々に埋められていったのである。

しかし、宮本常一が馬越儀三郎氏の話として「その頃島民の他所者に対する態度は冷たかった。島の若い者の仲間にも入れてもらえず、消防団員にもならず、祭のとき神輿をかついだこともな[25]」かった、と紹介するように、大正後期の段階における北木島の状況は、決して良好な関係だったとは言えないようである。筆者の調査でも、若干ではあるが北木・白石両島の石屋の受けた差別的待遇について話を聞くことができた。

【事例五―7】

差別はいつでもあった。よそ者ということもあったが、職業そのものに対する差別もあった。

【事例五―8】

瀬戸は被差別部落のようなところだった。豊浦の人と結婚するとある程度状況は改善された。

【事例五―9】

小学校六年生のときにこの島に来たが、よそ者という扱いだった。運動会などは部落対抗で張り合っていた。学校に行くまでに山を越さなくてはいけない石屋部落の子供は足腰が強く、運動会ではいつも勝っていた。そのため、運動会では他の部落はケンカ腰だった。自分の時代には石屋部落の若者も青年団に加入していて、団長になった人もいたが、不信任案を出された。

【事例五—10】

子供のころには石屋の子は「山の子」と呼ばれていた。

もちろん在来島民にとっては、いつ採石をやめて帰って行くとも知れない石屋を、そう易々と自分たちと同じように扱うわけにはいかなかったのであろう。また、石屋と在来島民の間の生活の格差も対立の原因となっていたようである。石屋の食事には毎回必ず米の飯が出た。米の飯が食べたくて石屋になったという話も聞くことができ、石屋はこれを誇りとしていた。「地元の人は米のコゲでも喜んで食べた」と語る石屋の口調には、在来島民に対抗しようとする意識が滲み出ている。さらに、石屋の金銭的優位は若者の男女関係にも影響を及ぼした。「遊びに行くと地元の男よりも石屋のほうがもてた」という話は、北木島でも白石島でも聞くことができる。また、自宅ではなく店で酒を飲むということも、地元の人びとにはなかなかできないことであった。

しかし、前述のように、時代が経つにつれて両島に腰を据えて採石を行なう石屋が増え、さらに在来島民との婚姻が進み、両島で生まれ育った石屋の子供が増えてくると、このような石屋をよそ者として扱う状況は徐々に解消されていった。

2　「伊予」の石屋のアイデンティティ

伯方島の石屋の痕跡は、現在でも北木島や白石島に住み続ける人がいるという事実だけではなく、前節でも紹介したような石碑類や石屋の墓石などにも残されている。これらには「伊予」や「越智郡」といった具体的な出身地が刻み込まれている。なぜ彼らは自らの出自を刻み込んだのであろうか。筆者は、彼らが刻み込んだ自らの出自に、よそ者としての自らの立場によるアイデンティティの確立の必要性や伯方島の石屋としての誇り、望郷の念などを感じずにはいられない。また、彼らは故郷の社寺にもさまざまなものを奉納し、墓を故郷に建てる場合もある。これは故郷との繋がりを維持するための努力だと考えることができる。右で述べたように、石屋と在来島民との関係は決して悪くはないものの、必ずしも石屋が在来島民と全く同じような状況にあったわけではない。やはりよそ者としての位置から抜け出すのはたやすいことではないのである。

それでは、伯方島の石屋が残したさまざまな奉納物や墓をとおして、彼らが保とうとした伊予の石屋としてのアイデンティティや故郷との繋がりはどのようなものだったのであろうか。

(1) 北木島および白石島で見られる石屋の足跡

北木島の大浦にある「大山祇命」と書かれた大きな石碑の周りの玉垣については、第三節で触れたとおりである。玉垣には伊方二〇人、木浦三人、北浦二人、叶浦一人の計二六人の伯方島の出身者の名前が刻まれている。このように石屋の出自が記されているのは石碑だけではない。

北木島の楠には伯方島伊方出身の石屋A氏の墓が残されており、墓石にはつぎのように記されている（個人名については伏せてある）。

〈北木島　楠　〇〇家の墓〉

明治三十酉年十一月十八日　伊予国博多島字伊方　俗名〇〇〇〇　行年八十三才

慶応三年四月十六日　同村　妻〇〇〇

A氏は明治三〇（一八九七）年に八三歳で亡くなっていることから、文化一二（一八一五）年ころの生まれである

表24　伊方の奉納物

社寺	年	奉納物	金額	奉納者
須賀神社			一金五万円也	北木島1名
			一金壱百円也	1名(北木島)
			一金五万円也	北木島1名
	昭和50年	社号石		北木島町1名
		御旅所神輿台		1名(北木島)
		奉納幟		北木島興郷会 世話人1名 寄付者15名
	昭和56年		一金五拾万円也	笠岡1名
	平成6年	奉拝殿畳	拾五万円也	3名(伊方) 北木島1名 大阪3名
観音寺		五輪塔		笠岡市2名　今治市2名
	昭和51年	寺標		1名(北木島)
	昭和55年	水子子育地蔵建設		北木島7名
	昭和61年	龍門		岡山県笠岡市北木島町4名
	平成7年	庫裡新築 鐘楼新築	拾万円	1名(北木島)
	同上	同上	拾五万円	1名(北木島)
	同上	同上	拾五万円	1名(北木島)

註：現地調査に基づく

ことが分かる。A氏がいつ北木島に移り住んだかは不明だが、石屋として北木島の石材業の初期にやって来たことは間違いないであろう。A氏がどのような経緯で北木島に残り、この地で亡くなったのかは分からない。しかし、出自を記した墓からは、本人または家族の故郷への思いが伝わってくる。

一方、白石島では前述の開龍寺入り口の石柱に伯方島の伊方出身の石屋B氏と、その他愛媛出身の五人の名前が見られ、大師堂再建時の寄附者名にも「西伯方村大字伊方」の石屋の名が見られる。

この他にも、白石島の墓地では自らの出自を明記した二基の墓を確認することができた。そのうちの一基が伯方島出身のC家の墓である[26]。

〈白石島　C家の墓〉

○○○○氏は愛媛県越智郡西伯方村にて父○○母○○○の三男として明治拾五年八月壱日出生明治四十年来島石材採掘に従事明治四十一年当地父○○○○母○の長女明治拾九年拾壱月拾五日生○○と結婚三男四女あり

昭和四十五年七旧五月廿八日没　俗名○○○○　行年八

十八才
昭和五十六年八月十日没妻○○行年九十六才

このC家は西伯方村の出身である。苗字から推察すると、おそらく伊方の出身であろう。このC家の墓には非常に細かく石屋の出自と来島年、来島目的等が書かれている。

これらの来島第一世代の出自が記された墓石は、愛媛の石屋たちの「伊予人」としてのアイデンティティの表れである。このように記すことを第一世代が望んだのか、それとも墓を建てた第二世代が望んだのかは明らかではない。しかし、いずれにせよ、自らが「伊予人」であることを再確認し、また、後世に伝えることを彼らは望んだのである。

(2) 伯方島で見られる石屋の足跡

一方、故郷の伯方島でも、タビに出て故郷とのつながりを保とうとした石屋たちの痕跡を確認することができる。表24は伯方島伊方の須賀神社と観音寺で確認することができた北木島もしくは白石島の人びとからの奉納物を、筆者の確認できた範囲でまとめたものである。これを見ると、多くのタビの石屋が寄附金はもちろんのこと、社号石や神輿台、幟、寺標、龍門など、さまざまなものを奉納していることが分かる。

ここで注目したいのは、彼らの多くが北木島や笠岡といった現在自分の住む土地を記しているということである。もちろん社寺に何かを奉納する時には、その地域内に住んでいても小字名を記す場合もあるし、地域外に住んでいる場合にはその地名を記すことは多い。しかし、彼らの中には必ずしも完全に故郷を離れたというわけではなく、家や土地、あるいは戸籍などを伊方に残している人びとも多い。彼らが「北木島」と記す背景には、北木島で石屋として成功したという誇りのようなものが感じられるとともに、故郷とのつながりを保とうとする意思が感じられる。

一方、北木島に住み着いた石屋が伯方島に残した墓も興味深い。筆者は伯方島伊方の観音寺と伊方字枝越の共同墓地において、北木島で没した石屋やその家族の墓を三基確認した。

伊方にある曹洞宗観音寺の墓地には宮本常一が取り上げた馬越儀三郎氏の墓がある。馬越儀三郎氏は、北木島の石材業に積極的に機械を導入して近代化を成し遂げた人物である。また、北木島の代表として笠岡市議会議員もつとめた。宮本によると馬越儀三郎氏が北木島に住み着いた経緯はつぎのとおりである。

馬越さんの家は五代まえから採石業をおこなっていた。振出しは郷里の島。それから石をもとめて転々と方々へ移動し、馬越さんも父君について若いときに北木島の北にある神ノ島の明神にやって来た。そこで採石業をしているうちに妻を迎え子供ができ、その子供の教育問題を考えて学校のある島へ移ることにした。明神は採石業者以外には人が住まず学校もない。そこで北木島の現在の地にわたって二五二六円の賃貸契約料で石山を借りうけ、丁場をひらいて仕事をはじめた。その頃はすべて人力によって一日中タガネで石を割ったものである。それから四〇年になる。(27)

その後、馬越儀三郎氏は伯方島に帰ることなく、昭和五四（一九七九）年に北木島で亡くなっている。家族はそのまま北木島に残り、現在でも孫が石材加工業に従事している。しかし、彼の墓は伊方の観音寺にある。墓には

三代馬越儀三郎

昭和五十四年十二月十四日没行年八十二才

岡山県北木島ニ於テ石材業ノ発展ニ尽力シ、黄綬褒章並ニ勲五等瑞宝章ヲ授与セラル

と記され、北木島での業績が讃えられている。それでは、なぜ墓は北木島ではなく伯方島に建てられたのであろうか。今も北木島に住む馬越儀三郎氏の長男（故人）の妻によると、「うちはご先祖さまがあちらだから」という。戸籍も伯方島に残されている。大正時代に北木島に移り住み、それから三代四代と北木島に住み続けているにも関わらず、この家の人びとには、現在でも伯方島の人間としての意識が保たれているのである。

つぎに、枝越のD氏の妻の墓を見てみよう。D氏の名前は、北木島の大浦の大正八（一九一九）年の玉垣や白石島の開龍寺入り口の石柱でも確認することができた。生まれ年などは確認することができなかったが、彼の娘が八五、六歳で、現在でも香川県に住んでいるという話から考えても、明治中期ころの生まれということになるであろう。D氏は三男で、北木島に渡って石屋として成功した人だという。亡くなるまで北木島で生活し、墓も北木島にある。しかし、彼の妻の墓だけは枝越に作られている。墓にはつぎのように記されている。

〇〇〇三男　〇〇〇〇

大正十一年旧七月十五日　〇〇〇〇〇長女　室〇〇〇　行年二十九

D氏の妻は伯方島の人で二九歳という若さで亡くなっている。D氏はこのときにはすでに北木島で丁場を経営しており、三人の子供がいた。その後、彼は北木島で土地の人と再婚し、生涯を北木島で過ごした。先妻が亡くなった段階で、D氏が北木島で生涯を送ることを考えていたかどうかは不明である。したがって、妻の墓を、北木島に住み続けることを前提とした故郷への想いの表れと決めつけることはできない。妻の墓を自らの故郷であり、妻の故郷でもある伯方島に造ったのは当然だからである。ただ、若くして亡くなった妻の墓を、妻の故郷に建てたことには、D氏の妻に対する思いやりが感じ取れる。

最後に、話者KT2氏の祖父母の墓を紹介したい。KT2氏は第四節でも紹介したように、昭和二二（一九四七）年から北木島に住んで昭和六二（一九八七）年まで採石をしていた石屋である。叔父の家に養子として入り、従姉妹と結婚した。したがって、祖父母は妻の祖父母と同じである。養母である叔母は北木島の豊浦出身で、養父母の墓は豊浦にあるが、祖父はカチ石屋で北木島には来ず、伊方で亡くなったため、伊方に埋葬されている。その伊方にKT2氏が建てた祖父母の墓がある。しかし、この墓が建立されたのは平成に入ってからである。墓にはつぎのように記されている。

大正六年五月二十日　〇〇〇〇〇　父〇〇　五十二才
昭和四十一年九月二十日　〇〇〇〇〇　母〇〇　九十三才
平成元年三月吉日　建之

なぜ、彼はこのようなことをしたのであろうか。平成一三（二〇〇一）年に本人から行なった聞き取り調査では、伯方島には親戚も少なくなり、帰る気は全くないと語っていた。しかし、戸籍は伯方島に残しており、伯方島とのつながりが途絶えたわけではない。また、直接血のつながった先祖が眠るのも伯方島である。平成一七（二〇〇五）年にＫＴ２氏が亡くなり、その真意を直接聞くことはできなくなってしまったが、筆者にはＫＴ２氏が最後まで故郷とのつながりを継続しようとしていたように思えてならない。

このように、伯方島出身の石屋はタビ先である北木島や白石島と、故郷である伯方島の双方において、さまざまな移動の足跡を残している。これらの足跡はただ彼らの移動の経路を示しているだけではない。彼らが記した自らの故郷や定着先の地名は、彼らのアイデンティティの発露であり、また、故郷とのつながりを再確認するためのきっかけなのである。

移り住んだ第一世代から数世代が経ち、もうすでに自分の家が伯方島のどの地区の出身なのかが分からなくなっている話者もいる。また、第一世代でも定着してからすでに半世紀が過ぎている。たしかに、家族をともなって移動し、これだけの期間を経れば、彼らの石屋としてのタビは「出稼ぎ」から「移住」へと移行したと考えることもできる。これまでの定義から考えれば、故郷との経済的な関係が失われ、故郷への回帰性も見られない石屋の移動は「出稼ぎ」ではなく「移住」である。しかし、「出稼ぎ」と「移住」といった定義の違いと同じように断絶したものとして彼らのタビは経験されたのであろうか。石屋の「移住」後の動向がその答えを示してくれる。

六　石屋のタビの帰結

それでは、これまで見てきたような伯方島出身の石屋のタビの帰結は、いったいどのようになったのであろうか。事例には、①そのまま北木島または白石島に住み続ける、②伯方島に帰郷する、③伯方島以外へ転居する、という三つのパターンが見られる。③については追跡調査が困難なため、本節では①と②の事例について取り上げたい。

1　伯方島へ帰郷した石屋

ここで取り上げるのは、北木島および白石島に住み続ける予定だったにもかかわらず、最終的には伯方島に帰ることを選択した事例である。【事例五―11】は、話者の父親が北木島に石屋として移り住んで以来、話者も北木島で生まれ育ち、白石島に移って採石を続けていたものの、最終的には伯方島に帰った事例である。【事例五―12】は第一世代であり、そのまま住み続ける意思があったにもかかわらず、子供の他出や夫の死去によって、妻だけが伯方島に帰った事例である。

【事例五―11】（話者ＩＫ６氏）

白石島で丁場を経営していたＩＫ６氏の父母は、昭和五〇（一九七五）年ころには伯方島に帰っていた。ＩＫ６氏は、「父親は、はじめは帰るつもりはなかったようだが、年を取るにしたがって二人の娘が嫁いでおり、友人も多い故郷に帰りたいと思ったのだろう」と語る。ＩＫ６氏は白石島に家を建て、伯方島に帰るつもりは全くなかった。しかし、伯方島に戻っていた父母の体調が悪くなり、帰らざるを得なくなった。そこで、丁場を閉めて平成三（一九九一）年に伯方島に帰った。父親は平成六（一九九四）年に、母親は平成九（一九九七）年に亡くなった。

白石島の丁場を閉めたことによって、白石島の財産区管理会や笠岡市から、白石島に建てた家の撤去を迫られた。そこで仕方なく家を壊し、その後も伯方島に住むことに決めた。現在の伯方島の家は、父母が戻ってから土地を買い、家を建てたものである。本籍は白石島に置いていたが、現在は伯方島に移している。

【事例五―11】は白石島に住み続ける意思があったにも関わらず、それを許されなかった事例である。ＩＫ６氏は白石島の丁場の近くに大きな家を建て、本籍も移していた。これは白石島に住み続ける意思の表れである。しかし、白石島で家を建てた土地の所有権の問題で白石島に住み続けることがかなわなかった。前述のように、採石が行なわれる白石島の山林は笠岡市が所有し、山林から得られる利益についてはその多くが財産区管理会を通じて島民へと還元されている。採石に従事する石屋は山の採石権だけを持っているのであり、採石をやめると同時に土地の占有権を失うのである。その契約が厳密に履行された結果、ＩＫ６氏は家を失うことになったのである。

この事例では話者は白石島での第二世代であり、採石をやめた平成三（一九九一）年までには、昭和一七（一九四二）年に父親が白石島で採石をはじめてから五〇年近くの年月を経ている。それにも関わらず、やはりタビの石屋が土地を持たないよそ者であることには変わりがないのである。

一方、ＩＫ６氏の父親は帰郷の意思を持っていなかったにも関わらず、最終的には二人の娘と友人のいる伯方島で老後を過ごすことを選んでいる。第一世代の場合、第二世代に比べて故郷との繋がりが強いことを示している。

【事例五―12】（話者ＩＫ３氏・夫は四男）

ＩＫ3氏の夫は昭和六〇（一九八五）年に亡くなり、ＩＫ3氏本人は、昭和六二（一九八七）年まで北木島に住んでいた。北木島には大きな家を建てていたので、伯方島には帰りたくなかったが、一人だけで北木島で生活するわけにもいかないので、伯方島に帰らざるを得なかった。伯方島に帰るにあたっては北木島の家を売った。伯方島に帰った当初は叔父の家を借りて住んでいたが、昭和六三（一九八八）年に小さな家を建てた。土地は自分の親元の土地を買っておいたものである。

ＩＫ3氏は、「夫が生きていたらおそらく伯方島に戻ることはなかっただろうが、土地を買っていたくらいだから、夫はお金ができたら伯方島に帰りたい気持ちも持っていたと思う」と語る。戸籍は北木島に移していたが、伯方島に戻した。夫の墓は伯方島にある。

【事例五―12】の場合、ＩＫ3氏は大きな家を北木島に建てていたという。戸籍を北木島に移していたというのは、北木島に骨を埋める覚悟の表れであろう。また、実の弟は北木島の大浦に現在でも住んでいるという。それでもＩＫ3氏は夫を亡くしたことを契機として伯方島に戻っている。その背景にはＩＫ3氏と夫が第一世代であることが影響していると考えられる。第一世代の場合、伯方島につき合いのある親類や友人がいることが多く、実際にこのＩＫ3氏の場合、現在の住まいの近くに妹が住んでいる。さらに、ＩＫ3氏の息子が石屋以外の仕事に就いているということも重要な要素である。跡取りが石屋になった場合は、父親から丁場を引き継ぐことが多いが、家業の引き継ぎ手がいない場合には、父母は採石をやめた後、丁場のある土地に住む必然性は失われる。とくに石屋の場合は他の職業よりも収入が良かったため、子供に高等教育を受けさせることが多かった。ＩＫ3氏の息子も大学まで進学している。その結果として異郷の地にひとりで残されることになったのである。「帰らざるを得なかった」というＩＫ3氏の心境の背景にはこのような状況があると考えられる。

一方で、伯方島に土地を買っていたということも見逃してはならないであろう。なぜ土地を買っておいたのか、その答えは不明だが、IK3氏の夫の故郷への想いの表れだとも考えることができるであろう。

以上のように、たとえ石屋が北木島や白石島に住み続けることを決意したとしても、土地利用に関する取り決めという問題や、自らの故郷ではない土地で老後を過ごすことへの寂しさや不安という問題によって、必ずしもその決意が果たされるとは限らないのである。現在、白石島にも北木島にも、採石をやめたにもかかわらず住み続けている愛媛出身の石屋が多くいる。北木島の場合は山主が個人であり、山主の許可が得られればそのまま住み続けることが可能である。しかし、白石島の場合は市有の山林であり、本来ならば採石をやめた後に住み続けることは許されない。白石島に住み続ける引退した石屋は、現在でもこのような不安定な立場に置かれながら、白石島に住んでいるのである。

2　タビ先に住み続ける石屋

つぎに、北木島に住み続けることを選択し、現在でも住み続けている例を取り上げたい。彼らは現在でも北木島に住み、北木島で最期のときを迎えるつもりである。

【事例五―13】（話者KT1氏）

伯方島には土地を持っていない。土地があっても戻りたいとは思わない。土地のあるところに住めばよいのである。しかし、現在でも戸籍は伯方島に置いている。檀那寺は今治の西蓮寺であり、氏神も伯方島伊方の諏訪神社である。北木島や笠岡の寺に切り替えている人も多く、そのうち北木島か笠岡に墓地を買おうと思っている。

【事例五―13】は平成一三（二〇〇一）年当時の聞き取り調査によるものである。現在では墓地を笠岡に買い、檀那寺も北木島の寺に切り替えたという。しかし、平成一三年の段階では、北木島に住み続ける意思がはっきりとしているにもかかわらず、戸籍、檀那寺、氏神のすべてが愛媛であり、故郷へ帰りたいとは思わないという発言とは裏腹に、故郷への想いもうかがわれる。

【事例五―14】（話者KT2氏）

昭和二二（一九四七）年に北木島に来て以来、昭和六二（一九八七）年まで採石をしていた。息子も昭和六二年まで一緒に仕事をしていたが、丁場を閉じてからは加工場に働きに出るようになり、その後、笠岡に出てつとめている。戸籍は伯方島に残しているが、平成一〇（一九九八）年ころに不幸があったときに伯方島に帰ってから一度も戻っていない。現在、伯方島には兄弟の家があり、兄の子が三人いるが、兄も死んで代が替わるとつき合いも薄くなった。最近では伯方島に戻っても人が分からなくなった。現在では息子の出て行った北木島で留守番をしているようなものである。

【事例五―14】も平成一三（二〇〇一）年当時の聞き取りによるものである。前述のようにKT2氏は平成一七（二〇〇五）年の秋に亡くなり、夫人は息子の住む笠岡に引っ越した。このKT2氏の話にも長年住み続けたとはいえ、異郷の地である北木島に残された不安が表れている。兄の死によって故郷と切り離され、さらに採石業や石材加工業の不振から息子が島を離れ、まさに北木島に取り残された状態となっていたのである。もちろん長年住み続けた北木島には知り合いも多く、また、伯方島から来た石屋の仲間もいる。しかし、それは故郷の代替物とはなり得ないのである。KT2氏は結局北木島で最期を迎えた。しかし、KT2氏が安住の地としての北木島で眠りに就いたかどうかは分からない。

以上のように、北木島に住み続けることを決意し、現在でも住み続けている石屋に関しても、必ずしも北木島は伯方島のような生まれ故郷としての絶対的な存在たりえてはいない。老齢となって石を採ることができず、また外国産の石材の進出によって後継者も島に残ることはできない。また、丁場は北木島においても白石島においても島の中心部から離れた位置にあり、ただでさえ病院への通院に不便な離島のなかで、さらに不便な環境にある。このような環境に置かれた石屋がその土地に住み続ける利点はすでにほとんど失われているのである。したがって、北木島に住み続ける決意をした石屋が今後再び伯方島へ帰る、または子供の住む他の土地へ出て行く可能性を否定することはできない。つまり、彼らの「移住」はいまだに確固たる「移住」とは成り得ていないのである。

七　「出稼ぎ」と「移住」のあいだ

本章では、たとえ数世代に渡って北木島や白石島に住み続けていても、必ずしも両島が石屋にとっての安住の地とはなっていない事例を取り上げることによって、「出稼ぎ」と「移住」の境界の不可分性を明らかにした。「出稼ぎ」石屋はさまざまな理由によって「出稼ぎ」先である北木島や白石島に住むことを選択してきた。

しかし、彼らと両島とを結びつける要素は、石を切り出すという仕事であった。石屋は石屋を引退した瞬間から、両島に住み続ける本来の意味を失っているのである。ただ、息子による丁場の引き継ぎや、故郷での生活への不安、在来島民との婚姻関係、子供の故郷としての両島の成立などの要因によって、彼らは異郷の地に留まることを選択する場合もある。けれども、これらの要因も現在では失われる傾向にある。採石業や石材加工業の不振により、次の世代を島に留めておくことができず、彼らは両島で育った子供の故郷としての家と、異郷の地で亡くなった父母や祖父母の眠る墓を守る「留守番」でしかなくなっているのである。

また、彼らがたとえ両島に残ることを選択したとしても、必ずしもそれが許されるわけではない。前節で取り上げたＩＫ６氏やＩＫ３氏の事例は、第一世代だけでなく、第二世代以降も不安定な立場に立たされていることを明らかにしている。

石屋と両島とのこのような不安定な関係は、石屋に再び故郷を思い出させ、場合によっては帰郷という結果を招く。果たして、このような彼らの状態を「出稼ぎ」と切り離して、「移住」と呼ぶことができるであろうか。彼らは「移住」したように見えても、依然帰郷の可能性を残しており、故郷を喪失したわけでも、新たな故郷を創出したわけでもない。今も「出稼ぎ」と「移住」のあいだを生きているのである。ここにタビという概念の有効性が存在する。筆者は第一章において、「出稼ぎ」や「移住」といった従来の労働にともなう人の移動の概念を包括する概念としてのタビを提唱し、その定義を「本人が故郷と考える土地から寝食の場を移して働きに出ること、またはその状態」とした。労働にともなう人の移動を「出稼ぎ」や「移住」といったカテゴリーに分類すること自体に研究の意義を見出すことはできない。むしろ、このような分類によって現実が分断され、囲い込まれることによって研究が阻害されているのである。

伯方島の石屋の事例はこのような問題を具体的に示している。彼らの移動がどの段階まで「出稼ぎ」で、どの段階から「移住」なのかを問うことに意味はないのである。また、「出稼ぎ」や「移住」という言葉自体が、彼らの移動にともなうさまざまな問題や感情の動きを見えにくくさせてしまう。「出稼ぎ」者であり「移住」者でもある、また、「出稼ぎ」者でも「移住」者でもない彼らは、どちらかの言葉によって切り取られてしまった瞬間に、我々の前から姿を消してしまうのである。

註

(1) 『笠岡諸島の概況』笠岡市、一九九七年、七頁
(2) 『ふるさと読本「北木を語る」―島と石と人の営みと―』元気ユニオンin北木、一九九六年
(3) 農林統計協会「農業集落カード」による。
(4) 岡山県教育委員会『笠岡諸島の民俗』振興離島民俗資料緊急調査報告書（I）、一九七四年、二九―三一頁
(5) 『本四架橋に伴う島しょ部民俗文化財調査報告』（第1年次）、瀬戸内海歴史民俗資料館、一九八一年、一四五頁
(6) 加工場の数に関しては統計がない。したがって北木石材商工業組合の話による。
(7) 慶応元年以前の採石の記録は残されていないが、元禄二（一六八九）年には他国からの石船が島々の石を拾い集めて売却しているというわさが流れ、代官所が注意を呼びかける文書が残されている（注（2）同書　一三四―一三五頁）。
(8) 「西宮御台場石御請書上控」（『西宮市史』第六巻資料編3、西宮市役所、一九六四年、九〇―九四頁）
なお「西宮・今津砲台建造日記」には「塩飽嶋其他嶋々」からも石を切り出していることが記されている。また、「小豆嶋岩ヶ谷新帳場開候事」との記述もあり、小豆島に新たな丁場を開いていることも分かる。さらに塩飽諸島の人びとには「御用石運送」についても依頼している（八四―八五頁）。
(9) 註（2）同書　一三六頁
(10) 『日本石材史』日本石材振興会、一九五六年、三八三頁
なお、本書では北木島の採石業が大坂城築城のときからはじまり、その後細々と続いていたという説が採られている。しかし、島民が自ら採石にあたった事実は文献史料からも伝承からも確認することはできない。したがって、北木島の採石業は慶応年間以降のものと考えられる。
(11) 註（1）同書
(12) 註（3）に同じ
(13) 福島惣一郎『離島採集手帳』5　岡山県白石島、成城大学民俗学研究所蔵、一九五〇年、九五―九六頁
(14) 註（13）同書　八三―八七頁
(15) 註（4）同書　二七頁
(16) 『白石島山林史』白石島財産区管理会、一九五七年
(17) 天野正氏管理資料による。

(18) 註(13)同書 二一一―二一二頁
(19) 『石材』二〇〇一年五月号、石文社、七九頁
(20) 『伯方町誌』伯方町誌編纂会、一九八七年、八五七頁
(21) 註(13)同書 六頁
(22) 丁場における現場責任者。丁場の経営者である親方とは区別される。
(23) 一尺角に石を割ると一個いくらという歩合制。石を割る腕が収入に反映される。
(24) 家を建てて職人を迎えるというのは、良い職人を自分の丁場に引き抜くための口説き文句として一般的であった。
(25) 宮本常一「採石業の近代化へ―北木島・馬越儀三郎氏の抱負と実践―」(宮本常一『日本の離島 第2集』宮本常一著作集 第5巻、未来社、一九七〇年、二二六頁
(26) もう一基は宮窪町余所国出身のD家の墓で、墓石には以下のように記されている。
　○○家累代之墓
　初代○○○○ハ愛媛県越智郡宮窪町余所国○○○○母○○ノ長男トシテ明治十四年十一月十四日生ル妻○ハ白石島○○○○母○ノ長女トシテ明治二十年十月二十一日生レ婚姻後当地ニ居ヲ定メタモノデアル
　　昭和三十七年十二月　○○○建之
(27) 註(25)同書 二二五―二二六頁

第六章　島の生業を支える家継承の慣行

一　問題の所在

それぞれの土地の生業のあり方には、その土地の置かれた地理的条件や社会的背景が影響していることが予測される。同時に、生業のあり方がその土地の村落社会や家族形態などのさまざまな民俗に対して与える影響もあるはずである。これまでも、生業と村落社会や家族組織との相互の影響関係について注意はされてきたが、生業研究のみならず、村落社会研究や家族研究などが互いに歩み寄った上での、相互関係についての議論すべき課題は多く残されている。

本章の目的は愛媛県今治市宮窪町宮窪および伯方町北浦という、タビが盛んに行なわれてきた地域において、地域の主要な生業としてのタビの背景にどのような家継承の慣行が確立されているのかを明らかにすることである。

家継承の慣行については、地域の主要な生業が円滑に行なわれるように整っていることが予想される。また、逆に家継承の慣行によって生業が制限されることもあり得るであろう。さらに主要な生業の障害となるような家継承が行なわれるとするならば、そこには相当程度に強い家継承に対する意識が働いているはずである。

このような仮説に基づいて、本章では、家族研究、とくに家継承と生業の関係についての研究の現状を概観した上で、酒蔵や塩田へのタビが盛んに行なわれていた宮窪町宮窪および石屋のタビが盛んに行なわれていた伯方町北浦について、それぞれの相続や分家、あるいは隠居といった家継承の慣行を明らかにし、その慣行と生業の相互の影響関係について検討する。これまでも見てきたように、宮窪と北浦はそれぞれ大島と伯方島という隣り合う島に位置し、どちらもタビを生業の柱としている。しかし、両地域で行なわれてきた家継承の慣行は同一ではない。その差異の背景にはどのような問題が存在するのか。家継承の慣行と生業との関係に焦点を絞って明らかにしたい。このような問題意識は、地域外で営まれる「出稼ぎ」などを地域生業として捉える視点が、タビという概念によって確立されたことにより得られたものである。

ただ、ひとつ確認しておきたいのが、本章では、家継承の慣行と生業の関係の歴史性を問題としないということである。本章が対象とする地域の家継承の慣行の歴史性については、他の地域との比較において推測することは可能である。しかし、家継承に関する具体的な記録に乏しいため、その復元には限界がある。したがって、古い家継承の慣行の姿から現在の慣行の姿への変化の過程を、生業との関わりから描き出すという手法を採ることはできない。本章では、現在聞き取り調査によって話者から聞くことのできる範囲に時代を限って、家継承のあり方を生業との関係から描き出すことに専念したい。

本章で登場する話者に関する情報は表25のとおりである。この表25は、表1に登場する話者のうち、本章で登場する主要な話者だけを抽出し、話者の結婚年と本家／分家の関係を付け加えたものである。

二　研究の経緯

家継承と生業との関係性については、さまざまな研究者によって古くから分析が試みられている。江馬三枝子によ

表25　家継承の慣行に関する話者

宮窪町宮窪の話者

ID	生年	兄弟上の位置	主な職業	結婚年	本家／分家
MI2	大正 7 年	三男	杜氏・農業	不明	分家
MI3	大正 12 年	長男	杜氏・農業	昭和 24 年	本家 2 代目
MI5	大正 13 年	長男	杜氏・浜子・農業	不明	本家
MI7	大正 15 年	次男	杜氏・農業	昭和 24 年	分家
MI8	昭和 2 年	長男	杜氏・土木・農業	昭和 30 年	本家
MI15	昭和 11 年	長男	農協職員	不明	本家 5 代目
MI16	昭和 11 年	四男	杜氏・石工・農業	昭和 35 年	本家
MI18	昭和 22 年	長男	公務員	未婚	本家

伯方町北浦の話者

ID	生年	兄弟上の位置	職業	結婚年	本家／分家
KI2	大正 4 年	長男	石工	昭和 20 年	本家
KI3	大正 11 年	長男	石工	昭和 24 年	本家
KI4	昭和 3 年	次男	石工・造船工	昭和 34 年	分家
KI5	昭和 3 年	七男	船乗り	不明	分家
KI8	昭和 13 年	長男	石工	昭和 37 年	本家 8 代目
KI9	昭和 16 年	次男	石工	昭和 40 年	分家
KI10	昭和 19 年	長男	石工	昭和 44 年	本家 2 代目

る飛騨白川村の大家族制度[1]や有賀喜左衛門による東北地方の名子制度の研究[2]は、労働単位としての家とその継承の仕組みという問題を顕在化させ、家を取り巻く諸問題が生業との密接な関係の上に築かれていることを明らかにした。また、奥村幸雄は労働力の確保という視点から、山形県置賜地方の姉家督相続について論じている。奥村は「働くこと以外に幸福な生活を求め得られない生活環境であったので、一日も早く労働力を確保する必要性から、第一子相続すなわち姉家督相続が普遍化してきた」という結論を導き出している[3]。生業に対する悲劇的な視点については多少の疑問が残るものの、家継承と生業との関係に論点を向けている点については評価することができる。

一方、家継承の慣行とタビとの関係について取り上げた論考もある。

隠居制の研究に先鞭をつけた大間知篤三は、伊豆利島の隠居および分家に関する報告を行なっているが、そのなかで「昔からこの島では、二男以下の息子たちが島外に出て、島外で家を持つ例が少なくなかった筈である」と述べ、島を出た人びとが作った家を「島外分家」と規定している。そして、戦中に疎開で帰島して島に根を下ろした家の例を挙げているが、残念ながらこの例を「特殊事例」として考察の対象から除外している。(4)

また、内藤莞爾は鹿児島県の離島、甑島の事例を取り上げ、「出稼ぎ」の歴史性については詳しく述べていないものの、相続慣行と「出稼ぎ」の関係について興味深い報告を行なっている。内藤は甑島のイムタ地区における「家制度のあいまいさ」を指摘しているが、その理由は「出稼ぎの盛行にともなってのことではない」としている。しかし、「長子相続の慣行がないので、長子の他出・出稼ぎもよくおこなわれた」こと、「長男が帰らないばあい、親は、そのまま次三男と住み、その家は、次三男が相続する」こと、また、位牌については「しまいまで両親と生活をともにした者、また両親と別居しているばあいは、親の面倒をみてきた者がこれを祀る」ことなどを報告しており、「ルール」を持たないイムタ地区の相続が、「出稼ぎ」の慣行の持続を可能ならしめていることを指摘している。(5)

しかし、これらの論考以降、家継承と生業との関係についての議論が十分に深められることはなかった。岩本通弥は福田アジオや上野和男による「それまでの民俗学の要素主義的な傾向を排し、民俗事象の個別の地域社会における有機的連関に着目するという、極めて機能主義的な方法の提唱」を評価しながらも、「個別地域のモノグラフをどう普遍的な議論にのせていくか、両者の採った戦略は、変数と変数の間の相互連関を『構造』として類型化し、他の地域の『構造』と比較することに位置づけるという地域類型論的な方法」であるとし、「地域（当該社会）の文脈からは引き離された議論」となっており、「『生活』全体を捉えようとする姿勢ⓒを歪め、かつまた各々の事象が現実の社会過程のなかで、いかに実際的に作用しているのかⓓを考察させる視角も失わせる」ものであり、「そこでは政治や経済、あるいは歴史や環境との関連は一切考慮されないばかりか、多様な関係性のなかで常に独立した領域として、家族が特別扱いされる」と疑問を呈している。(6)

岩本が述べているように、これまでの家族研究において、経済、つまり生業の問題は「独立した領域」としての家族の外に位置づけられてきた。多くの先行研究では対象地域の生業の概要について触れており、場合によっては調査対象となった家族の具体的な農業や漁業、あるいは「出稼ぎ」などに関する記述も見ることができる。ところが、その生業のあり方が家継承に与える影響、あるいは家継承のあり方が生業に与える影響については言及されることは少ない。とくに、末子相続が多く見られ、またタビも多く行なわれてきた伊豆諸島や西南九州の島々においては、これまでさまざまな研究が行なわれてきたが、家継承とタビの相互関係については十分な考察が行なわれていない。

一方で、生業研究が、他分野との関連性を考慮する姿勢を示してこなかったことにも問題があるであろう。生業を類型的に把握し、その類型のなかでのみ生業の具体的様相を描こうとしてきた生業研究も、岩本が「ノイズ」と呼ぶ都市や政治、あるいは家族、村落組織などに対して無関心であった。しかし、当然のことながら生業はその時々の村落社会および日本社会と密接な関係を有しており、それを「ノイズ」として排除すれば、生業自体を見失うことにもなりかねない。近年、生業と地域社会との関わりについて論じる視点も増えてきているが、生業研究が連携することができる研究分野は幅広い。生きるための糧を得ることは人間の生活の最も基本的な作業であり、生業研究は民俗学のあらゆる分野と密接な関連を持つはずである。家継承と生業との相互の影響関係を明らかにすることは、家族研究にとっても、生業研究にとっても重要な課題のひとつである。

三　瀬戸内島嶼部における家継承

大間知篤三は日本の家を「大家族制」「姉家督相続」「強い戸主権」「家族員の隷属性」「強い結合力」の見られる「東北日本の家」と、「夫婦単位の別居制」「末子相続・選定相続」「分裂的戸主権」「薄い家族員の隷属性」「弱い結

隠居の時期	隠居所	相続人以外の動向	備考	出典
	同じ世帯であってもカマドは別		全ての子供が分家・別居した後、親は本家家督の相続人を選び、本家に呼びかえす	⑩
ハタラキがなくなると	同一棟。時に別棟	分家有		①
				⑨
				⑨
				⑨
長男に嫁をもらうと	ヘヤに移る	親は次男をつれてヘヤに移る。次男が分家するときは、また財産を分ける	隠居分家	⑨
還暦	別棟及び同一棟			②
	老人が母屋で跡取りが別棟。その逆もあり	分家または他出。本島・広島への養子	戸数制限有	③
50歳を過ぎたら	母屋の一部に付設した部屋や納屋の一部	分家は少ない	現在隠居は見られない	③
60歳を過ぎたら	ハナレを軽易に増設するか、納屋を改造	ほとんど島外へ出る		③
		島外へ出ることがおおかった	人名制度有	③
50歳頃から	屋敷のうちのハナレや付設的な建て増し部分。昔は別釜	隠居の時には末子、姉娘を連れて出る事が多かった（昭和初期以前）。分家は容易ではない	人名制度有	③
	空家を買って入居	分家有。外へ出ることが多い		④
		分家はあまりない		④
年を取って第一線の労働が不自由になった、又は跡取りが社会的に認められた頃	別棟の2,3畳の部屋	分家有	古くは次男以下を連れて隠居	④
		分家有。地所のない家は出稼ぎや移住	隠居は長男夫婦との折り合いが悪いときのみ	④
		兄弟は近所に住んで分家	末子相続	⑤
	別棟	末子を連れて行くこともある		⑤
	納屋と呼ばれる	分家有	隠居は少ない	⑤
一定の年齢に達し子供に十分任せられ、子供に対してやることが終わったと思える時	物置や納屋を改造	分家有	親が子を生んでいるうちに子供が子供をもうけると別居する	⑥
相続人が40歳位になり、子供が何人か生まれて、または、家長が病弱になったり、家長夫婦のどちらかが亡くなったりしたら	母屋の一間が一般的。別棟隠居は屋敷内	分家有		⑦
		分家有	隠居の有無は不明	⑧

『東和町誌』昭和57年、山口県大島郡東和町　③『本四架橋に伴う島しょ部民俗文化財調査報告』（第1年次）、
資料調査報告書』昭和42年、愛媛県教育委員会　⑥『昭和四十一年度 民俗採訪』昭和42年、國學院大學民俗
全国離島振興協議会　⑨『広島県史』民俗編、昭和53年、広島県　⑩『岡山県史』第十五巻民俗Ⅰ、

表 26　瀬戸内島嶼部の家継承

島名	所在地	報告年	相続人	財産分与の割合
頭島	岡山県備前市日生町頭島	昭和 58 年	選定相続	
白石島	岡山県笠岡市	昭和 25 年	長男	先祖のイハイリョウの一部を長男がとり、他を二・三男に分ける。家を建てることもある
岩子島	広島県尾道市向島町岩子島	昭和 53 年	末子	
生口島	広島県尾道市瀬戸田町福田	昭和 53 年	末子	
大崎下島	広島県呉市豊町大長	昭和 53 年	末子	
豊島	広島県呉市豊浜町大字豊島	昭和 53 年	長男	船を持たせ、財産も三分の一ほど与える
大島	山口県大島郡周防大島町（旧東和町）	昭和 57 年	長男	
瀬居島	香川県坂出市	昭和 56 年	長男	分家には若干の畑地を持たす
沙弥島	香川県坂出市	昭和 56 年	長男	
岩黒島	香川県坂出市	昭和 56 年	長男	分家には宅地を与える
櫃石島	香川県坂出市	昭和 56 年	長男	分家には宅地と若干の農地。漁業組合に加入させる
本島	香川県丸亀市	昭和 56 年	長男	
志々島	香川県三豊市詫間町	昭和 57 年	長男	
高見島	香川県仲多度郡多度津町	昭和 57 年	長男	
広島	香川県丸亀市	昭和 57 年	長男	
手島	香川県丸亀市	昭和 57 年	長男	
大島	愛媛県今治市吉海町椋名（南組）	昭和 42 年	末子	
大島	愛媛県今治市吉海町椋名（南組以外）	昭和 42 年	不明	経済的に分かれる場合はオモヤ 7：隠居 3
伯方島	愛媛県今治市伯方町伊方	昭和 42 年	長男	
岡村島	愛媛県今治市関前岡村	昭和 42 年	長男	長男が 6：他 4
弓削島	愛媛県越智郡上島町	平成 10 年	長男	宅地や食べられる分だけの畑を分けることはあった
二神島	愛媛県松山市	昭和 35 年	長男	古くは平等。調査当時は次男以下に家を建て 3～5 反の畑を分与

出典　①福島惣一郎『離島採集手帳』昭和 25 年、成城大学民俗学研究所蔵　②宮本常一・岡本定昭和 56 年、瀬戸内海歴史民俗資料館　④同前（第 2 年次）、昭和 57 年、同前　⑤『越智郡島嶼部民俗学研究会　⑦『弓削民俗誌』平成 10 年、弓削町　⑧宮本常一『離島振興実態調査報告書』一、昭和 35 年、昭和 58 年、岡山県

合力」の見られる「西南日本の家」に分類している[7]。大間知はとくに隠居制を中心に研究を進めるが、その後の、隠居制を持つ「複世帯制」家族と、隠居制を持たない「単世帯制」家族といった日本の家族の類型は、「西南日本の家」と「東北日本の家」という地域類型に対応するものである[8]。

隠居慣行とは、親夫婦と子供夫婦がそれぞれ独立した生活単位を形成する家族慣行であり、親夫婦と子供夫婦との住居、財産、食事の分離が基本となる。したがって、隠居に際しては家督や財産の相続が行なわれた。一般的に、相続の方法には長男が相続する長男子相続、一番末の男子が相続する末子相続、成長した諸子から一子を指定する選定相続、男女に関わらず初生子が相続する姉家督などがあるとされてきた。

従来の研究にしたがえば、瀬戸内島嶼部の家は「西南日本の家」に分類され、隠居慣行の濃密に分布する地域である。竹田旦は隠居分家に注目して「四国・中国地方では、瀬戸内海島嶼を中心とする山陽筋と四国の沿海部に、九州西方離島と比肩しうるほど濃厚に隠居慣行が分布している」とし、島嶼部としては山口県柳井市の平郡島や広島県呉市豊浜町の豊島、あるいは愛媛県今治市の大三島（上浦町）における隠居分家の事例について詳しい分析を加えている[9]。しかし、管見の限りでは、たしかに瀬戸内沿岸各地で隠居の慣行は見られるものの、竹田が取り上げたような長男の婚姻をきっかけとして親が別の屋敷を構えて次男以下を連れて隠居し、その屋敷を次男の婚姻の際に分家として与え、さらにこのような隠居を繰り返していくといった典型的な隠居分家は、竹田の報告以外には確認することができなかった。

それでは、瀬戸内島嶼で多く見られる家継承の慣行とは、いったいどのようなものであろうか。筆者の手元の資料からまとめたのが表26である。地域的な偏りは否めないが、瀬戸内島嶼部における家継承の概要については、確認することができるであろう。

まず、相続人は圧倒的に長男が多く、財産の相続についても岡村島と二神島の事例を除いて長男が優先されている。

ただ、末子相続については漁村部において四例確認することができた。広島県尾道市向島町岩子島や広島県尾道市瀬戸田町福田（生口島）、広島県呉市豊町大長（大崎下島）、愛媛県今治市吉海町椋名（大島）である。

また、隠居の時期については、相続者の結婚を契機とする事例は一例しか見られず、一定の年齢に達することや老齢による労働力としての価値の低下、あるいは跡取りの社会的地位の確定による。隠居所も大きな別棟や別の屋敷を構えることはない。相続人以外の動向については、分家が可能とする土地も多いが、必ず分家するということはなく、多くの相続人以外の人びとは島外へとタビに出る。

本章が対象とする愛媛県における隠居慣行は、その積極性において南予地方と東・中予地方で明らかに異なることが、民俗地図から理解される。南予では二世代同居を原則的に忌避し、世代の分節化が進んでいたという。隠居部屋をヘヤと呼び、息子夫婦はオモヤに住むのが一般的で、ひとつの屋敷に三夫婦が住み分けていることもあった。一方、東・中予では、同居を理想としながらも、特別な理由があってやむを得ず隠居することが多かったという(10)。瀬戸内に位置する愛媛県の島は、中予から東予に集中している。筆者の調査からは、やむを得ず隠居するという印象は受けなかったが、東予の島々の事例が、同居を原則的に忌避するという南予の事例とは一線を画すことは確かである。

ここで、東予島嶼部の家継承の慣行について、上記の表に照らし合わせてもっとも典型的と考えられる例を一つ挙げておきたい。

弓削島（愛媛県越智郡上島町）

〈相続の型〉

「長男が継ぐのに決まっとった」と言われるように、ほとんどの場合長男が跡とりとして「カマドの灰まで」長男一人のものである。次、三男に分けてやりたくとも、分ける程度の財産のない家がほとんどであった。財産のある家が分家する次、三男に、家を建てられるくらいの土地や、食べられるくらいの畑を分与する事はあったが、先祖の跡を継ぐ本家を第一に考えて分与した。

〈隠居の型〉

隠居という言葉は、世代交代の意味で使われる。「もう若い者に世をやった」とか、「所帯をやった」という言い方をした。隠居の時期は、家によって違う。相続人が四十才位になって、子供が何人か生まれて、または、家長であるおじいさんが少し病弱になったり、あるいは、どちらかが亡くなった後にというように、条件は色々である。

〈隠居後の家族生活〉

別棟隠居は、同じ敷地内にあり、オモヤとは離れている。しかし、食事や風呂などは一緒であり、食事を運ぶこともある。普通は、母屋の中に隠居の部屋がある。土間から行ける所に作ってあったり、母屋の端の方に改築して作ることもあるが、生活の全てを一緒にし、ジンギ（交際）はしない。隠居に移って食べさせてもらう立場になっても、粗末にされる事はなかったし、働ける間は家の手伝いや畑など、できることはしたという。(11)

以上の弓削島の事例を整理するとつぎの三点を特徴として挙げることができる。

① 長男による家督の相続

② 相続人が壮年となる、あるいは被相続人が老齢となった時期に行なわれる隠居

③ 同じ敷地内に設けられた小屋あるいは母屋の小部屋を隠居した老夫婦にあてがう

瀬戸内島嶼部の報告を確認する限りでは、これら三点が瀬戸内島嶼部で見られる家継承の特徴だと考えられる。本章でこれから扱う宮窪についても右記の三点を満たしている。一方、北浦に関しては長男による家督の相続は行なわれてきたものの、隠居の事例については全く聞くことができない。この問題に関しては後ほど考察したい。

四　家継承の実態

1　宮窪における家継承

(1)　家督の相続および分家

宮窪で家継承について話を聞いていると、弓削島の事例と同じように、「クドの灰までお前のもの」という言葉をよく耳にする。これは親から長男に対して語られる言葉で、「お前は跡継ぎで、この家のものはすべてお前のものとなるのだから、その心構えでいなさい」という意味である。

この言葉のとおり、宮窪では長男が家を継承することが規範とされ、次男以下が家を継ぐのは長男が亡くなったり、百姓仕事を嫌って月給取りなどになって島外に出たり、あるいは長男本人やその嫁と両親との折り合いが悪かったりと、特別な事情がある場合に限られる。

柳田国男の主導で行なわれたいわゆる「海村調査」の際の、昭和一三（一九三八）年の倉田一郎の宮窪に関する調査報告である『採集手帖（沿海地方用）』によれば、質問項目35番「家、屋敷、田畑その他の財産はどのやうに継承分配されますか。以前は長男のみに譲られたか、みんなに分配されたか。長女の養子に相続させるとか、末子に相続させる等の風はなかつたか」に対して、つぎのような記述が見られる。

在方では、財産があれば、長男以下にそれ〴〵応分に分配する。次男以下のシンタクスルものには田畑をやることも、家をこしらへてやることもある。とにかく、長子に相続させることを原則として、あとは親の事情による。しかし、分家については「昔は戸数をふやさぬことになつてゐて、別家することはむづかしい。廃家でもあれば、そのカブをゆづり受け、その苗字をもらつて跡をつがぬ限り、新しく家を興すことは出来なかつた」（質問項目36番）としており、古くは分家することが容易ではなかったことが分かる。(12)

さて、家を継ぐためには当然ながら宮窪に残ることが前提となり、その場合、宮窪で農業を行ないながら、古くは酒蔵や塩田へのタビや林業や農業の手子、あるいは石山や土木作業などの日雇労働に従事して生活の糧を得ていた。「長男には浜子、酒屋という決まった仕事があった」という話者MＩ2氏の話や、「昔から長男には勉強させてはいけないと言われていた。下手に勉強させると家を出てしまうからである」という話者MＩ18氏の語りからは、宮窪における長男の宿命をうかがい知ることができる。ただ、長男でも若いうちには島外に働きに出て、復員や結婚、あるいは父親の老齢などをきっかけとして島に戻ったという事例も多い。

一方で、家を継ぐ権利のない次男以下は、学校を卒業すると同時に島外へ働きに出ることが多かった。古くは別子銅山で有名な住友鉱業（現住友金属鉱山）や、今治などの醬油屋や酒屋の丁稚、あるいは松永の塩田や関西方面の商店や工場に行くことが多かったという。たとえば、話者MＩ5氏の二人の弟は、高等小学校卒業と同時にそれぞれ松山と松永に働きに出て土地の住人となっており、また話者MＩ3氏の弟も呉に働きに出て自ら商売をはじめ、現在でも呉で生活している。

しかし、必ずしも次男以下が宮窪に拠点を置いて生活できないわけではなかった。役場や農協あるいは郵便局などにつとめることが、次男以下が宮窪に残るための最も安定した職業であった。また、酒屋や塩田へのタビや自営業などでも生活していくことができた。たとえば、話者MＩ7氏は次男であったが、ミカン畑を五反切り開き、松永の塩田と酒屋へのタビ、田の賃鋤き、夫人によるカキ氷屋の経営などで宮窪での生活を支えていた。この話者MＩ7氏によると、「新宅もち（分家）でも塩浜と酒屋の仕事を辛抱してまじめに働いていれば必ず金が貯まり、家屋敷を買うことができた」という。したがって、必ずしも分家が少なかったというわけではないという。

つまり、宮窪では長男が家督を相続することが規範とされながらも、次男以下も、宮窪において生活することができる環境は、ある程度整っていたと考えることができるであろう。換言するならば、タビや日雇労働などの農業以外の仕事が分家を可能にしていたのである。しかし、後に挙げる北浦の石屋の事例のように、次男以下全員に安定した仕事を供給するほどの需要はなく、やはり宮窪では、次男以下は島外に働きに出ることが規範として存在したと言わざるを得ない。

(2)　隠居の慣行

宮窪では老人がある程度高齢になると、親戚づきあいや村づきあい、祖先の祭祀、などのあらゆる家督を、次の世代へと渡す慣行が見られた。いわゆる隠居慣行である。宮窪では隠居という言葉よりも「世（代）を渡す」という表現が用いられてきたようである。倉田一郎は昭和一三（一九三八）年当時の宮窪の隠居の様子について、「採集手帖（沿海地方用）」の質問項目36番「親夫婦が隠居をした時、先祖の位牌や仏壇はどうしますか。特に隠居の保留するものは何々か。小さい子供等はつれて出るか。分家は古くから自由であつたか」に対して、つぎのように記している。

親はもう息子に家を譲つても大丈夫とみぬいたら、在方などでは、親が別居して長男に家をつがす。すべての交際、経理、管理は本家がやり、隠居は一切関係せぬも小さい子供は隠居へつれてゆく。本家はその負担はしない。隠居は余り遠くへやらぬ風がある(13)。

さて、倉田の描いたこのような宮窪の隠居慣行は戦後どのような様相を呈していたのであろうか。具体的事例から倉田の報告を補うとともに、宮窪の生業形態との関わりから隠居慣行を成り立たせる背景について考えてみたい。

【事例六―1】（話者ＭＩ８氏）

ＭＩ8氏は昭和二（一九二七）年に長男として生まれた。兄弟は一回り違いの弟一人に姉妹四人で、現在弟は九州に住んでいる。明治三〇（一八九七）年ころの生まれの父親は、農業をしながら冬には酒蔵へのタビに出ていた。

ＭＩ8氏は尋常高等小学校卒業後すぐに、冬は酒蔵に、夏は広島県尾道市の向島の塩田にタビに出るようになった。酒蔵には昭和五〇（一九七五）年ころまで、塩田には昭和二四―二五（一九四九―一九五〇）年までタビに出ていた。塩田へのタビをやめてからは、夏には葉タバコの栽培などの農業に専念していた。畑は一町五、六反ほどあった。酒蔵へのタビをやめてからは、土建会社のトラックの運転手をした。昭和三〇（一九五五）年に結婚し、同年に長男が、昭和三三（一九五八）年に次男が生まれている。

ＭＩ8氏が家を相続したのは二八、九歳のときである。そのとき父親の年齢は六〇歳を超えていた。相続は、父親の「これからはお前らがやっていけ」という一言で決まった。別棟を建てて年寄りを住まわせる家もあったが、ＭＩ8氏の家では一部屋を充てただけである。食事も一緒にとっていた。跡を任されるというのは、責任を持って切り盛りするというだけである。父母は元気なうちは一緒に畑仕事をしていた。父母には小遣いを渡していた。

【事例六―2】（話者ＭＩ15氏）

ＭＩ15氏は昭和一一（一九三六）年に生まれた。五人兄弟の四番目で、次男である。長男が早くに亡くなったので家を継ぐことになった。父親は農協の技術指導員だったが、後に農協の組合長や町会議員をつとめた。ＭＩ15氏は宮窪の中学校を卒業後、今治の高校へ進学し、さらに松山の果樹試験場で二年間勉強した。卒業後、昭和三二（一九五七）年に大洲市長浜町の農協の技術指導員となった。長男であったため、昭和四二（一九六七）年に伯方島の農協の技術指導員となって伯方町伊方へ居を移し、昭和四八―四九（一九七三―一九七四）年ころ、伯方町木浦への赴任と同時に宮窪へと戻って船で通勤した。

ＭＩ15氏は宮窪へ戻ってすぐに父親から「畑はもうやらんからお前らに任す」と言われ、家を継ぐことになった。父親は六〇歳を超えていた。それ以来父母は母屋の裏にあった小さな別棟の部屋に移った。この部屋には炊事場もついていたので、食事は別々にしていた。家計も別で、畑の収入はすべてＭＩ15氏のものとなり、両親はそれまでためた貯金で生活していた。足りない分はＭＩ15氏がまかなっていた。祖父母も晩年は同じようにしていた。

【事例六―3】（話者ＭＩ16氏）

ＭＩ16氏の夫は昭和一一（一九三六）年に四男として生まれた。姉二人、兄三人、妹一人の七人兄弟である。長男は船乗りであったが、親と意見が合わず、妻の実家のある香川県で暮らした。次男は早くに亡くなった。三男は宮窪に残り石屋として働き、この三男が家を継ぐことになっていたが、足を怪我して石屋も百姓もできなくなり、東京に出ていたＭＩ16氏の夫が呼び戻されて跡を取ることになった。ＭＩ16氏の夫は東京から戻り、農業をしながら冬には酒蔵に出かけていたが、昭和三六（一九六一）年から農協につとめた。

ＭＩ16氏の夫は昭和三五（一九六〇）年にＭＩ16氏と結婚した。結婚するとすぐに父母は母屋の裏の離れに住むようになった。六畳ほどの一間があるだけの建物で、炊事場はなく、寝るだけの部屋であった。

以上の事例から宮窪における隠居の特色をまとめておこう。

まず、隠居の契機は【事例六―1】と【事例六―3】については、相続者の結婚直後になっているが、【事例六―2】に関しては結婚とは直接的な関係はない。【事例六―1】【事例六―3】どちらにおいても、隠居時の父親の年齢は六〇歳を超しており、隠居の契機は結婚よりも老齢と考えたほうがよさそうである。また、事例としては挙げなかったが、話者ＭＩ7氏の父親の場合は極端に遅く、父親が八〇歳を超え、長男である兄が六四、五歳であったという。さらに、倉田の報告にも隠居の時期については後継者である長男の結婚直後ではなく、「もう息子に家を譲っても大丈夫とみぬいた」ときとある。したがって、宮窪における隠居の契機は長男の結婚ではなく、それぞれの父親に判断が任されていると考えられる。

つぎに、隠居後の住居について考えてみたい。【事例六―1】では同じ棟の一部屋を充てているが、【事例六―2】と【事例六―3】では同じ屋敷内に別棟を設けている。また、話者ＭＩ15氏は「別に家を建てて住むことを隠居と呼び、よほど古くて大きな家でなければ隠居することはできない」と説明しており、一般的な家では棟を別にしたり、納屋を改造したり、家の中に年寄りの部屋を設けるだけで、隠居のための家屋敷を用意することは稀なようである。倉田の「隠居は余り遠くへやらぬ風がある」とはこのことを指しているのであろう。他の兄弟については、すべての事例においてすでに働きはじめているので、両親と共に隠居屋に住んだかどうかは不明であるが、隠居の時期を考えても同居したとは考えにくいであろう。

家計は、【事例六―2】については、食事を別にしていたことから別と考えることができるかもしれない。しかし、【事例六―1】および【事例六―3】では食事も一緒であり、【事例六―2】でも不足するときには小遣いを渡していたということから、同一家計と考えるべきである。

それでは、このような家継承や隠居の慣行は、宮窪の生業といかなる関係にあるのであろうか。

もっとも重要なのは、家継承の慣行と農業との関係である。第三章でも確認したように、宮窪の経営耕地面積は、（次に取り上げる北浦と比較すればまだ良いものの）農家としては相当に零細であり、農業だけで生活していくためには不十分である。(14) しかしながら、農業に対する依存度は決して低いとは言えない。戦後の葉タバコや柑橘類に対する積極的な取り組みはそれを示している。しかし、このように換金作物によって拡大した農業は、その積極性にもかかわらず、主に老人や婦人によって担われており、壮年の男性は主に酒蔵や塩田へのタビや、宮窪における農業外の労働に従事していた。したがって老人は働き手として重要な存在だったのであり、家計を分けて別々に暮らすのは得策ではない。そこで、右で述べたように長男が家督を相続し、次男以下が分け地等をもらうことなく島外へ出る、あるいはタビや自営業、日雇などで生活するという規範が重要となってくるのである。

ただ、このような規範を零細農家という悲劇が生み出したものと一方的に考えることはできない。次男以下が島外へ出るといった生業形態や、土地が分与されなくても、島に残った次男以下が生活して行くことのできる生業形態が成り立っていたからこそ、無理な財産の分割を行なわない家継承のあり方が維持されてきたとも考えることができるからである。

2　北浦における家継承

(1)　家督の相続および分家

北浦においては兄弟のうち長男子が財産の多くを継承し、祖先の祭祀も行なってきた。一方で次男以下に関しては、狭小な土地しか有さない地域にもかかわらず、ほとんどの家で北浦のなかでの分家が行なわれてきた。これが北浦における家継承の大きな特徴である。話者ＫＩ４氏によると「北浦ではほとんど長男が跡を継いでいる。次男以下は分家する。そのほかは養子に行く。最近では次男以下が都会へ出ることもあるが、石屋さんがほとんどという時代にはよそへはあまり出なかった。本家から田畑を分けてもらって宅地にしていた」という。どれほどの割合で分家が行なわれていたのかを数値化することはできないが、石屋や船乗り、あるいは塩田の浜子といった、北浦に拠点を置きながら島外へと稼ぎに出かけるタビが職業としてもっとも優勢だった時代には、分家が当然のごとく行なわれていたのは確かである。

それでは、以下に具体的な事例を示しながら分家の経緯をたどってみたい。

【事例六―4】（話者ＫＩ2氏）

ＫＩ2氏は大正四（一九一五）年に三男として生まれた。兄弟は兄が二人と弟が二人、そして姉妹も二人いる。戦争で兄と弟を一人ずつ亡くしている。祖父も父親も隣の大島から養子で来て本家を継いだ。祖父は石屋であったが、父親は北浦で農業をしていた。本家は長兄が相続した。

ＫＩ2氏は尋常高等小学校を卒業後、一年間北浦で家の農業を手伝った後に、岡山県笠岡市の北木島の丁場へ行った。三年ほど働いた後に、山口県徳山市の蛙島へ行き、その後は北九州や徳山、関西方面などの工事現場や丁場をカチで七〇歳くらいまで渡り歩いた。この間、大島や愛媛県越智郡弓削町（現上島町）の豊島で自ら丁場を経営したこともある。

ＫＩ2氏が結婚したのは昭和二〇（一九四五）年で、昭和二一（一九四六）年に長男が生まれた。あとの三人の子供はすべて女性である。家を建てたのは子供が生まれてからである。それまでは、ＫＩ2氏がタビに出ている間は、妻は実家で生活し、ＫＩ2氏が帰ると本家の納屋で暮らした。この間、本家には仕送りをしていたが、妻には仕送りをしていなかった。家を建てた宅地は本家から譲ってもらい、材木も本家の山から伐り出した。本家からは畑も一、二反譲り受け、妻が結婚のときに持参した田も一反ある。現在では後に買い足した畑も含めて五反ほどの田畑がある。

【事例六―5】（話者ＫＩ4氏）

ＫＩ4氏は昭和三（一九二八）年に次男として生まれた。兄と姉が一人ずついる。兄（ＫＩ3氏）は石屋であった。国民学校を卒業後、因島の日立造船に養成工として入ったが、終戦で引き上げ、戦後、父親と兄が経営していた愛媛県越智郡弓削町（現上島町）の豊島の丁場で石屋として働いた。しかし、体の弱かったＫＩ4氏は労働のきつい石屋の仕事を続けることができず、向島の造船所や伯方島の造船所で溶接工として六一歳の定年まで働いた。

ＫＩ4氏が結婚したのは昭和三四（一九五九）年で、豊島にいるときである。豊島にいる段階では、北浦に家を借りて妻と昭和三五（一九六〇）年に生まれた長男を残していたが、向島へは家族を連れて行った。一〇年ほど向島の造船所につとめた後、北浦に戻ったが、このときには妻の叔父の家を借りた。この家には店舗がついており、妻が雑貨屋を営んだ。この家が古くなったので、平成六（一九九四）年に本家の兄から畑を譲り受けて家を建てた。田畑は分けてもらわなかった。農業をしようという気もなかった。ただ、家の前の畑を借りて、自給用の野菜は作っている。

【事例六—6】（話者ＫＩ5氏）

ＫＩ5氏は昭和三（一九二八）年に六男として生まれた。男の兄弟は八人で、兄と弟が一人ずつ幼いころに亡くなっている。ＫＩ5氏の仕事は内航船の船乗りであった。北浦や木浦など、伯方島の船会社を渡り歩き、鹿児島から稚内まで、全国各地を航海していた。兄弟の仕事は兄二人と弟一人が石屋、残りの兄二人は大工と船乗りであった。

ＫＩ5氏は結婚と同時に妻の父親の所有していた家を譲り受けて住んだが、早くにこの父親が亡くなり、まだ中学生だった義妹を育てるために妻の実家に住むようになり、そのまま現在に至っている。子供は男性が二人おり、長男は北浦に家を新築し、次男がＫＩ5氏と一緒に住んでいる。

【事例六—7】（話者ＫＩ9氏）

ＫＩ9氏は昭和一六（一九四一）年に次男として生まれた。男四人、女二人の六人兄弟である。新制中学校を卒業後、兄が働いていた豊島の親戚の採石丁場で七年ほど働いた。その後はとなりの大島の丁場で働くようになり、五八歳で石屋をやめるまでいくつかの大島の丁場につとめた。父親は三男で、向島の塩田などで浜子として働いていた。

父親は本家から土地を買って家を建てた。畑は本家の畑を借りて食べる分だけ作っていた。その後、父親が土地を増やすことはなかった。

ＫＩ９氏は二四歳で結婚したが、はじめは親戚の家を借りて住んでいた。その後、昭和五五（一九八〇）年に土地を購入し、自分の家を建てた。ＫＩ９氏の子供は男女一人ずつで、長男は隣の家に住み、船会社の事務員として働いている。

さて、以上のような事例をふまえた上で、北浦においてこれほどまでに分家を成立させた要因について考えてみたい。

北浦においては長男子による家継承が行なわれるが、次男以下も北浦に残って暮らすことが可能である。この生計を支えるのは石屋や船乗り、あるいは塩田の浜子や造船工といった仕事である。これらの仕事の特徴は、土地を必要としないということである。つまり、宅地や自給用の菜園などの必要最小限の土地以外には、土地を所有することが北浦で生活するための必要条件とはならない。石屋や船乗り、浜子はタビに出て現金収入を得る仕事であり(15)、造船工もまた島の内外に関わらず、土地を必要としない仕事である。したがって、次男以下でも住む土地さえあれば、島外へ転出する必要はないのである。このような生業上の環境が、次男以下が北浦に残ることを可能としたのである。

もちろん自給用の農業だけでなく販売用の農業も行なわれてきた。たとえば話者ＫＩ３氏は昭和二〇年代後半に田を二ヶ所、計三反あまりを購入して米と裸麦を作り、さらに昭和三〇（一九五五）年ころには畑二反あまりにミカンを植えつけている。また話者ＫＩ２氏も分家の際に本家から譲り受けた二反ほどの畑と、夫人の実家から譲り受けた田一反のほかに山を一反ほど開墾し、また他の家から一反の畑を購入している。これらの畑には戦後しばらくの間除虫菊を植え、その後ミカンを植えた。このような事例は、規模は小さいながらも、農業の積極的な展開と考えること

ができる。(16)

しかし、第四章で明らかにしたように、こういった農業への積極的な姿勢は、北浦では決して一般的ではなく、田畑を全く持たない家もあるという。したがって、もともと農業への期待は薄いと言わざるを得ない。「ミカンもやっていたが、山が遠いからやめてしまった。一反ないくらいの畑だった。儲けるほどには作らなかった。肥え代、手間代を考えたら損するくらい。畑は妻に任せていたが、縫製が良かったから女性は縫製工場に行っていた。自分の知ったうちは、柑橘だけで食べた家はない」(話者KＩ８氏)、あるいは「畑は終戦後に部落の山を開いたものしかない。その後も畑は増やしていない。北浦の畑では売るようなものはできない。食べる分だけできればいい。ミカンも流行したが、山などを切り開いた条件の悪い畑だから、年を取ったらできないようになった」(話者KＩ10氏)という話が、農業への依存度の低さを物語っている。主に土地を必要としない石屋や船乗り、浜子、造船工などの生業によって支えられていた北浦では、「畑がなくても食っていけた。親元が米や麦を分けてくれた。稼ぎは石屋でよそで稼いできた」のであり「北浦は手に職をつけて食べるところ」(話者KＩ８氏)なのである。

ただ、このような生業上の条件だけでは、次男以下を島に留めることはできない。次男以下の分家をどのような慣行が支えているのであろうか。それが住居の提供と土地の分与の慣行である。

右の諸事例からも明らかなように、次男以下が結婚した場合、北浦では本家での同居は行なわれず、本家の納屋や借家を借りる形で新たな所帯が持たれる。【事例六―4】の場合、話者KＩ２氏がタビに出て不在の間は妻は実家へ帰っているものの、話者KＩ２氏がタビから戻っている間は本家の納屋での生活となる。その後、子供の誕生を契機として家を建てている。【事例六―5】の場合は広島県尾道市の向島に家族で住んでいる間以外は、平成六(一九九四)年に家を建てるまで借家住まいを続けていた。【事例六―6】では結婚と同時に妻の実家から家をあてがわれている。【事例六―7】では結婚と同時に親戚の家を借り、その後、昭和五五(一九八〇)年に家を建てている。

ここで注目したいのは本家の納屋や借家の提供と、分家にともなって本家から分け与えられる土地についてである。まず、本家の納屋や借家の提供について考えてみよう。北浦では次男以下が結婚した場合に、本家が納屋などを提供して住まわせることが多かったという。たとえば話者ＫＩ５氏は「昔は本家の納屋などを借りて住む人がいた。いまでもそういう家はある。本家がいくらか金を出してくれて家を建てるという家もある」と語り、話者ＫＩ10氏は「父親は五人兄弟の末っ子だった。北浦の塩田の浜子だった。結婚してからはよその家の納屋を借りて、そこに畳を二、三枚入れ、土間で煮炊きしていた。雨漏りのするような家だった。畑はよその家の作りきれない畑や、島外に出ている家の畑を借りたり、本家の手伝いをしていた」と語っている。また、話者ＫＩ８氏は「次男でも結婚するようになると家を求める。親元に残るのはそれほどいない。自分で家を建てたり、よその家を借りたりする。家を借りるということは多かった。空家もたくさんあった」と述べている。つまり、北浦では本家の納屋の提供や空家などの貸与によって、次男以下でも容易に住居を獲得することができる環境が整っていたのである。

一方、本家の納屋や空家を借りるという生活は、子供の誕生【事例六―４】や借家の老朽化【事例六―５】などを契機として、家を建てることによって解消される[17]。この場合、宅地に関しては本家から提供されることが多い。たとえば話者ＫＩ４氏は「本家が所有する土地は狭いが、田を分けてもらって家を建てた。どの家でも本家から田や畑を分けてもらい、それを宅地にして分家した」と語り、話者ＫＩ５氏は「分家するときは、土地がたくさんある家は田畑も分けるが、そうでなかったら、屋敷の土地を分けるくらいである。畑を分けて、それを屋敷にする。ただ、分ける家もあれば分けない家もある」と語っている。つまり、その家の土地の所有状況や本家の当主の気質にもよるが、基本的には分家の際には本家から、少なくとも宅地だけは分与することが規範となっているのである。民法上、兄弟で均等に遺産を相続することが定められる以前には、これが次男以下に対する唯一の財産の分与だったと考えられる。

しかし、分家が行なわれた後にも、さらに分家した人のつぎの世代の分家が控えている。したがって話者ＫＩ５氏が「新宅は石屋で儲けた金で家を建て、畑を増やし、それをまた子供に分ける」と語り、話者ＫＩ８氏が「畑のある家は畑をつけて分家させるが、親が固かったら分けない家もある。だから、分家すると自分で畑を増やして、それをまた子供に分ける」と語るように、分家した者はタビで稼いだ金で土地を買い足す。この土地は農地として購入しているが、子供が分家する際には宅地とすることをまったくためらわない。このようにして次男以下は新たな家を興して分家を繰り返すのである。

(2)　隠居の慣行

北浦においては隠居の慣行については全く聞くことができなかった。話者ＫＩ２氏は「年寄りの隠居はない。元気なうちは年寄りが親戚づきあいなどをしていた」と語り、話者ＫＩ４氏も「北浦で隠居するということはあまりない。兄もまだ自分が権利を振るっている。自分が元気なうちはなかなか譲らない。別棟に住むということもなく、交際もお宮も兄がしている」と語るように、北浦では元気なうちにつぎの世代へ家を継承することはないようである。

それでは、なぜ北浦では隠居が行なわれないのであろうか。生業とのかかわりという観点から一点だけ指摘しておきたい。それは石屋や船乗りなどタビを中心とする北浦の生業形態が、少なからず影響を与えているのではないかということである。

石屋を例にすると、石屋は山石屋かカチかによって多少の違いはあるが、一年間のほとんどを島外で過ごす。山石屋の場合、北浦に戻るのは多くて年四回、すなわち正月、春市、盆、秋祭りであり、カチの場合にも仕事のあるうちは盆や正月でも戻らないことがある。この間、北浦の家は婦人と子供、そして老夫婦に任されている。したがって親戚づきあいや村の「寄り」、あるいは年二回の「道つくり」などのデゴトには年寄りの男性が出ることになる。(18) つまり、一家の主として親戚や村落社会のなかで役割を果たすことができるようになるのは、石屋を引退してからなのである。石屋を引退する年齢は人によって差があるが、筆者の聞き取り調査の範囲では、五二歳から六七歳までであった。家庭の事情や石屋本人の体調など、引退の契機はさまざまである。このような生業形態による制約が隠居の慣行と相容れないことは明らかである。これは生業と家継承の問題を結びつける重要な接点である。

五　生業と家継承の関係

本章では杜氏や浜子、石屋のタビを主要な生業としてきた瀬戸内島嶼部の二つの地域、宮窪町宮窪と伯方町北浦を取り上げ、家継承の慣行がタビとどのような影響関係にあるのかを明らかにしてきた。

まず、家督の相続については、宮窪においても北浦においても長男が優先される長男子相続であった。したがって、次男以下に対して均等に財産が分与されることはない。

宮窪では、そのために次男以下の多くは島外へタビに出て自らの生活の場を獲得する。しかし、宮窪のなかで生活することができなかったわけではない。公務員や農協の職員などといった仕事はもちろんだが、酒蔵や塩田へのタビ、石屋や土建会社での日雇労働、そして自営業などによって宮窪で生活することが十分に可能だったのである。つまり、宮窪においては、とくにタビが、財産の分与を受けなくても生活できる環境を次男以下にも与えていたのである。しかし、農業へ依存する姿勢が比較的強く、次男以下が土地を分けてもらうことを期待できない宮窪においては、基本的には分家は行なわれず、次男以下が島外へ出ることが規範となっていた。

一方、北浦においては、男性は必ずと言って良いほど分家を行なっていた。これは瀬戸内島嶼部の他の地域ではこれまで確認されていない現象である。一般的に瀬戸内の島々では土地が狭く、分家によって土地が細分化されることを避けなければならないからである。それでは、なぜ北浦では分家が繰り返されたのであろうか。

北浦では、長男次男共に就く職業が限られていた。すなわち石屋、船乗り、塩田の浜子等である。そのなかでも石屋が圧倒的多数を占めていた。石屋は移動性が高く、とくにカチの場合には個人で工事現場などを渡り歩くため、家族を連れて移動することはできない。また、工事の切れ目など、仕事の合間に戻る場所も必要である。仕事に関する情報がもっとも集まる場所も北浦であった。一方の山石屋はカチよりも移動性が低いため、自ら丁場を経営する場合には家族を連れてタビに出ることも多かったが、第五章でも見たように、丁場のある土地は必ずしも安住の地ではなかった。山では良い石が出続けるとは限らず、石の値段も常に変動していた。また、丁場の多くは人里離れた辺鄙なところに位置し、地元の人びとからはよそ者として差別されることもあった。したがって、山石屋にとっても、北浦に拠点を置くことは理想的だったと考えられる。北浦で石屋を続ける以上、長男次男にかかわらず、北浦における拠点はどんなに小さな家であっても必要だったのである。また、このようなタビを中心とする生活は農業への依存度を低め、土地の広狭に固執する姿勢を生み出さなかった。つまり、タビだけで生計を維持する傾向の強い北浦では、土地を農地として利用するよりも、タビを支える生活の根拠地として活用することが選択されてきたのである。農業を生業の中心とする土地においては、農地を分家の宅地に宛がうという発想は起こりにくいはずである。このような生業の条件が北浦での分家と密接に関わっていることは間違いない。

つぎに、隠居の慣行について考えてみよう。宮窪で行なわれてきた隠居慣行は瀬戸内島嶼部では一般的なものである。すなわち、家長がある程度の老齢となり、長男の社会的地位が確立してきた段階で、家督に関わる一切の権利を長男に譲り、屋敷内の小さな別棟あるいは母屋の一間などに移り住む慣行である。この慣行に関しては、家督の相続者であっても島外へのタビに出ることの多かった宮窪の生業のあり方に適合するものである。なぜなら、家長がある程度の年齢までその地位を保持することによって、農業や親類・地域社会との交際など、家の経営の一切を行ない、その間、後継者はタビなどによる現金収入の獲得に専念することができるからである。しかし、宮窪の場合、このような生業との関係性が家継承の規範よりも優先されているとは考えにくい。生業を優先させるならば、隠居する時期をなるべく遅らせる方が、よりタビを柱とした生業に集中することができるからである。したがって、宮窪においては、生業を滞りなく行なうという、生業を優先させる考え方よりも、隠居を行なうという規範自体が重視されてる傾向にあったと考えることができるであろう。

一方、北浦においては隠居の慣行が全く見られない。石屋という島外で多くの時間を過ごす生業を柱とする北浦においては、石屋を引退してから家長としての役割を親戚や村落社会のなかで果たすようになるからである。つまり、北浦における家継承は、家長の年齢や後継者の社会的地位の確立が契機となりえず、後継者の石屋からの引退を待たなければならないのである。北浦において、古くは隠居の慣行が行なわれており、それが、タビを優先させる結果として現在のように隠居を行なわなくなったのか、それとも古くから隠居の慣行がなかったのかは明らかにすることができない。しかし、現状において、隠居の慣行の行なわれないことによって、老人に家の経営が任され、壮年層はタビに専念することができるような仕組みが確立され、タビを中心とした生活を円滑にしていることは確かである。

島は農耕可能な土地が狭いという地理的条件を抱えている。したがって、このような条件を克服するための生業上の工夫が必要となる。その一例がタビである。タビは島外での労働に従事するものであり、島で所有する土地の広狭に関わらず安定した収入を獲得することのできる手段である。したがって、タビは瀬戸内の多くの島の生活を支えてきた。しかし、このような生業形態は、その土地において形成されている社会組織や家族組織、伝統的な慣行などのさまざまな要素から独立して存在することはできない。それぞれの民俗は相互に影響し合いながら成り立っているのである。本章ではこのような視点のもとに、宮窪においても北浦においても、家継承の慣行がタビという島で生活するための重要な生業を妨げることなく、あるいはお互いに支え合う形で、また、場合によっては家継承の慣行という、必ずしも生活を支える生業との関係が合理的ではない規範を優先させながら存在していることを確認することができた。

ただ、当然のことながら生業は家継承の慣行のみによって支えられているわけではない。今後、生業とそれを取り巻くさまざまな民俗との関係を、具体的な事例から明らかにしていくことが課題となる。

註

（1）江馬三枝子『白川村の大家族』三国書房、一九四三年

（2）有賀喜左衛門『日本家族制度と小作制度』有賀喜左衛門著作集 第一・第二、未来社、一九六六年

同『大家族制度と名子制度』有賀喜左衛門著作集 第三、未来社、一九六七年

（3）奥村幸雄「労働力からみた家督相続の実態―山形県置賜地方の場合―」（『日本民俗学』114、日本民俗学会、一九七八年、五八頁）

（4）大間知篤三「伊豆七島研究―利島の隠居と分家―」（『民間伝承』第三十一巻第三号、六人社、一九六七年、）

（5）内藤莞爾「離島村落の社会人類学的研究」（『民族学研究』第三十巻第三号、日本民族学会、一九六五年、二一四―二一五頁）

（6）岩本通弥「民俗学における『家族』研究の現在」（『日本民俗学』213、日本民俗学会、一九九八年、五〇―五二頁）

（7）大間知篤三「家の類型」（『民間伝承』第十四巻第十二号、民間伝承の会、一九五〇年）

（8）上野和男「家族の構造」（『村と村人＝共同体の生活と儀礼＝』日本民俗文化大系 第八巻、小学館、一九八四年、四二四頁）

（9）竹田旦『民俗慣行としての隠居の研究』未来社、一九六四年、二三八―二四五頁

（10）「愛媛県民俗地図」6 隠居制（『愛媛県史』民俗上 付録、愛媛県、一九八三年）

（11）『弓削民俗誌』弓削町、一九九八年、一一一頁

（12）倉田一郎『採集手帖（沿海地方用）』24 愛媛県越智郡宮窪村（1）、成城大学民俗学研究所蔵、一九三八年

（13）註（12）同書

（14）越智諸島の島々でもっとも農業に力を入れている地域のひとつである上浦町盛（大三島）の経営耕地面積の変遷を参考までに示しておこう。盛では昭和四五（一九七〇）年から昭和六〇（一九八五）年までは〇・五～一・〇町の経営耕地を有する農家がもっとも多く、それに次ぐのが一・〇～二・〇町の経営耕地を有する農家である。平成二（一九九〇）年以降はその割合が逆転し、一・〇～二・〇町の経営耕地を有する農家が四〇％を超えている。宮窪の経営耕地面積が決して多くはないことが理解される。

（15）塩田は伯方島の木浦や北浦にもあり、必ずしもタビをともなうものではなかったが、タビに出て島外の塩田で働く浜子も多かった。

（16）ただ、話者ＫＩ３氏の場合、昭和二〇年代に購入した田の一方を弟である話者ＫＩ４へ宅地として譲っている。
（17）事例には出てこないが、金銭的な余裕も家を建てることの契機となるであろう。
（18）年寄りの男性がいないときには女性が出ることになる。北浦では女性の参加が嫌われることはなく、「女には女の仕事がある」（話者ＫＩ４氏）という。

第七章　集落の山の神から石屋の山の神へ
――香川県丸亀市広島における山の神祭祀の変化――

一　問題の所在

本章では、石屋のタビにともなう文化変化の一例として、山の神を取り上げる。

タビは瀬戸内島嶼部に、常に新たな情報や文化を流動させ、それなくしては島の発展はあり得なかった。島に暮らす人びとはタビに出ることによって、さまざまな情報を故郷にもたらし、一方で、自らの文化をタビ先に伝えた。つまり、タビは多様な側面における交流を副産物としてもたらしたのである。したがって、タビの研究は、タビによる人の移動そのものだけではなく、人の移動に付随するさまざまな現象にも目を配らなければならない。

これまで見てきたような石屋のタビについても、ただ単に人が移動したというだけではなく、採石の技術や文化の移動をももたらした。宮本常一が広島市江波の石屋について「ユーモラスな明るい性格を持った人たちではなし上手であった。多分この仲間がもちあるいたであろうが、おさん狐という化けることの上手な狐のはなしが瀬戸内海沿岸の新田地方にひろがっている。山中でも聞くことが多い。伊予の与三郎狸と化かし合いをしたはなしはなかなかおもしろい」(1)と述べているように、石屋のタビにともなう文化の移動や変化は、各地で見ることができる。たとえば、北木島では在来の住民が採石や石材の加工に従事するようになったばかりでなく、伊予の石屋の石切唄が歌われるようになったが、このような文化や技術の移動や変化のなかでもとくに興味深いのが、石屋が丁場に祀る山の神に関する問題である。

古くから石屋は丁場や丁場の近隣の集落に、作業の安全を祈願して山の神を祀ってきた。石屋による山の神信仰は、第五章でも取り上げたように、北木島や白石島でも確認することができ、タビの石屋のアイデンティティの発露ともなっていた。しかし、北木島および白石島の調査では、山の神がどのようにそれぞれの島に浸透していったのかを詳しく確認することができなかった。そこで本章では、第五章までのフィールドとは異なるが、青木石と呼ばれる花崗岩で有名な香川県丸亀市広島の事例を取り上げたい。広島には、伯方島や北木島からもタビの石屋が来島している。したがって、広島はこれまで述べてきた伯方島の石屋のタビと無縁の土地ではない。

広島には集落単位で山の神があり、主に石屋たちによって祀られている。正、五、九月の九日が祭日であるといい、簡略化されつつはあるが今日でも祭が続けられている。現在、島では山の神は石屋の神であるという認識が一般的である。

しかし一方で、広島では石屋以外の人びとによって祀られてきた山の神の存在も、聞き取り調査や、武田明による『離島採集手帳』(2)などによって確認することができ、石屋によって祀られている山の神はその山の神を分祀したもの、あるいは祀り直したものであることが明らかとなった。

それではなぜ、どのように石屋は山の神祭祀の中心となり、山の神が石屋の神と認識されるに至ったのであろうか。本章ではその過程を事例に即して復元することによって、石屋の移動にともなう山の神祭祀の主体の交代や、山の神の性格の変化の原因について明らかにしたい。

二　調査地と採石業の概要

広島は香川県丸亀港の北西約一一キロメートルの沖に浮かぶ塩飽諸島中最大の島である。面積は一一六六平方キロメートル、島の周囲が一八・五キロメートルある。全島が山地状であり、沖積層は谷間にわずかにみられるだけである。海に向けて開けた限られた平地に七つの集落（立石・江の浦・釜の越・甲路・青木・市井・茂浦）があり、現在、江の浦地区に公共施設が集中している（図6）。広島における世帯数・人口の推移については表27に示したとおりである。人口は昭和三三（一九五八）年以降、四二年間で五分の一近くに減少しており、世帯数も半分以下となっている。

表 27　広島の世帯数および人口の推移

年	人口	世帯数
1958（S33）	3363	851
1960（S35）	3302	842
1966（S41）	2585	787
1970（S45）	2215	677
1976（S51）	1753	598
1980（S55）	1659	575
1986（S61）	1306	508
1989（H 1）	1171	486
1993（H 5）	999	447
1998（H10）	782	397
2000（H12）	721	373

註：平成 12 年度『広島支所の概要』丸亀市役所広島支所を参照した

さて、広島では青木石と呼ばれる花崗岩が切り出され、香川県下では庵治・牟礼、小豆島に次ぐ石の産地である。明治以来続く石の切り出しによって島西部の山肌は白くえぐられ、山容自体が変化しているところも少なくない。平成一二（二〇〇〇）年度末の時点で事業所数四一、従業員数九七、石材生産量一三万六〇〇〇トン、年間売上高四億四〇〇〇万円余り(3)となっており、採石業は島で中心をなす産業である（写真14）。

広島の採石業の起源もまた大坂城築城の際の石の切り出しであると伝えられているが、実際に現在の採石業の基礎となったのは中村宗兵衛ら三名の石材企業家が甲路に明治一八（一八八五）年三月に開いた石丁場であり、

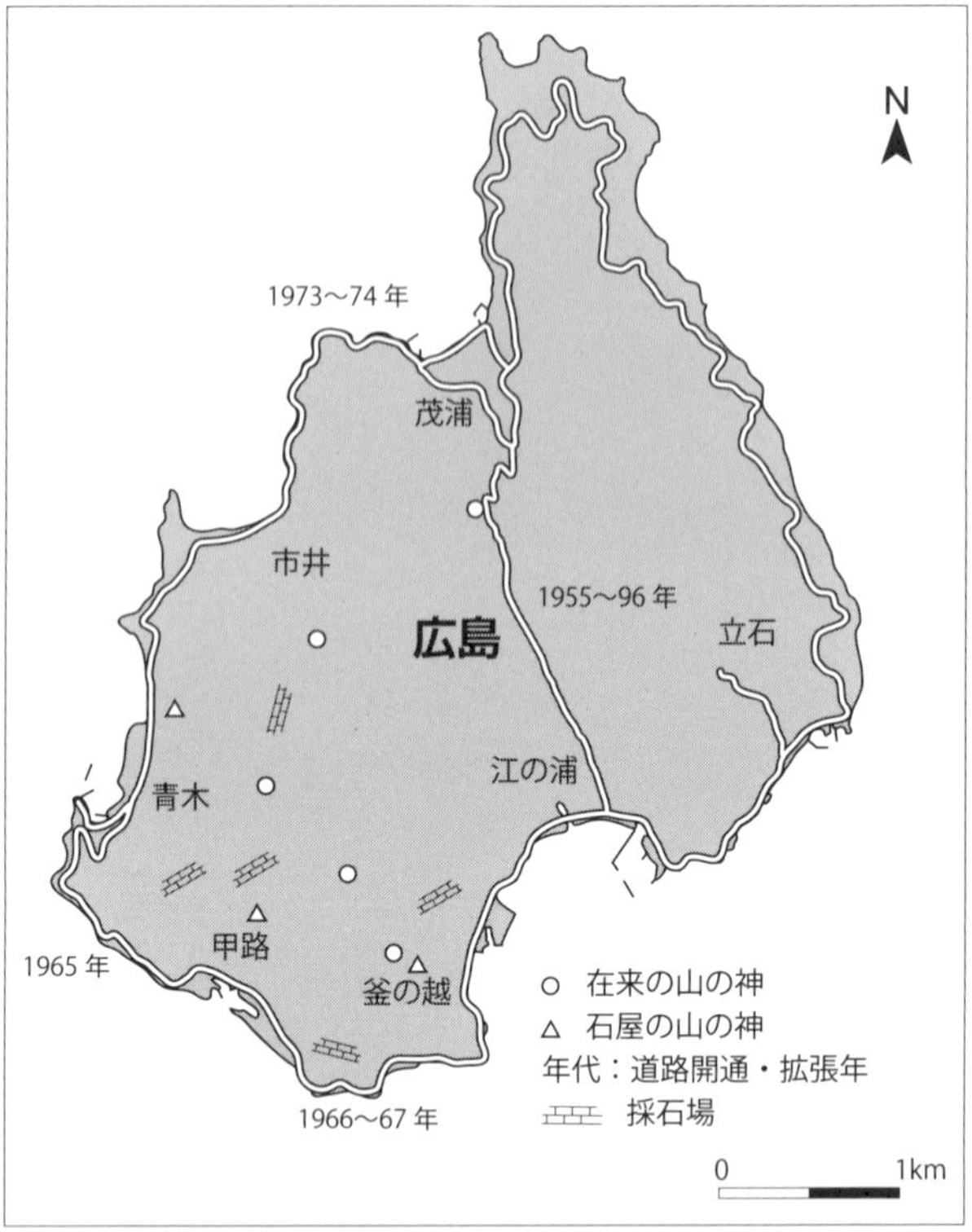

図6　香川県丸亀市広島

写真14　広島の丁場（平成13年）

職人は二四人であったという。[4] 当時小豆島から職人を招いたという話も残されている。その後、日本社会の近代化にともなって土木工事用の石材の需要は高まり、良質の花崗岩を産出する広島には大正から昭和初期にかけて石丁場が増加していった。

広島の石屋は多くが島外からタビで来た人びとである。現在釜の越で丁場を開いている九軒の石屋のうち、判明しているだけでも六軒が島外から先代、あるいは先々代が来島しており、その出身地は岡山県の北木島、児島、広島県の倉橋島、尾道、香川県の宇多津、小豆島といった地域である。その他、広島全体では愛媛県の大島、広島県の福山、香川県の詫間などの出身者もみられる。伯方島から来たという石屋については確認することができなかったが、伯方島での聞き取り調査では広島へもタビに出ていたという話が聞かれ、また、北木島から広島へ来たという石屋がいることから考えても、広島でも伯方島の石屋が活躍していたことは間違いない。

広島で採られる石の用途は墓石、間知石（石垣用）、捨石（埋め立て用）の三種類が中心である。一九九〇年代前半のバブル期までは安定した売上を保っていたが、その後は徐々に下降し、平成一二年度の売上高は最盛期であった平成三（一九九一）年の約三分の一近くにまで落ち込んでいる。これは日本の景気悪化と中国からの安価な製品の流入によるものである。中国からの輸入の増加は現在でも続いており、平成一三（二〇〇一）年三月には輸入金額が過去最高の六六億円となっている。[5]こういった状況の中で石屋の数は徐々に減少し、昭和五六（一九八一）年には六〇軒あった事業所が、平成一二年には三分の二の四一軒となっている（表28）。

表 28　採石業者数と年間売上高の推移

年度	事業所数	従業員数	年間売上高（円）
昭和56 年	60	132	1,206,495,000
57 年	58	155	1,223,024,000
58 年	58	151	1,199,841,000
59 年	55	125	1,025,704,000
60 年	53	116	1,031,224,000
61 年	51	124	1,043,186,000
62 年	53	128	1,048,885,000
63 年	52	127	1,196,459,000
平成元 年	52	114	1,228,278,000
2 年	52	112	1,214,697,000
3 年	50	117	1,364,588,000
4 年	49	105	1,186,842,000
5 年	47	102	1,142,642,000
6 年	45	86	991,173,000
7 年	43	78	921,578,000
8 年	40	76	870,540,000
9 年	—	—	750,185,000
10 年	41	73	657,614,000
11 年	39	70	642,618,000
12 年	41	97	443,514,000

註：青木石材協同組合提供資料により作成

平成九（一九九七）年度の農作物の出荷高が約四一万円、[6]漁獲高が約六〇〇〇万円[7]という島の産業の現状において採石業の占める割合は非常に大きい。また、高齢化、過疎化に悩む広島において、唯一若者の就業が見られるのもこの採石業である。採石業の衰退は島の存続にもかかわる大きな問題である。

三　石屋の信仰の諸相

広島での石屋による山の神信仰を見る前に、一般的な石屋の信仰がどのようなものかを概観しておきたい。

石屋が信仰する神には三種類ある。すなわち、石材の採掘や加工に必要な金属製の道具（鑿や矢）を修理するための鍛冶仕事にともなうフイゴ神、職業祖神としての聖徳太子、そして石の切り出しの行なわれる山を掌握する存在としての山の神である。

フイゴ神は鉄山師や鋳物師、鍛冶、金銀銅山の床屋、鎊職、鋳掛屋等、金属加工に携わる人びとによって祀られてきたが、(8)金属製の道具の修理が日課となる石屋からも信仰を集めてきた。一般的には旧暦一一月八日がフイゴ祭とされているようであるが、石屋においてもこの日にフイゴ祭が行なわれていた。たとえば、これまでも本書で取り上げてきた岡山県笠岡市の白石島の報告には「一一月七日は、石材採掘者だけのフイゴマツリの日である。フイゴにオカガミをそなえる。昔はオヤを招待して御馳走し、職人を休ませた。実際にフイゴは使わなくなっても、このマツリだけは必ず行なわれている」という報告があり、(9)本章で取り上げる香川県丸亀市広島に関しても「一一月八日は石工がフイゴマツリをする」との記述が見られる。(10)また、香川県坂出市の小与島についても「旧11月7日の晩からフイゴマツリなので、6日の晩か7日の朝に餅をついて、みかんといっしょに供える。フイゴマツリは昭和10年代から肉を主体とした料理だったが、ここ数年はすっかりすたれてしまった。この日は職人の正月のような感じで、親方（丁場をしている家）がごちそうした」と報告されている。(11)このように、フイゴ神は石屋によっても盛んに祀られてきたが、その本質は金属製の道具の修理に欠かせない火を司るフイゴに神格を見出したものである。

一方で職業祖神としての聖徳太子に対する信仰も広くみられる。近世にはすでに「大工・左官・瓦工・石屋・畳屋などの職人が、各地で太子講を組織し、聖徳太子を祖神と崇めていた」というが(12)、その背景には、寺院や墓の造営に類い稀なる能力を発揮したとされる太子を「建築・土木についての先覚者とする観念」が一般に流布していたことや(13)、太子を曲尺の発明者とする俗信が控えている。瀬戸内島嶼部における筆者の調査では、石屋が聖徳太子を祀る事例を聞くことはできなかったが、『日本石材工業新聞』(14)の記事を見ると、主に石材加工業者を中心に、戦後も篤い信仰が保たれていたようである。たとえば、昭和二九（一九五四）年四月一六日には「米河内石工組合太子講盛大」という見出しでつぎのような記事が見られる。「愛知県額田郡常磐村米河内石工組合では三月十五日同村徳善寺において石工業者の祭神たる太子講祭りをなし、併せて先輩物故者十一氏の慰霊祭も盛大に行つた。なお夜間は家族慰安会として映画見物をさせて全家族を喜ばした」。また、同じく昭和二九年六月一日には「岡石協組太子講」と題する記事があり「恒例の岡崎石製品工業協同組合太子講祭を兼て、石材加工業界物故者慰霊祭は六月一日午後一時から同市花崗町宝福寺大本堂で業界人及遺族多数参列の上執行する」との記述が見られる。

このように、建築・土木の神としての聖徳太子に対する信仰は石屋にも見出すことができるが、管見の限りでは、石屋の中でも加工業者が中心となった信仰のようである。日本における石材に関する技術が戦国期の築城や近世の新田開拓、塩田の築造といった大規模な土木工事とともに発展してきたことを考え合わせると、石屋と聖徳太子との関係は、大変興味深い問題である。

さて、三番目に山の神を見よう。山の神に対する信仰は複雑を極めており、言うまでもなくその研究蓄積は膨大である。したがって、山の神の研究史について議論することは筆者の力量に余る作業であるが、その要点のみを先学の研究に沿って簡潔にまとめておきたい。

山の神には「狩人らの信仰する山の神、杣人、炭焼、石工などの頼む山の神、百姓の崇めまつる山の神、町の商人らがいつく山の神、子供らの守護神とされ、彼等が祭を主管する山の神など」があり、「時代と場所によって其の姿は千変万化している(15)」が、そこで立ち現われる問題は多種多様である。そのなかでも、堀田吉雄は四つの重要な問題点を指摘している。すなわち、「山人の信仰する山の神」と「農耕者の信仰する山の神」の二種の「原初形態」の連続性とその前後関係に関する問題、山の神信仰と祖霊信仰との関係に関する問題、田の神と山の神との季節的交替の問題、信仰形態の展開変遷に関する歴史的な問題である(16)。

石屋の祀る山の神については、早くは明治四二(一九〇九)年に柳田国男がつぎのように指摘している。「『山ノ神』は今日でも猟夫が猟に入り木樵が伐木に入り石工が新に山道を開く際に必ず先づ祭る神で。村に由っては其の持山内に数十の祠がある。思ふに此は山口の神であって。祖先の日本人が自分の占有する土地と未だ占有せぬ土地との境に立て、祀ったものでありませう(17)」。つまり、柳田は猟師や杣、石屋の祀る山の神を、人間の支配する世界と山という人間の支配し得ていない世界との境界を示す神として捉えていたのである。

柳田以降にも石屋と山の神との関係を指摘した報告等は少なくない。たとえば、橋詰延壽は高知県吾川郡諸木村(現高知市)の事例として「毎月旧十九日が山の神の日であるので、地主に関係無く、木びき、石割の者が山の神を祭る」ことを紹介している(18)。また、堀田吉雄は三重県尾鷲市三木里町のつぎのような事例を紹介している。

山の神は、女神でオトロシイ神様であるという。伊東さんのお話では御神体は子を抱いた御姿であるとのことであった。伊東さんは若い頃、石材業をして居り、たくさん石切人夫を使っていたことがあった。三木里の山からは間知石を切り出し、船で移出しているのである。三木里と三木浦の中間に小脇という大字がある。この小脇と三木浦の間に小字水谷という所があって、そこに石切人夫らの信仰する山の神があった。ある時、自分の使っている石切人夫が山で怪我をしたので、大分荒れたままになっていた水谷の山の神を、修繕してお祭りしたことがあった(19)。

この事例に登場する「伊東さん」が明治二四（一八九一）年生まれであることを考えると、「伊東さん」が「石切人夫」と共に山の神を祀ったというのはおそらく戦前の話であろう。

さらに『日本石材工業新聞』の昭和二八（一九五三）年一一月一六日号には「石材業者の祭り 山の講神事」と題したつぎのような記事が掲載されている。

太古の昔から石材業者がお祭りする山の神様（俗称山の講）は、毎年旧暦十一月七日全国斯業者は夫々自己の採掘山や作業場に祭壇を設けて、神酒や、果物、その他を献じて山の神様の加護を感謝し、併て作業中事故なき様祈願する一つの重要神事であるが、本年も来る十二月十二日（旧暦十一月七日）は恒例に依つて盛大にこの行事が、あの山、この山、此作業場において行われる事となつたが本年は特に、国内の被害甚大でありし為め、此祭神に対し加護あらん事を、親しく御願する筈である……と。また同日は一日斯業者は全休して奉祝する。

この記事からは全国の採石業者を含めた「石材業者」が旧暦一一月七日に仕事を休み、山の神に対する神事を行なっていたことが読み取れる。祭日が先述のフイゴ祭と重なっていることについては少々混同が見られるが、山の神に求める利益については作業中の無事故であることから、フイゴ祭とは明らかに異なる神事であることが理解される[20]。

一方、茨城県笠間市では正、五、九月の一日の年三回、山の神の祭が行なわれ、さらに事故がおきて死者や怪我人が出たときなどには「臨時山の神」を行ない、仕事場を清めたという[21]。また、同県真壁郡真壁町では正、五、九月の八日に山の神祭が行なわれ、二〇年に三〜四回の割合で石屋と加工業者が合同して「合同山の神祭」を行なうという[22]。

さて、瀬戸内海沿岸の石屋もまた山の神の熱心な祭祀者である。

瀬戸内には山の神を愛媛県今治市の大三島に鎮座する大山祇神社の祭神である大山祇命だとするところが多い。小豆島の大部では「石屋のおまつりといえば、ほかに大山積神社と吹子祭です。大山積神社というのは、大三島にある、いわゆる山の神さまで、正月の九日におまつりするのです。交通の不便な昔は代表者がもらってきた分身を各自おま

写真 15　北木島瀬戸の山の神（平成 13 年）

つりしたのですが、最近は便利になったせいか、そろって初参りにい[23]」くという。

　岡山県笠岡市北木島でもかつては石屋による山の神祭が盛んであった。伯方島の伊方出身の石屋が多かった瀬戸では、大きな岩の下に石祠が作られ、大三島の大山祇神社の神札が祀られている。正、五、九月の九日には一〇軒の石屋が集まり、祭をしていたという（写真15）。祭神は大山祇命である。祭では幟を立てて魚と銭を供え、祝詞をあげて飲み食いをしたという。また、祭の際にくじ引きで決められた当番二人が、一月と八月に大山祇神社へ講帳を持って参詣して祈禱を受け、お札をもらって帰った。もらったお札は当番の家が個人的に神棚で祀っていた。さらに、第五章で紹介したように、北木島の中心集落である大浦の諏訪神社の鳥居横には「大山祇命」と彫りこまれた大きな石碑が残されている。これは明治四一（一九〇八）年に畑中平之烝によって建てられたものである。この石碑に刻まれた碑文の一節には「嗚呼本島をしてかかる盛運を得しめしもの一に是れ大山祇命の恩」とあるように、その信仰は並々ならぬものであった。このほかにも北木島では豊浦にも山の神の祠を確認することができる。石祠の前には拝殿が建てられ、石祠には大三島の大山祇神社の神札が納められている。大山祇神社の先達もいたという。

　岡山県笠岡市白石島でも石屋が講を組織しており、毎年旧暦四月二二日の大山祇神社の例大祭には大三島へ出かけ、さらに正、五、九月の九日には山の神祭りが行なわれる。白石島の氏神である四社神社の傍らにある山の神の石祠の中には「大山祇命」と彫られた石が入れられている[24]。石屋はここで山の神祭を行なう（写真16）。また、石材組合の

写真 16　白石島四社神社脇の山の神（中央）（平成 13 年）

写真 17　白石島石材組合の山の神の掛軸（平成 13 年）

集会所には「日本総鎮守　大山積大明神」と書かれた掛け軸が掛けられている（写真17）。以前はこの掛け軸を三つの谷（おりくち・長谷・ウルメ）ごとにまわし、山の神祭を行なっていたという。

香川県内でも断片的ではあるがいくつかの事例が報告されている。採石業の盛んな小豆島では「山の神は採石場ごとにまつり神酒、花をあげる。年に一回、一月九日に神社境内にまつる山の神に参る。内海町福田の山神は、拝殿の向うに花崗岩の石祠がある。明治三十九年五月建之、寄附人当村石丁場中とある。この石祠が安置されるまでは、数畳に及ぶ巨岩の下にちょっとした石をたてて祠《ママ》っていた[25]」とある。また、木田郡牟礼町では「丁場の石屋にとって一番大事なおまつりは、山の神様の祭りである。正、5、9月の7日と年に3回お祭りをする。その日は休みとなる。この日は親方は徹夜で山の神様の社にこもって山仕事の安全と繁昌を祈願する」(26)。小豆郡土庄町豊島家浦では「石丁場には、どの丁場にも山の神様を祀っている。山の神様が石職人の守護神だからである。正月9日が祭日で、魚の干物、するめ、野菜、菓子などを供える」(27)という。綾歌郡国分寺町新名では加工業者が「正月と7月にそろって、山の神を祭る」といい「現在の山の神は、伊予の石鎚さんをお祭りしている」(28)。

石屋の山の神信仰についてては断片的な報告が多く、現在のところその全容を明らかにすることは困難であるが、その心意は山への感謝などといったことよりもむしろ、危険な作業にともなう災害などの現実的な問題の解決にあると考えてよいであろう。

四　石屋以外の人びとの山の神祭祀

それでは、具体的に広島の山の神信仰を見ていきたい。

広島では現在、山の神は石屋の祀る神であると、石屋からも、石屋以外の住民からも考えられている。しかし、『離島採集手帳』や『離島生活の研究』といった武田明による報告には、石屋が山の神を祀ることと、石屋以外の住民によって祀られる山の神の存在とが同時に記述されている。広島における採石業が明治に入ってからはじまったことと、武田の報告とを総合すると、広島には古くから山の神に対する信仰が存在し、その後、採石業がはじまり、島外から来島した石屋によって採石の技術とともに山の神に対する信仰がもたらされ、戦後いずれかの段階において在来の山の神信仰が衰退した結果、山の神は石屋の神だとする現在の認識に至ったと考えることが妥当であろう。

そこで本節ではまず、石屋以外の人びとによる山の神信仰を明らかにする。

広島では現在でも石屋の祀る山の神とは別の山の神の存在を、七集落のうち立石を除く六集落で認めることができる。以下集落ごとに、所在地や祭日、信仰内容等、山の神祭祀の概要を聞き取り資料と文献資料を用いながら記述してみたい。

(1) 江の浦

山の神については現在ほとんど話を聞くことができない。王頭山の中腹にあったものがそうではないかという話を数人から聞くことができた程度である。しかし、『離島生活の研究』の武田明の報告には若干の記述が見られる。武田は「年中行事」の項で正月一一日についてつぎのように記している。「江の浦では、またこの日をヤマノカミノゴメイニチという。江の浦の山には山の神さまがあるが、平家の落人をまつってあるのだともいい、この日は朝から夕方までおこもりをした。ここの山の神は二体あるが、兄と弟の神で、仲が悪いといい、間をあけてまつってある」[29]。また『離島採集手帳』では「この他に山の神さまを祀ってあるところが２３ヶ所ある。この島でも山の神の日は山へ鎌を持って行くな山の神のイキアヒに逢うと頭が痛くなるからと言ってゐる」[30]と記録している。さらに瀬戸内海歴史民俗資料館が昭和五七（一九八二）年に行なった調査でも、江の浦の山の神について「王頭山の山の神」として報告されている。「昭和13年ころ、社を建てた。瓦や水をかついでいって建てた。正月11日が祭日。戦争中には、家族が入営式の旗をもって、安全を願った。この時、酒・餅・オシメ（しめ縄）をもっていく」[31]。

(2) 釜の越

現在、集落のもっとも山寄りの位置に八畳ほどの広さの小屋が建てられ、そこで山の神が祀られている。祭祀の中心は石屋である。しかし、古くは甲路へ抜ける山道からさらに山へ入る道のツジ（峠）にあったという。これをモトヤマノカミという。モトヤマノカミは人が乗れるほどの大きく平らな石の上にさらに大きな石がかぶさったその間で小さな石が祀られているという。以前は正月九日には必ず四～五人の老婦人が連れ立ってお参りに行っていた。山や山に入る人を守ってくれる神だという。また、現在小屋で祀られている山の神も、もとは石屋が祭祀の中心というわけではなく、集落全体の信仰を集めていた。誰かが病気や怪我をしたときにはお百度参りをしていたという。

(3) 甲　路

甲路については山中に山の神があったという話も聞かれるが、その詳細についての資料を得ることはできなかった。しかし、甲路は集落自体が採石業の発達とともに拡大し、青木から独立したという経緯があり、集落の氏神が山の神となっている。よって詳細は次節で扱うこととする。

(4) 青　木

青木に住む明治四三（一九一〇）年生まれの女性の話によると、どの集落の山の神も山道のツジのあたりにあり、稜線をつたって山の神を巡ることができたという。

青木の山の神は、青木から江の浦へ行く道から心経山に登る道が分かれるところにあった。この話者が子供のころには祖母に連れられて、よくお参りをしてまわったものだという。娯楽が少ない時代の楽しみのひとつであった。特別な供え物やご利益はなかったが、信心深い人は参っていたという。今では青木と江の浦を結ぶ山道は使われなくなり、山の神に参ることは困難となっている。

(5) 市　井

山の神はやはり江の浦への道のツジにあるという。昭和一九（一九四四）年生まれの男性が江の浦の中学校へ通っていたころにはもう参る人は見かけなかったという。山の神は古い石であった。当時、島の中心は茂浦であり[32]、江の浦へ用事があって山道を通る人は中学校に通う子供か、電報や郵便の配達人くらいであった。

(6) 茂　浦

茂浦でも若干の話を聞くことができた。茂浦の山の神は江の浦へ抜ける県道の脇に祀られている。この道は平成七（一九九五）年から平成八（一九九六）年にかけて峠の部分を切り通す工事が行なわれ、現在の位置は旧道より数メートル西にずれ、さらに一〇メートルほど低くなっている。山の神が移動する際には新しい石の祠が建てられた。大正一二（一九二三）年生まれの男性によると、山の神はもともと旧道の大きな松の木の根元にあった。とくに祭日はなかったが、江の浦へ行くときなどにお供えをしたという。また、漁師はオコゼが獲れるとお参りに行き、オコゼを供えて豊漁を祈願した。現在では旧暦三月二〇日のお大師参りのときに一緒にお参りするという。また、山の神の命日は一一月か一二月だという人もいる。この山の神のある土地自体に山の神という地名がつけられている。

(7) そ の 他

文献資料の中には広島の報告として書かれてはいるが、広島内における具体的な調査地の記載がないものがあるので、ここで紹介しておきたい。

昭和四九（一九七四）年に香川県教育委員会から発行された報告書には「山仕事とヤマノクチアキ」としてつぎのような記述が見られる。

山の木を浜まで出す仕事があるが、これにはダシブといって運び賃をくれる。そのときはオイダイで背負って出すことが多い。運び出された雑木は船でもって丸亀、多度津、玉島方面へ売りに行った。

正月の四月《ママ》がヤマノカミノクチアキの日である。この日は大豆を三方に載せ、それに白紙に包んだ米とをもって、その年のアキ木の方角に行って供える。

正月十三日をヤマノカミノゴメイニチとよぶ。なおその年の最初に出かけるときはクマウジをさける(33)。

さらに「山仕事」の項ではつぎのような記述がある。

ヤマハジメは正月四日で、おみき・塩・にしめ・お洗米を持って山に行く。正月十一日はヤマノカミノゴメイニチといって山に入らない(34)。

この報告に対しては多少慎重な態度でのぞむ必要があるであろう。なぜなら、この「山仕事」つまり用材の伐採を行なっていたのは広島の住民ではなく、隣の手島の人で、広島の住民は賃稼ぎの運搬に従事していただけである、という話が聞かれるからである。また、行事の日取りのずれも認められる。しかしながら、広島の島民が山の神の存在を認識していたという事実自体は確認することができる。

以上、広島でかつては石屋とは関係の無い山の神が存在したことと、その山の神に対する信仰の概要を集落ごとに確認した。これらの事例からは、薪や木材を掌握する存在としての山の神という側面の他に、以下の二点の特徴を指摘しておこう。

まずは、漁師と山の神との関係が興味深い。漁師の山の神に対する信仰は全国的に見られ、一般的に山あてや魚つき林といった漁業と山との関係から説明される(35)。瀬戸内島嶼部において山の神を漁業神として祀る事例は、兵庫県の淡路島の南に位置する沼島で見ることができる。また、広島にほど近い岡山県笠岡市の真鍋島においても漁師が山の神にオコゼを供えるという事例が報告されている(36)。このように、山の神を漁業神として祀る習慣は、瀬戸内海においても必ずしも珍しいことではなかったのであろう。

また、山の神の祀られている場所の多くがツジ（峠）であることも示唆的である。第三節において柳田国男が山の神を境界の神として位置づけていたことを紹介したが、釜の越や青木、市井などで祀られていた山の神が多分に境界神的な、あるいは道祖神的な要素を持った山の神であったことは想像に難くない(37)。

五　石屋主体の山の神祭祀

つぎに、前節と同様、集落ごとに、今度は石屋が主体となって行なう山の神祭祀について具体的に確認したい。ただし、採石が行なわれている集落は釜の越・甲路・青木のみである。したがって、この三集落について報告する。

(1)　釜の越

前述のとおり釜の越における山の神祭祀の中心は、現在では石屋である。山の神の祭日は正、五、九月の九日である。祭の世話は九軒の石屋が三軒ずつ三つの組に分かれて一回ずつ交代で行なう。平成一三（二〇〇一）年五月九日の祭りでは朝の八時半に当番の家が小屋までの道と小屋周辺の草刈り、小屋のなかの清掃を行ない、「山の神神社」と染め抜かれた幟を立てた（写真18）。その後、祭壇に大根、椎茸、サキイカ、昆布、塩、洗米、神酒、天ぷら、菓子などを供え、阿波の剣山で免状をうけたという地元の老人が一〇時半に祈禱を開始した。以前は岡山県の児島から石鎚山の行者が来ていた(38)ので当番の家がたくさんの料理を振舞っていたというが、この年からは簡素化された。祭神

写真 18　釜の越の山の神神社（祭の当日）（平成13年）

は三柱あるが、中央が大山祇命、あとは石鎚権現で、もう一柱は不明である。祈願の内容は作業安全が中心で、その他家内安全など一般的なことだという。

釜の越ではまた、ある丁場の横の山中にもうひとつ山の神が祀られている。大きな岩の上に先のとがった小さな石が乗せてあるだけの簡単なものである。この山の神はある石屋が個人的に祀っているものである。さらに合同で山の神を祀る以前には丁場で山の神を祀っていたという業者もいる。どのように祀っていたかは不明だが、「山の神は二つはいらない」ということで廃棄したという。釜の越では丁場で山の神を祀っている例は他には聞くことができないが、丁場にある事務所に神棚を造っている例は一軒ある。この神棚には厳島神社、湊川神社、四国乃木神社、大宰府天満宮、明治神宮などさまざまな神社の札が祀られているが、とくに丁寧に祭を行なうのはやはり、正、五、九月の九日である。以前釜の越に行者が来ていたころにはこの事務所でも祈禱してもらっていたという。また、正、五、九月九日の山の神の祭の日に家の神棚に行者に来てもらったり、この日には普段より丁寧に手を合わせるという石屋もいる。家の神棚には石鎚、厳島、剣山、八栗寺などの札が祀られているが、とくに丁場の神としての「山の神」を祀っているということはないという。

(2)　甲　路

甲路においては集落の氏神自体が山の神の名を名乗る山の神神社である（写真19）。この神社は甲路から山へとつづく道の途中にあり、山の中腹に位置する。甲路にはもともと数軒の家しかなく青木の一部であったが、採石業が盛んになるにつれて家が増加し、現在のように一集落を形成するに至った。山の神は明治以降に青木の山の神を分祀したものだといい、(39) 祭神は猿田彦太神である。(40) 正、五、九月の五日に祭を行なっていたが、現在、五月の祭は掃除を行なう程度となっている。九月の祭は氏神祭りの性格が強く神輿も出る。また、毎年九月には伊勢の大神楽が島を集落ごとにまわるが、甲路に大神楽がまわって来る日も九日にあわせてもらっている。採石業の発展とともに形成された集落であるために、氏神である山の神の性格は他地域で石屋が氏神とは別に作業安全などを願って祀る山の神のそれに近い。

写真19　甲路の山の神神社（平成13年）

(3)　青　木（写真20）

武田明の報告には青木の石屋が祀る山の神についての記述が見られる。武田は青木で採掘される石を名高いものとして取り上げ、そこで働く石屋が「山の神をまつり安全を祈るためにオコゼをそなえる」としている。(41) 茂浦において、古くは漁師が山の神にオコゼを供えたことは前述のとおりであるが、石屋が山の神にオコゼを供えるという例は珍しいようである。(42)

さて、青木で石屋によって祀られている山の神は、青木の氏神である青野神社本殿裏の石祠の中にひっそりとたたずんでいる。その台石の左脇にはこ

写真20　青木の山の神（平成13年）

の石祠を建立した年代と寄附者名とが刻まれている。これによると、現在の位置にこの石祠が建てられたのは大正八（一九一九）年のことである。また、寄附者名を見ると石屋であると確認できる人の名前が三名含まれている。この山の神の祠が青木で採石を行なっていた人びとによって造られたことは間違いないであろう。

青木の山の神の祭は、昭和四（一九二九）年生まれの男性によると昭和三〇年代の前半には正、五、九、一一月の八日に行なわれていたという。一一月の祭は七日のフイゴ祭と連続して行なわれた。祭では火を焚き、神酒、ハジキ豆、南京豆、さきスルメなどが供えられる。祭の当番は青木の石屋が三つの班に分かれ、一回ずつ担当していたという。この祭は古くから行なわれていたようであるが、昭和二二（一九四七）年生まれの別の話者の話によると、以前は石屋全体でこの山の神を祭るのは正月だけであったという。それが、二〇年ほど前に青木の石材販売組織である「青木地区栗石協同販売」ができてから石屋同士が集まる機会が増え、山の神の祭も盛んに行なわれるようになったという。現在では青木の石屋を五班に分けて（一班三～四軒）祭の当番を務め、他の班の人びとの接待を行なっている。

また、青木では各丁場で個人的に山の神を祀る人も多い。現在ある一八軒の石屋のうち一〇軒は山の神を祀っているということである。そのうちの一軒では採石場脇のブルドーザー用の道の傍らの大きな石の上に祀られていた。祠は石を組んだだけのものである。とくに祭神などは決まっておらず「山の神」と呼んでいるという。以前は行者が神札を置いていったがどこのお札かは不明である。青木全体での山の神祭が盛んになる前はこちらの山の神の祭が中心で、正、五、九月の九日には必ず参っていたという。

以上、採石業の盛んな三集落における石屋による山の神祭祀と、その信仰について述べた。石屋の祀る山の神は同一集落の石屋が合同で祀るものと個人的に丁場などで祀るものとの二種類を挙げることができる。祭日は正、五、九月の九日または八日であり、主な祈願の内容は作業の安全である。

ここで注意したいのはこれらの合同で祀られている山の神がもともと石屋以外の島民によって祀られていた山の神、またはそれを分祀したものであるにもかかわらず、新たな祀り手である石屋によって山での作業安全の神という独自の性格が与えられている点である。採石業は山の恵みを享受するというよりも、山自体を破壊して切り売りする仕事である。また、常に危険と隣り合わせの状況での作業であり、死者の出るような大きな事故も決して珍しくはない。石屋の山の神信仰の根底には災害への恐怖がもっとも大きな位置を占めていると考えられる(43)。

六　山の神祭祀の変化

これまで集落ごとに祀られている在来の山の神と、そこから分祀されたり、利益を読み替えることによって石屋が祀っている山の神の双方を個別に見てきた。前述したように石屋の祀る山の神に先行して存在した集落の山の神はほとんど忘れ去られ、現在広島で山の神といえば石屋の祀る神であると認識されている。それでは、このような祭祀主体の変化はどのような経緯を経て起こったのであろうか。釜の越の事例から考えてみたい。

釜の越の石屋が合同で山の神を祀るようになったのは新しく、昭和三八（一九六三）年のことである。そのころの日本社会は高度経済成長期真っ盛りであり、採石業界も好景気に沸いていた。しかし、当時の丁場では機械化が進んでおらず、昔ながらの手作業であった(44)。したがって利益の増大はまた危険の増大をも意味した。このころの釜の越では事故が頻発し、昭和三八年には大きな事故で二人が命を落とした。この事故をきっかけに「山の神を粗末にしているからではないか」という話が持ち上がり、もともと石鎚山などを熱心に信仰していた人などが中心となって、釜の越の石屋全体で、もともと地域全体で祀られていた山の神を祀るようになったという。そして昭和三九（一九六四）年には集落で祀っていた山の神を、石屋が中心となって小屋を建てて祀り直した。その後、岡山県の児島から行者を呼ぶようになった。

この山の神の社のなかには寄附者名の書かれた板が掲げられている。最も古いものは昭和四〇（一九六五）年のもので「昭和四十年一月九日建造」と書かれている。昭和三九年という話とは日付がずれているが、建造年を正月の山の神の祭日に合わせた結果であろう。この板には寄附者名が四九と旧青木石材事業協同組合の名前が見られるが、寄附者名には石屋以外も多く含まれており、当時の山の神の祭祀主体が石屋だけではなかったことを示している。また、この社が一度火事に遭い再建された際の「昭和四拾四年五月九日落成」と日付のある板の寄附者名にも同様に石屋以外の名がみられる。ただしこの時は青木、甲路、茂浦、江の浦からも寄附が寄せられており、その寄附者は石屋と確認できる人が多い。この段階ですでに釜の越の山の神の祭祀主体が石屋に移っていることが分かる。その後、昭和五七（一九八二）年には「山の神拝殿屋根改築」が、同六〇（一九八五）年には「屋根（庇）工事」と「井戸工事」が、同六三（一九八八）年には「山の神神社電気工事」が行なわれているが、寄附者はいずれも石屋に限られている。このことから釜の越の山の神の祭祀主体は昭和四〇年代後半から五〇年代半ばにかけて完全に石屋へと移ったものと考えられる。

この祭祀主体の移行にともなって、山の神の性格は丁場における石屋の安全を司る神へと変化する。それまでは参る人の限られていた山の神が、石屋の守り神となることによって小屋の中に祀られ、正、五、九月の九日に祭日が定められ、宗教者も関わり、集落で採石業に関わるすべての人びとから祀られることになったのである。つまり、細々と信仰の守られてきた在来の山の神は、石屋が職業神として読み替え、新たに祀り直すことによって全く違う山の神へと変化したのである。

それではなぜこのような祭祀主体の交代が起きたのであろうか。直接的な原因としては一般島民による山の神に対する信仰の衰退と、石屋による山の神信仰の隆盛が考えられる。石屋の信仰については論じたので、ここでは一般島民の山の神信仰の衰退について考えてみたい。

現在では山の神に関する話はほとんど聞くことができないが、武田が調査を行なった昭和二六（一九五一）年の段階ではかなり具体的な話が語られている。五〇年というタイムスパンはけっして短くはないが、現在の広島の老人がその存在すら忘れかけているというのは意外である。筆者はそのもっとも大きな原因を周回道路の整備による山道の荒廃にあると考えている。

再び図6を参照されたい。広島にはもともと江の浦―釜の越間を除いて、海岸沿いの道はなかった。したがって、他集落に用がある場合には山を越えて行くしか方法がなかったのである。しかし、昭和四〇（一九六五）年ころから順次海岸沿いの道路が拡張あるいは新規に開通し[45]、島に自動車と自転車が急速に普及する。それと同時に山道は使われなくなり、山道沿いにあった山の神も忘れ去られることとなった。江の浦―茂浦間の山道はほぼそのまま拡張されたので、幸運にも茂浦の山の神はその難を逃れた。現在では各集落を繋いでいた山道は見る影もなくなっている[46]。

また、過疎化による耕地の放棄も原因のひとつであろう。瀬戸内海の島を形容して「耕して天に至る」とはよく言われることであるが、広島もその例に漏れず、かつては山の斜面のかなり高いところまで耕地として利用されていた。しかし次第に山の耕地は放置されるようになり、今ではその多くが山林へと戻っている。現在は見上げる山の上に祀られていた山の神も、山が耕地で覆われていた時代にはもっと身近なものであったに違いない。

さらに、青木の事例からも分かるように、石屋の販売組織の成立による石屋同士のまとまりの強化も原因の一つとして挙げられるであろう。広島における販売組織は集落ごとに分かれており、そのことが同一集落内における石屋同士の繋がりをより強固なものとしている。山の神の祭祀の実行や小屋の管理などは石屋同士の協力関係があってはじめて成り立つのである。

七　人の移動と文化変化

現在広島では山の神といえば石屋の神として認識されているが、それに先行して集落ごとに一般島民によって祀られる山の神が存在した。これらの山の神は周回道路の整備や過疎化など、島の置かれた環境の変化によってその存在感が薄れていく。しかし、高度経済成長は同時に島の代表的産業である採石業を活発化させた。この過程において山の神の祭祀の中心は石屋へと交代し、現在のように石屋の神として一般的に認識されるに至ったのである。山の神信仰という民俗を消滅の危機にさらしたのが当時の社会的状況であるならば、またそれを生かしめたのも当時の社会的状況なのである。

このような人の移動にともなう文化変化は、本章で示した広島の山の神の事例だけにはとどまらない。人の移動は、常に技術や文化の流動を引き起こしているのである。

たとえば、第三章で取り上げた愛媛県今治市宮窪町では、戦後、瀬戸貝（貽貝）の潜水漁が盛んになり、ウニやサザエなどを獲る潜水漁が現在でも行なわれているが、そもそも宮窪の潜水漁は、徳島県阿南市伊島町の人びとによって、大正時代に伝えられたものであった。また、四国に渡った周防大島出身の長州大工によって、高知県の山間部では家の構えが変わり、長州大工に弟子入りする若者が増え、「長州いも」あるいは「茂次郎いも」と呼ばれる甘藷が栽培されるようになったという(47)。

このように、人の移動には常に技術や文化の変化が付随しているのである。つまり、労働のために行なわれる人の移動であるタビは、技術や文化の流動性を高めるという役割も果たしていたのである。人の移動が激しかった瀬戸内島嶼部ではとくに、タビにともなう技術や文化の変化について、より注意深く観察することが必要であろう。そういった事例のひとつ一つを見ることによって、タビの果たしてきた役割の一側面を確認することができるとともに、地域文化形成の経緯を明らかにすることができるからである。

註

（1）宮本常一「腕ききの石工たち」（『中国風土記』宮本常一著作集　第29巻、未来社、一九八四年、一九六―一九七頁）
（2）武田明『離島採集手帳』8　香川県仲多度郡広島村立石浦江ノ浦、成城大学民俗学研究所蔵、一九五一年
（3）青木石材協同組合提供の資料による。
（4）丸亀市立広島西小学校創立百周年記念事業推進委員会編『「心経」百年のあゆみ』丸亀市立広島西小学校、一九八七年、一一三頁
（5）『石材』二〇〇一年五月号、石文社、七九頁
（6）JA広島支所による。
（7）丸亀市農林水産課による。
（8）今井泰男「鞴（ふいご）」（『講座日本技術の社会史』第五巻、日本評論社、一九八三年、二八五―二八六頁）
（9）福島惣一郎「岡山県笠岡市白石島」（柳田国男他編『離島生活の研究』国書刊行会、一九七五（一九六六）年、四〇五頁）
（10）武田明「香川県丸亀市広島」（註（9）同書　五〇五頁）

（11）『本四架橋に伴う島しょ部民俗文化財調査報告』（第1年次）、瀬戸内海歴史民俗資料館、一九八一年、六九頁）
（12）田村円澄『聖徳太子』中公新書、一九六四年、一八〇頁
（13）坂本太郎『聖徳太子』吉川弘文館、一九七九年、二二二頁
（14）昭和二八（一九五三）年創刊の石材業界誌。採石・加工・販売等、石材業界全体に関わる記事を主体に、月三回発行されている。所在地は愛知県岡崎市である。
（15）堀田吉雄『山の神信仰の研究』増補改訂版、光書房、一九八〇年、一〇頁
（16）註（15）同書　二一五頁
（17）柳田国男「山の生活」（『柳田國男全集』第二十三巻、筑摩書房、二〇〇六（一九〇九）年、六五七頁）
（18）橋詰延壽「山の神とヲコゼ」（『民間伝承』第二巻第八号、民間伝承の会、一九三七年、八頁）
（19）註（15）同書　七二頁
（20）日本石材工業新聞社の所在地である愛知県岡崎市に関しては「石切をやる山石屋は、山の神を祭る風習があり、旧の一一月七日に丁場にボタモチ、オミキを供えて、この日は仕事を休んだ」（磯貝勇「石屋」（『日本民俗学大系』第5巻　生業と民俗、平凡社、一九八五年、二九三頁）という報告がある。
（21）西村浩一「常陸の石工」（『日本民俗学会報』第五七号、日本民俗学会、一九六八年、四三頁）
（22）註（21）同書　四六頁
（23）渡辺益国『石屋史の旅』渡辺石彫事務所、一九八七年、一三〇頁
（24）八木橋伸浩・遠藤文香・松田睦彦「笠岡諸島白石島における民俗の変容と継承」（『岡山民俗』215、岡山民俗学会、二〇〇一年、七頁）
（25）『小豆島の民俗』岡山民俗学会、香川民俗学会、一九七〇年、三〇一頁
（26）『香川県の諸職—香川県諸職関係民俗文化財調査報告書—』瀬戸内海歴史民俗資料館、一九八九年、四二頁
（27）註（26）同書　一四五頁
（28）註（26）同書　二二一頁
（29）註（9）同書　五〇一頁
（30）註（2）同書　二五頁
（31）『本四架橋に伴う島しょ部民俗文化財調査報告』（第2年次）、瀬戸内海歴史民俗資料館、一九八二年、一二〇頁

(32) 広島支所は昭和四九（一九七四）年に茂浦から江の浦へ移転した。
(33) 『民俗資料緊急調査報告書』（塩飽諸島のうち広島・手島・小手島）香川県教育委員会、一九七四年、二一六頁
(34) 註（33）同書　三一頁
(35) ただし、報告者の亀山慶一は「漁業神としての稲荷信仰が先行していて、祠が山の神を祀っている場所に移されてから集合したものかと思う」と述べており、この山の神は元来漁業神ではなかったと推測している（亀山慶一「漁業と漁業民俗」（和歌森太郎編『淡路島の民俗』吉川弘文館、一九六四年、八四―八五頁））。
(36) 嶋村知章「備中小田郡の島々」（『民俗学』第二巻第四号、日本民俗学会、一九三〇年、四五―四六頁）
(37) ナウマンは山の神の特質と道祖神の特質との著しい類似性を指摘している（ネリー・ナウマン『山の神』言叢社、一九九四年、一四一―一四四頁）。
(38) この行者は岡山県の児島から来ていたということから、鎌倉時代から当地で発達した五流修験の行者であると考えられる。また、広島では四国の二大霊山である石鎚山と剣山に対する登拝が広く行なわれており、先達をつとめる人は多く、また実際に山で修行をしたという人もいる。
(39) 堀家守彦編『丸亀市神社名鑑』（平成五年現在）、一九九六年
(40) 註（33）同書　一四二頁
(41) 註（9）同書　四九六頁
(42) ただし、第三節で紹介した高知県吾川郡諸木村の報告では、山の神について「石割の者」が毎月旧一九日に「掘立小屋にした山小屋を作り、竹の簀の上へ祭る。ヲコゼを一匹竹にさして焼く。ヒレの形がくづれない様にするのが大事。祭りが終ると皆がイタダク。此の日午前中は山の仕事をするが、午後は休む。そして山へ行かない」と報告されている（註（18）同書　八頁）。
(43) 一方で、かつては石屋が石に対して霊力を感じていたであろうことも忘れてはならない。石屋が何かいわれのある石を割ろうとすると不思議なことが起きたであるとか、石屋が死んだというような話は各地に伝えられている。現在では山自体を切り崩す形で採石が行なわれているが、古くは岩盤から切り離されて地表に露出した浮石や転石と呼ばれる石が利用されることが多かった。石そのものを神聖視する古来の思想もまた、石屋による山の神信仰に大きく影響していることは言を俟たない。
(44) 釜の越で重機が導入されるようになったのは昭和五〇年代に入ってからだという。
(45) 昭和四〇（一九六五）年に国土地理院より発行された二五〇〇〇分の一地形図を見ると、釜の越―甲路間の道路は当時まだ開通していない。また昭和四五（一九七〇）年の修正版を見ると、前版では幅員一・五メートル以上となっていた茂浦―市井間の道路が

一・五メートル未満の小道となっている。

(46) 広島の隣の小手島では道路の整備にともなって山の中に張り巡らされていた小道が使われなくなり、その小道沿いにあった山の神の祭は行なわれなくなった。

(47) 坂本正夫『東和町誌』資料編一 長州大工、山口県大島郡東和町、一九九三年、三―五頁

補論　「出稼ぎ」生活の変化と持続
――青森県西津軽郡鰺ヶ沢町の事例から――

はじめに

現在、地方の地域社会を悩ませている問題に過疎化や高齢化などがある。これらの問題は地域からの、おもに若年層人口の流出に起因している。戦後の日本の復興と経済成長に並行して、多くの若者たちは労働の場を求めて自らの育った土地をあとにした。

その一方で、地域社会に残ることを選択した人びともいた。残るという選択の前提には収入源の確保が必要である。収入源は地域や個人によってさまざまであるが、農業や漁業あるいは林業といった村落内での第一次産業、建設作業や会社づとめといった村落内や通勤圏内での第二次、三次産業などを挙げることができるであろう。しかし、生活に必要な収入が地域内や通勤圏内で確保できない場合、または地域外や通勤圏外での収入が地域内あるいは通勤圏内での収入を上回る場合、地域での生活を基本としながらも労働を求めて一時的に地域を離れるケースもみられる。これがいわゆる「出稼ぎ」である(1)。

これまでの民俗学における「出稼ぎ」の研究は、伝統産業型「出稼ぎ」に注目したものがほとんどであった。しかしながら、戦後の日本の地域社会で営まれてきた生活を語る上で、近代産業型「出稼ぎ」を無視することはできない(2)。

近年、高度経済成長を経た民俗の変化についての研究が盛んになり、多くの論考が著されている。成城大学民俗学研究所が編集した三冊にわたる報告書『山村生活50年　その文化変化の研究』〔(昭和六一―六三（一九八六―一九八八）年〕と、そのまとめである『昭和期山村の民俗変化』(3)におさめられた九編の論考を嚆矢として、平山和彦編『高度経済成長と民俗の変化―東日本の民俗社会における民俗の変容と生成―』(4)、田中宣一・小島孝夫編『海と島のくらし―沿海諸地域の文化変化―』(5)など、さまざまなプロジェクトが組まれ、その成果が発表されている。ところが、こと「出稼ぎ」に関しては十分な成果があるとは言えない。(6)多くの研究は挙家離村や「出稼ぎ」による民俗の担い手の減少を指摘し、それぞれの論の前提としているが、目の向けられた先はそれによる村落内の信仰や社会組織の変化などである。(7)平山和彦は高度経済成長が地域社会にもたらした状況として第一「第1次産業従事者、とくにその後継者としての青年層の都市への流出（第2次産業および第3次産業への就業）」、第二「交通運輸手段の飛躍的な発展」と「自家用車の増加」、第三「所得水準の上昇にともなう生活の都市化、欧米化の進展」、第四「マスメディア」および「通信手段」の発達・普及を挙げ、これらの諸条件によって「民俗の変化・変容もしくは消滅」が起きたとしている。(8)平山はこのなかでもとくに第一の要素が「村落における民俗に直接的な影響をおよぼした」としている。「出稼ぎ」は青年層には限られないが、第一次産業の生産年齢人口の第二次産業および第三次産業への移動という点では第一の要素と共通する部分が多く、「村落における民俗に直接的な影響をおよぼした」現象である。このような点から見ても、「出稼ぎ」による村落内の生活の変化、村落内の生活の変化による「出稼ぎ」の変化などの問題を抜きにして、戦後の日本の地域社会の変化を十分に語り尽くすことができないことは明らかである。

一般的に民俗学においてある土地の生業を扱おうとすると、多くの場合、「出稼ぎ」はその土地の生業とはみなされず、描かれる対象から除外される。しかし、「出稼ぎ」は生まれ育った地域社会で生きることを選択した人びとの生業であり、その土地での生活のサイクルを構成する重要な要素である。また、「出稼ぎ」は生活苦とともに語られることが多い。とくに近代産業型「出稼ぎ」についてはその傾向が顕著である。だが、「出稼ぎ」を民俗学的視点から見るならば、そのような悲劇的な描かれ方では不十分であることは明らかである。なぜなら、生活者により近い視点から「出稼ぎ」を見ると、「出稼ぎ」が決して生活困難者の受身の行動というだけではなく、その土地で生活するための能動的な戦略であることが理解されるからである。

以上の問題をふまえ、本論では地域社会における民俗変化の原因のひとつとしての「出稼ぎ」に焦点を絞り、「出稼ぎ」の形態と地域社会における生活が相互にどのような影響関係にあるのかを明らかにしたい。具体的には、青森県西津軽郡鰺ヶ沢町の五地区における戦後の「出稼ぎ」について、まずそれぞれの地区の「出稼ぎ」の傾向を聞き取り調査(9)や「出稼労働者台帳(10)」(以下「台帳」)等の資料の分析をとおして把握したい。その上で、比較的資料の整った赤石地区と鳴沢地区について、「出稼ぎ」の傾向を生み出す地域的背景と、その傾向が生み出す地域社会の変化を明らかにする。

一　鰺ヶ沢町と「出稼ぎ」の概要

1　鰺ヶ沢町の概要

鰺ヶ沢町は青森県の西部、津軽半島の根元に位置する。北は日本海に面し、そこから南に伸びる町は赤石川、中村川などの氾濫原を経て白神山地や岩木山麓に及ぶ（図7）。昭和三〇（一九五五）年に鰺ヶ沢町・赤石村・中村・舞戸村・鳴沢村の五町村が合併して成立した町は、平成一五（二〇〇三）年一〇月四日現在、面積三四二・九九平方㎞、人口一四〇一〇、世帯数四八六七である。昭和四〇（一九六五）年から平成一二（二〇〇〇）年までの人口と世帯数

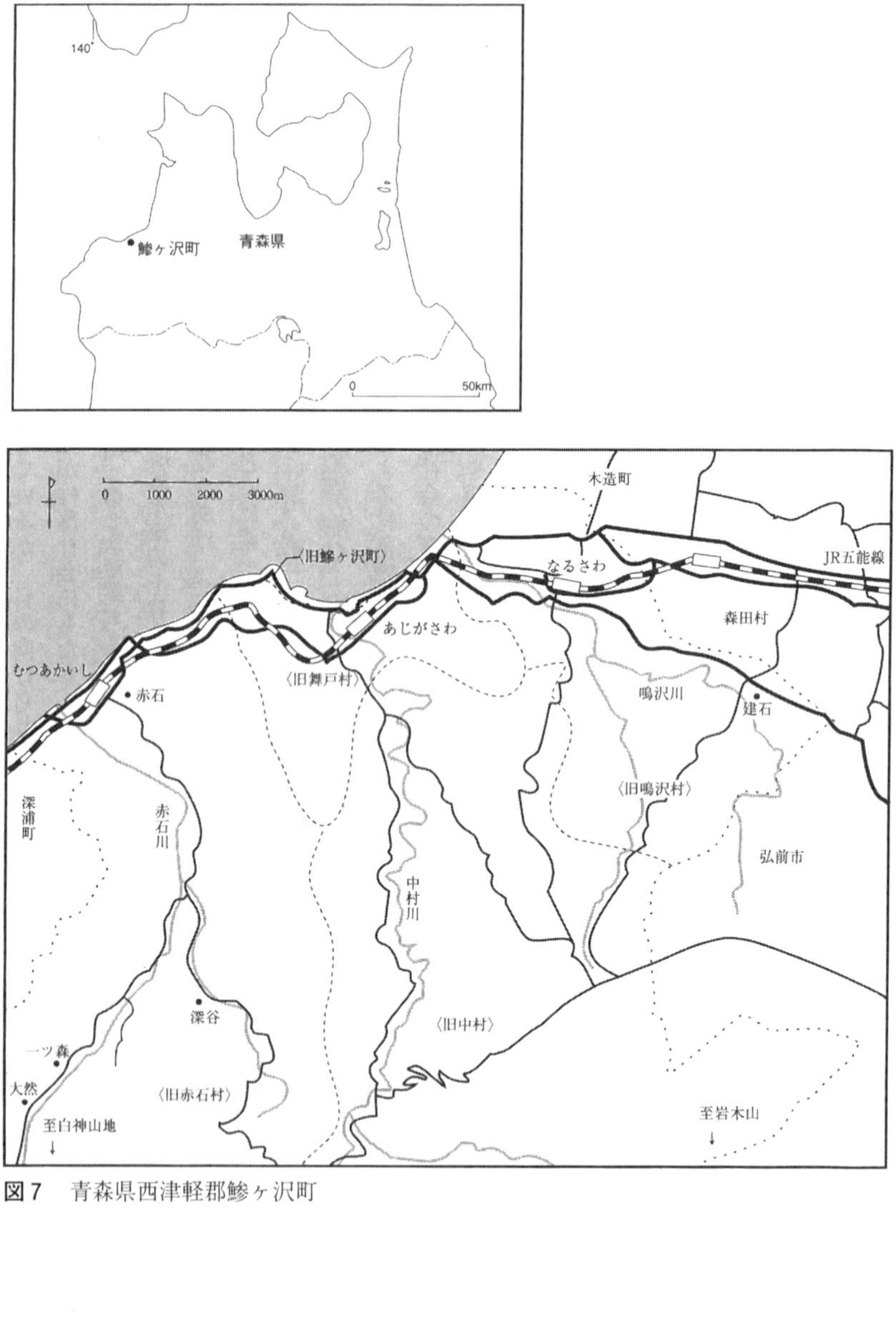

図7　青森県西津軽郡鰺ヶ沢町

の増減は図8のとおりであるが、人口が約七〇〇〇人減少しているのに対して、世帯数はほぼ横ばいである。一方で階層別人口は年少人口と生産年齢人口が減少しているのに対して、老年人口は倍増している。つまり、鰺ヶ沢町においては、世帯数は保たれながらも若・壮年層が流出し、高齢化が進行しているのである。しかし、世帯数の変化がほとんどないというのは注目に値するだろう。世帯数が保たれるということは、家の存続に対する意識の表れである。「移住」ではなく「出稼ぎ」を選ぶ意思の背景として興味深い。

つぎに産業別就業者数を見てみよう（表29）。昭和三〇年当時、鰺ヶ沢町においては第一次産業が総数の約七割を占めていた。そのなかでもとくに農業が六〇・九％と圧倒的多数であった。しかし、第一次産業は一〇年ごとに総数に対する比で約一〇％ずつ減少し、平成一二年には二三・九％とほぼ三分の一にまで減少した。農業も同年には二一・〇％にまで落ち込み、第一次産業の割合と同じく、昭和三〇年のほぼ三分の一である。一方で第二次産業と第三次産業は総数に対する比でそれぞれ約三倍と約二倍の増加である。前者においては建設業と製造業が総数に対する比で約三倍ずつ増加している。また、第三次産業においてはサービス業の増加が著しい。これはスキー場やゴルフ場あるいは海水浴場など観光施設の増加にともなうものと考えることができる。

2　「出稼ぎ」の歴史

鰺ヶ沢町における「出稼ぎ」は松前の鯡場への漁業「出稼ぎ」にはじまる。松前からのニシンは江戸時代中期にはすでに鰺ヶ沢にもたらされていた。松前の鯡場への「出稼ぎ」がいつから行なわれていたかは不明だが、江戸時代後期にはその記録が見られる[11]。明治から大正、昭和初期にかけても松前への「出稼ぎ」は続いた。明治三年八月の『日照田村戸口名籍調書上帳』には「他藩四人」の記述があり、これは松前等の鯡場への「出稼ぎ」であるという[12]。また、『東奥日報』の明治四〇（一九〇七）年四月二三日の「不漁と不景気」と題する記事には、「鯡不漁のため全体が不

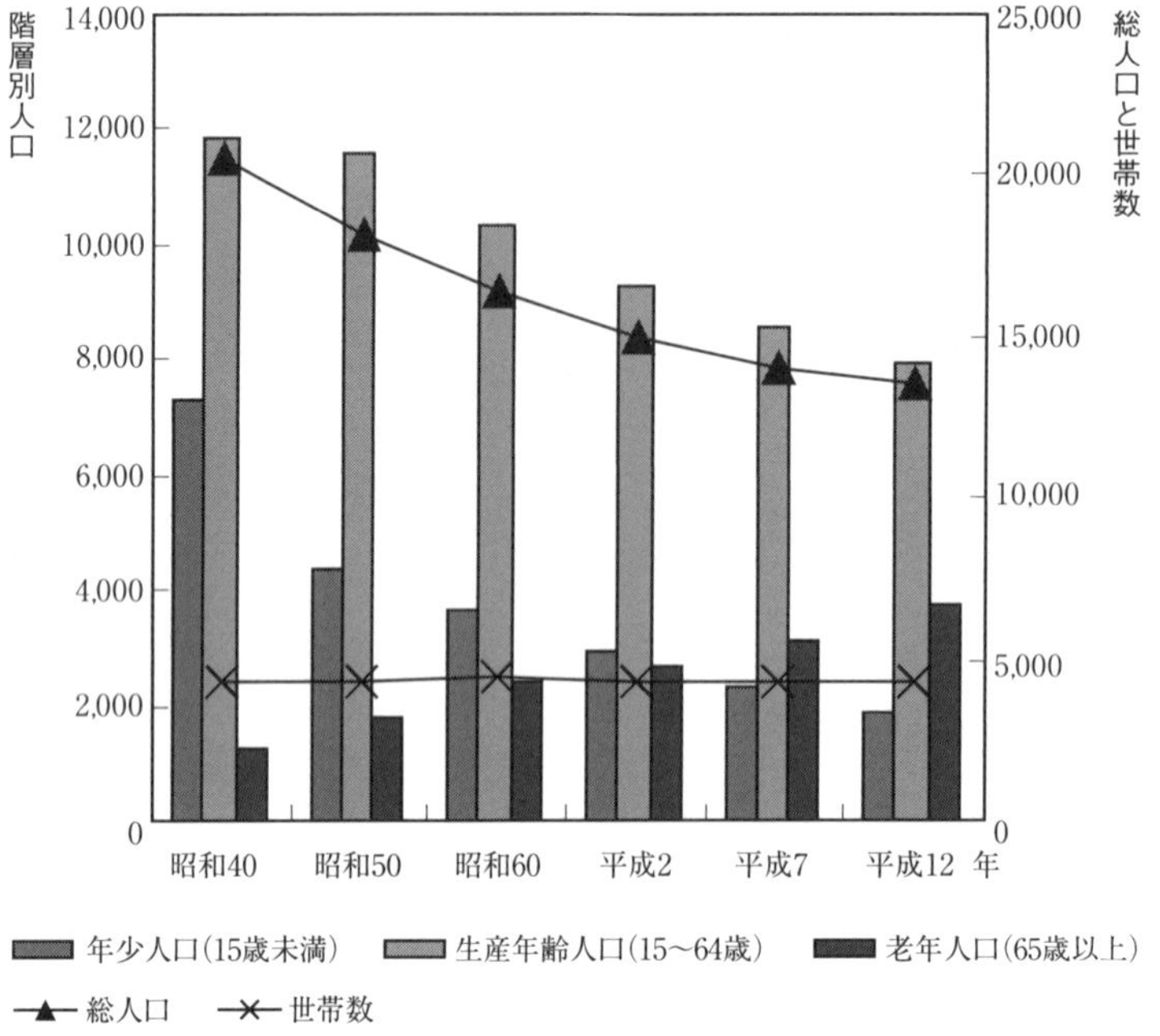

図 8　鰺ヶ沢町の階層別人口および総人口と世帯数

表 29　鰺ヶ沢町の産業別就業者数（15 歳以上）　　（単位：人）

区分	昭和 30 年		昭和 40 年		昭和 50 年		昭和 60 年		平成 2 年		平成 7 年		平成 12 年	
	総数	比(%)	総数	比(%)	総数	比(%)	総数	比(%)	総数	比(%)	総数	比(%)	総数	比(%)
総数	9787	100.0	8749	100.0	8085	100.0	7477	100.0	6917	100.0	6758	100.0	6326	100.0
第 1 次産業	6714	68.6	5173	59.1	3889	48.1	2962	39.6	2570	37.2	1931	28.6	1515	23.9
農業	5961	60.9	4694	53.6	3461	42.8	2585	34.6	2258	32.2	1705	25.2	1328	21.0
林・狩猟業	217	2.2	171	1.9	158	2.0	177	2.3	153	2.2	99	1.5	85	1.3
漁業水産・養殖業	536	5.5	308	3.5	270	3.3	200	2.7	159	2.3	127	1.9	102	1.6
第 2 次産業	819	8.4	1035	11.8	1440	17.8	1494	20.0	1476	21.3	1748	25.9	1684	26.6
鉱業	19	0.2	7	0.1	−	−	−	−	3	0.0	0	0.0	8	0.1
建設業	548	5.6	745	8.5	1065	13.2	1032	13.8	897	13.0	1063	15.7	1105	17.5
製造業	252	2.6	283	3.2	375	4.6	462	6.2	576	8.3	685	10.1	571	9.0
第 3 次産業	2254	23.0	2538	29.0	2740	33.9	3003	40.2	2870	41.5	3079	45.6	3126	49.4
分類不能産業	−	−	3	0.1	16	0.2	18	0.2	1	0.0	−	−	1	0.0

註：『鰺ヶ沢町データブック』より作成

景気にて、何商内も皆無、就中洗湯屋の如きは樺太に出稼ぎせるもの多きに伴ひ、さつぱり入浴者なく、毎日の薪木代も入金ならす」とある。[13]この記事からは鯵ヶ沢町内におけるニシン漁の位置と不漁時における「出稼ぎ」増加の様子をうかがうことができる。大正期に入ると「出稼ぎ」先は北海道から樺太、カムチャツカへまでひろがった。大正五（一九一六）年には北海道へ四八人、樺太へ一九七人、カムチャツカへ二一人が「出稼ぎ」に出たという。[14]このような状況を受けて、大正一四（一九二五）年には青森県知事を会長とした「出稼組合連合会」が組織された。

昭和に入ってからの「出稼ぎ」については山田直巳と喜山朝彦の報告に詳しい。[15]この報告は昭和一〇（一九三五）年に柳田国男主導で後藤興善が旧赤石村の深谷地区と大然地区で行なったいわゆる「山村調査」の記録である『郷土生活研究採集手帖』を基礎資料として、同地における五〇年後の変化を捉えようとしたものである。[16]

これによると、昭和初期の深谷・一ツ森地区の生業は米生産と薪炭生産が主なものであった。しかし、昭和五（一九三〇）年以降の経済恐慌と冷水害による凶作で、とくに米生産の収入不足を補うために「出稼ぎ」が急増した。男性は北海道、樺太、カムチャツカ等へ「出稼ぎ」漁夫として働きに出、女性は静岡へ茶摘に、大阪へ織物工場の女工として「出稼ぎ」をした。しかし、この当時の「出稼ぎ」はあくまでも「緊急避難的」な「出稼ぎ」であり、恒常的性格を有するものではなかった。一方で、戦後の「出稼ぎ」はその性格を異にする。昭和三五（一九六〇）年前後からの燃料革命による薪炭生産の衰退および高度経済成長期に入ってからの米生産の機械化、それにともなう家庭内労働力の余剰、そして家庭生活全般にわたる消費志向的意識は、再び「出稼ぎ」者の急増を促した。昭和六〇年の調査当時には深谷・一ツ森地区の「出稼ぎ」は、ほぼ一年間を通じて行なわれ、世帯主単独あるいは世帯主夫婦、祖父母夫婦によって担われる恒常的なものとなっていた。

このように、戦前における「出稼ぎ」は不漁時など経済的に切迫した状況のなかで行なわれることが多かった。一方で、戦後は社会状況の変化、あるいは生活の変化によって、「出稼ぎ」が恒常的に行なわれるようになった。しかし、戦前・戦後それぞれの「出稼ぎ」を断絶したものとみることはできない。先に見たように鰺ヶ沢町における戦前の「出稼ぎ」は少なくとも百年近くの歴史を有するものであり、その歴史のなかで培われた人的つながりや生活のなかにおける確固とした位置づけを背景としたものと考えることが自然であろう。

二　町内各地の「出稼ぎ」の傾向

つぎに、鰺ヶ沢町において行なわれる「出稼ぎ」の全体的な傾向について把握したい。用いる資料は、筆者が聞き取り調査を行なって得た情報や、町役場で作成した資料および「台帳」である。

1　「出稼ぎ」の全体的傾向

(1)　「出稼ぎ」者数の変遷

昭和四四（一九六九）年から平成六（一九九四）年までの「出稼ぎ」者数は表30のとおりである。昭和四三（一九六八）年以前の「出稼ぎ」者数については、情報を得ることができなかったが、山田直巳と喜山朝彦の報告によると、昭和三一（一九五六）年に四一六人だった「出稼ぎ」者は昭和三七（一九六二）年には八二五人に倍増しており、昭和三五（一九六〇）年前後を境に「出稼ぎ」者が急増したと考えられる。また、昭和四二（一九六七）年には一〇〇〇人を突破し、その二年後には表のとおり二〇〇〇人を超えている。[17]その後はしばらくの間二二〇〇人台、二三〇〇人台を維持するが、昭和五七（一九八二）年から減少傾向に転じる。平成一四（二〇〇二）年度の「出稼ぎ」者数は二四七人であり、最盛期のほぼ十分の一である。

表30　年度別「出稼ぎ」者数

年度	総数	鯵ヶ沢	赤石	中村	舞戸	鳴沢
昭和 44	2,372					
45	2,367					
46	2,400					
47	2,346					
48	2,391					
49	2,377					
50	2,325					
51	2,312					
52	2,224	518	504	417	381	404
53	1,909					
54	2,242					
55	2,256					
56	2,241	319	605	480	267	570
57	2,081	334	515	418	334	380
58	1,947	306	473	376	301	491
59	1,731	287	400	339	266	439
60	1,808	304	427	321	305	451
61	1,821	312	442	340	281	446
62	1,777	313	421	314	289	440
63	1,393	234	386	223	197	353
平成 1	1,441	224	382	239	210	386
2	1,423	223	346	216	246	392
3	1,393	228	374	215	221	355
4	1,271	228	348	205	193	297
5	1,181	236	278	185	197	285
6	1,103	230	255	162	175	281

註：鯵ヶ沢町福祉課『鯵ヶ沢町出稼の概要』(各年度版)により作成

一方、地区ごとの「出稼ぎ」者数の変遷をみると、昭和五二(一九七七)年には五一八人と最も多かった鯵ヶ沢が昭和五六(一九八一)年には三一九人と大幅な減少を示しているのに対し、赤石、中村、鳴沢の三地区は逆に増加している。これら三地区が農業地域であり、鯵ヶ沢と舞戸が商業地域であることを考えると、興味深い傾向である。これは農業が季節的なものであることと、地元にこのような生業を持つ方が、「出稼ぎ」という労働形態を続けやすかったことによると考えられる。

(2)　年代別「出稼ぎ」者数

年代別「出稼ぎ」者数については昭和五六年から平成六年までの情報しか得ることができなかったが、この一四年間の変化からも興味深い情報を読み取ることができる(表31)。昭和五六年、「出稼ぎ」者の総数に対する比で最も多かったのが二五・七%で四〇代であった。それに続くのが五〇代の二二・三%である。この順位は昭和五八（一九八

表 31　「出稼ぎ」者の年齢

	人数	10 代	20 代	30 代	40 代	50 代	60 代以上	計
昭和 56	人数	72	467	403	576	499	225	2242
	比(%)	3.2	20.8	18.0	25.7	22.3	10	82
57	人数	69	391	414	543	475	189	2081
	比(%)	3.3	18.8	19.9	26.1	22.8	9.1	100
58	人数	62	368	345	496	491	185	1947
	比(%)	3.2	18.9	17.7	25.5	25.2	9.5	100
59	人数	36	336	302	402	503	152	1731
	比(%)	2.1	19.4	17.4	23.2	29.1	8.8	100
60	人数	27	326	336	396	508	215	1808
	比(%)	1.5	18.0	18.6	21.9	28.1	11.9	82
61	人数	58	277	408	385	508	185	1821
	比(%)	3.2	15.2	22.4	21.1	27.9	10.2	100
62	人数	23	252	363	400	539	200	1777
	比(%)	1.3	14.2	20.4	22.5	30.3	11.3	100
63	人数	19	181	278	313	439	163	1393
	比(%)	1.4	13.0	20.0	22.5	31.5	11.7	100
平成 1	人数	17	153	261	315	475	220	1441
	比(%)	1.2	10.6	18.1	21.9	33.0	15.3	100
2	人数	18	169	249	308	477	202	1423
	比(%)	1.3	11.9	17.5	21.6	33.5	14.2	100
3	人数	18	162	210	312	443	248	1393
	比(%)	1.3	11.6	15.1	22.4	31.8	17.8	100
4	人数	15	104	187	285	419	261	1271
	比(%)	1.2	8.2	14.7	22.4	33.0	20.5	67
5	人数	13	93	139	295	367	274	1181
	比(%)	1.1	7.9	11.8	25.0	31.1	23.2	100
6	人数	6	78	132	258	353	276	1103
	比(%)	0.5	7.1	12.0	23.4	32.0	25.0	100

註：鰺ヶ沢町福祉課『鰺ヶ沢町出稼の概要』（各年度版）より作成

三）年まで変わらないが、翌昭和五九（一九八四）年になると五〇代が二九・一％、四〇代が二三・二％と、四〇代と五〇代の順位が逆転する。この順位は昭和六一（一九八六）年を除いて一〇年間維持されるが、平成六年には五〇代が三二・〇％、六〇代が二五・〇％と二位が六〇代となる。これはつまり、昭和五六年の段階で三〇代、四〇代だった人びとが「出稼ぎ」の担い手の主軸としてそのまま推移していることを意味している。一方で、それ以下の世代については年を追うごとに「出稼ぎ」者が減少している。つまり、鰺ヶ沢町の「出稼ぎ」は昭和五六年の段階において三〇代、四〇代だった人びとを中心に行なわれていたのである。

表 33　同一事業所への就業

	Ⅰ氏	Ⅱ氏	Ⅲ氏
昭和 43	A	A	A
44			
45			
46	B	B	B
47	A	A	A
48			
49			
50			
51			
52	C・D	D・E	D・E
53	C	C	C
54	D	D	D
55	C	C	C
56			F
57	D	D	D
58	G	G	G
59			
60	H	H	H
61	I・C		I・C
62	I	I	I
63	J	J	
平成 1	K		K
2		K	
3			
4			
5			
6			
7	L	L	L
8			
9			
10			
11			
12			
13	終		
14		終	終

註：「台帳」より作成。
アルファベットは事業所名。
マークした箇所は同じ年の同一事業所への「出稼ぎ」

表 32　「出稼ぎ」先都道府県

順位	昭和 56 年			平成 6 年		
	都道府県	人数	比（%）	都道府県	人数	比（%）
1	東京	603	26.9	神奈川	278	25.2
2	神奈川	494	22.0	東京	218	19.8
3	埼玉	241	10.8	千葉	129	11.7
4	千葉	187	8.3	埼玉	150	13.6
5	愛知	172	7.7	愛知	73	6.6
6	北海道	155	6.9	富山	47	4.3
7	富山	82	3.7	北海道	34	3.1
8	群馬	50	2.2	静岡	25	2.3
9	静岡	46	2.1	岐阜	22	2.0
10	新潟	37	1.7	群馬	21	1.9
	その他	174	7.8	その他	106	9.6
	総数	2241	100.0	総数	1103	100.0

註：鯵ヶ沢町福祉課『鯵ヶ沢町出稼の概要』（各年度版）より作成

(3)　「出稼ぎ」先都道府県と職種および「出稼ぎ」先の決定

「出稼ぎ」者の就労先は都道府県別に見ると圧倒的に関東地方の都県が多い（表32）。昭和五六年と平成六年を比較すると、上位一〇都道府県の構成はほとんど変わらない。いずれも上位四都県は関東地方に占められ、昭和五六年、平成六年ともに関東地方の占める割合は七〇％を超す。しかし、昭和三〇年代には北海道への「出稼ぎ」がもっとも多かったという。たしかに、「台帳」を見ても北海道への「出稼ぎ」は昭和四〇年代まで盛んに行なわれている。北海道への「出稼ぎ」が多かった理由を尋ねると、もともとは北海道の賃金が高く、交通の便も良かったからだという[18]。

しかし、昭和五〇年代に入ると「出稼ぎ」先は北海道から関東方面へとシフトする。その理由は関東地方での労働力需要の拡大と賃金の上昇、交通手段の改善などである。後述するが、とくに赤石地区の「出稼ぎ」は昭和五〇年代前半に、夏だけあるいは冬だけといった兼業的「出稼ぎ」から、一年間をとおして行なわれる専業的「出稼ぎ」へと変化する[19]。積雪のために冬場の屋外での作業が困難であり、冬場の労働力需要が少ない北海道は「出稼ぎ」先として不十分となったのである。

また、職種については建設業が圧倒的多数を占める。昭和五六年から平成六年までを見ても常に「出稼ぎ」者総数の約九〇%が建設業に従事している。つぎに多いのは製造業であるが、平成二、三年に一〇%を超えるものの、それ以上には伸びていない。

どの地域のどの会社につとめるかは個人で決定するが、昭和三〇年代から五〇年代にかけてはそれぞれの企業の人事担当者が町まで来て、直接人を集めていたという。人事担当者は旅館などに人を集めて宴席を設け、説明会を開き、労働者を募っていた。話がまとまるとその場で「出稼ぎ」の交通費まで渡したという。ときはまさに高度経済成長の真っ只中であり、労働者の獲得は企業にとっても死活問題であった。一方で「出稼ぎ」者は単に受身の存在ではなかった。自らより良い賃金、より良い労働環境を求めて職場を移動した。その情報源はおもに地縁や血縁などによるものであった[20]。したがって、「台帳」を分析していると、何人もが、時期は必ずしも同じでないとしても、同一の事業所につとめていることがわかる。また、場合によっては同じ地域の三人が三〇年以上にわたって、ほぼ同じ事業所に同じ時期につとめている例も見られる（表33）。これは地縁や血縁関係にある仲のよいもの同士で職場を移動するという例である。

2　町内五地区の「出稼ぎ」の型

鯵ヶ沢町内の「出稼ぎ」について、「出稼ぎ」に出る時期と期間を地区ごとに整理すると、それぞれの地区に独自

表34　各地区の「出稼ぎ」の型

鯵ヶ沢（全7事例）

夏型	冬型	通年型
		6
準夏型	準冬型	準通年型
夏・冬型	夏・通年型	冬・通年型
	1	

赤石（全27事例）

夏型	冬型	通年型
1		10
準夏型	準冬型	準通年型
		4
夏・冬型	夏・通年型	冬・通年型
1	10	1

中村（全9事例）

夏型	冬型	通年型
	5	3
準夏型	準冬型	準通年型
夏・冬型	夏・通年型	冬・通年型
		1

舞戸（全6事例）

夏型	冬型	通年型
		4
準夏型	準冬型	準通年型
		1
夏・冬型	夏・通年型	冬・通年型
1		

鳴沢（全25事例）

夏型	冬型	通年型
	21	1
準夏型	準冬型	準通年型
		3
夏・冬型	夏・通年型	冬・通年型

註：「台帳」より作成

の傾向を見出すことができる。その傾向をまとめたのが表34である。地区の傾向は、それぞれの地区の「出稼ぎ」者個人の「台帳」から「出稼ぎ」者ひとり一人の傾向を割り出し、それを地区ごとにまとめたものである。個人の傾向は年ごとに「出稼ぎ」に出はじめた月と「出稼ぎ」に出ていた月数から、「夏型」「冬型」「通年型」という大きな枠組みで分け、個人の総「出稼ぎ」年数のうちでそれぞれの型が占める割合によって導き出した。それぞれの型の定義はつぎのとおりである。

「夏　型」…三月から八月の間に「出稼ぎ」をはじめるもののうちで年八ヶ月以内のもの
「冬　型」…九月から二月の間に「出稼ぎ」をはじめるもののうちで年八ヶ月以内のもの
「通年型」…「出稼ぎ」をはじめる月に関わらず、一年間のうち九ヶ月以上を「出稼ぎ」に費やすもの、および
　　　　一年間のうちに二回以上「出稼ぎ」に出るもの

右記の「夏型」と「冬型」を兼業的「出稼ぎ」、「通年型」を専業的「出稼ぎ」ということができる[21]。個人の「出稼ぎ」の履歴を見ると、これらの型が混在しているが、個人の「出稼ぎ」の型を決定する場合、総「出稼ぎ」年数の三

分の二以上を占める型をその「出稼ぎ」者個人の型とする。また、三分の二以上を占める型が無い場合には、三分の一以上を占める型を「準」をつけて個人の型とする。三分の一以上を占める型が複数ある場合にはそれらを併記して型とする。以上の規定に則ると、「出稼ぎ」の型は「夏型」「冬型」「通年型」「準夏型」「準冬型」「準通年型」「夏・冬型」「夏・通年型」「冬・通年型」の九種類に分けることができる。

鰺ヶ沢町の各地区の個人の「出稼ぎ」七四例をこれらの型にあてはめて集計すると、各地区の「出稼ぎ」の型が見えてくる。

まず、鰺ヶ沢は全七事例中六事例が「通年型」であり、残りの一事例は「夏・通年型」である。したがって、鰺ヶ沢地区の「出稼ぎ」は「通年型」と規定することができる。一方、赤石地区は全二七事例中「通年型」と「夏・通年型」がそれぞれ一〇例を占め、圧倒的多数である。したがって、赤石地区の「出稼ぎ」は「通年型」と「夏・通年型」の二種類と規定することができる。中村地区は全九事例中五事例が「冬型」であり、三事例が「通年型」である。事例が少ないため簡単に規定することはできないが、「冬型」と「通年型」の二種類に規定することができるであろう。舞戸地区については六事例中四事例が「通年型」である。その他の事例は「準通年型」と「夏・冬型」が一例ずつであり、舞戸地区の「出稼ぎ」については「通年型」と規定することができる。鳴沢地区は全二五事例中二一事例が「冬型」であり、残り四事例中三事例が「準通年型」、一事例が「通年型」である。したがって、鳴沢地区の「出稼ぎ」は「冬型」と規定することができる。

実際には表35のようなパターンで「出稼ぎ」が行なわれる。表35は赤石地区と鳴沢地区の「出稼ぎ」の例である。それぞれ「通年型」と「冬型」の傾向がよく分かる。しかし、ここで一つ注意しなければならないのは、表を見ても分かるように、それぞれの個人が一つの型だけで「出稼ぎ」を行なっていたわけではないということである。人によっては「夏型」「冬型」「通年型」のすべてを経験している。したがって、ここで導き出したものはあくまでも全体

表 35　赤石地区と鳴沢地区の「出稼ぎ」のパターン

年	赤石地区 A 氏（昭和 9 年生まれ）													鳴沢地区 B 氏（昭和 13 年生まれ）												
	年齢	月												年齢	月											
		1	2	3	4	5	6	7	8	9	10	11	12		1	2	3	4	5	6	7	8	9	10	11	12
昭和 41	32 歳						◎	●	●	●	●	●														
42							◎	●	●	●	●	●	●													
43								◎	●	●	●	●	●	30 歳										◎	●	●
44									◎	●	●	●	●		●	●	●									
45		●					◎	●	●	●	●	●	●												◎	●
46							◎	●	●	●	●	●	●		●	●	●	●							◎	●
47							◎	●	●	●	●	●			●	●	●	●							◎	●
48							◎	●	●	●	●	●	●		●	●	●	●								
49	40							◎	●	●	●	●	●												◎	●
50								◎	●	●	●	●	●		●	●	●	●							◎	●
51							◎	●	●	●	●	●			●	●	●	●								
52		◎	●	●	●	●	●	●		◎	●	●	●		◎	●	●	●	●	●	●			◎	●	●
53		●	●	●	●	●	◎	●	●	●	●	●		40	●	●	●								◎	●
54			◎	●	●	●	●	●		◎	●	●	●		●	●	●	●	●						◎	●
55		●	●				◎	●	●	●	●	●			●	●	●	●								◎
56			◎	●	●	●	●	●		◎	●	●	●		●	●	●	●	●							
57		●	●				◎	●	●	●	●	●							◎	●	●	●	●		◎	●
58			◎	●	●	●	●	●		◎	●	●	●		●	●	●	●							◎	●
59	50						◎	●	●	●	●	●			●	●	●	●						◎	●	●
60			◎	●	●	●	●	●		◎	●	●	●		●	●	●	●								◎
61		●	●				◎	●	●	●	●	●			●	●	●									
62			◎	●	●	●	●	●		◎	●	●	●												◎	●
63		●	●				◎	●	●	●	●	●		50	●	●	●	●							◎	●
平成 1			◎	●	●	●	●	●			◎	●	●		●	●	●	●								
2		●	●	●			◎	●	●	●	●	●													◎	●
3			◎	●	●	●	●	●			◎	●	●		●	●	●	●							◎	●
4		●	●	●			◎	●	●	●	●	●			●	●	●	●								
5			◎	●	●	●	●	●																	◎	●
6	60						◎	●	●	●	●	●			●	●	●	●							◎	●
7			◎	●	●	●	●	●			◎	●	●		●	●	●	●							◎	●
8		●	●	●			◎	●	●	●	●	●			●	●	●	●							◎	●
9			◎	●	●	●	●	●			◎	●	●		●	●	●	●							◎	●
10		●	●	●			◎	●	●	●	●	●	●	60	●	●	●	●							◎	●
11		●	●												●	●	●	●							◎	●
12															●	●	●	●							◎	●
13															●	●	●	●							◎	●
14														64	●	●	●	●								

註：「台帳」より作成。二重丸は「出稼ぎ」を始めた月。黒丸は「出稼ぎ」をした月

表 36　「出稼ぎ」者の平均「出稼ぎ」月数

	鯵ヶ沢	赤石	中村	舞戸	鳴沢	全体
昭和 41		6				6
42		6.5	4			5.66
43	7	7.25	6	8	4.5	6.66
44	8	6.86	4.5	8.33	5.55	6.48
45	5.66	6.61	5.75	7.2	5.06	5.63
46	9.5	7.31	5.28	9	5	6.5
47	6.5	6.9	7.28	8.83	6.11	6.89
48	7	6.13	5.71	8	3.81	5.59
49	7.4	6.66	4	7.83	3.63	5.61
50	7	6.77	5.66	7.6	5.36	6.19
51	7.4	6.65	5.44	6.83	5.36	6.19
52	9.4	7.9	5.42	8.16	7.27	7.56
53	9.71	8.54	6.12	9.5	6.43	7.75
54	9.71	8.46	6.88	10	6.78	7.97
55	8.14	8.68	7.22	9.66	6.52	7.77
56	9.42	9.1	7.11	11.6	6.78	8.27
57	10.14	9.03	7.66	9.5	6.82	8.29
58	10.28	9.34	7.66	8.8	7.04	8.38
59	10.57	8.68	6.55	10	5.95	7.78
60	10.42	9.92	7.55	11.16	7.09	8.88
61	10.14	9.25	6.44	10.5	6.69	8.27
62	11	9.62	6.88	10.5	6.3	8.43
63	9.85	8.55	7	9	6.17	7.76
平成 1	9.57	8.8	7.44	9.16	6.08	7.85
2	9.57	8.62	8.55	8	6.34	7.93
3	10	9	8.11	8.16	6.3	8.04
4	9.14	8.57	7.66	8.16	5.86	7.6
5	9.28	8.55	9.71	7.66	6.13	7.65
6	10.14	8.73	9.71	8.4	6.13	7.83
7	8.85	9.17	8.33	7.5	5.95	7.79
8	9.85	8.84	7.77	8.16	6.78	8.08
9	8.71	9.14	7.77	7.66	6.3	7.9
10	9.14	8.92	7.55	8.5	6.73	8.01
11	9.33	9.11	8.25	8	6.82	8.17
12	9.4	8.41	8.16	8	6.35	7.75
13	9.6	8.42	8	8	6.72	7.9

註：「台帳」より作成

的傾向であり、昭和四〇年代から平成に入るまでに地区全体の型の傾向が変化している例も見られる。そのような例は鯵ヶ沢地区、赤石地区、舞戸地区など「通年型」の「出稼ぎ」が優勢な地区で多く見られる。事例数の多い、赤石地区で検証してみよう。

赤石地区においては「出稼ぎ」が通年的に行なわれることが多い。それは「通年型」「夏・通年型」「準通年型」といった型が九割近くを占めていることからもよく分かる。しかし「夏・通年型」や「準通年型」は「通年型」以外の型を含むものであり、純粋に「通年型」の「出稼ぎ」のみが行なわれていたわけではないことが理解される。それでは、「通年型」以外にはどのような型が有力なのであろうか。それは「夏・通年型」の一〇例が示すとおり「夏型」の「出稼ぎ」である。赤石地区の「出稼ぎ」は、昭和四〇年代までは「夏型」が圧倒的に多かった。しかし、昭和五〇年代に入ると「夏型」から「通年型」へのシフトが目立つようになる。そのシフトがもっとも多いのが昭和五二（一九七七）年から五四（一九七九）年の三年間である。これは鰺ヶ沢地区、舞戸地区においても同様である。こういった傾向は年別の「出稼ぎ」者の平均「出稼ぎ」月数の変化からも読み取ることができる（表36）。この表は昭和四一（一九六六）年から平成一三（二〇〇一）年まで年ごとにそれぞれの地区の平均「出稼ぎ」月数を算出したものである。年平均八ヶ月以上「出稼ぎ」に出ている年をマークしてある。これを見ると、鰺ヶ沢地区と舞戸地区では昭和五二年から、赤石地区では昭和五三年から一年間の平均「出稼ぎ」月数が年八ヶ月を上回りはじめることが分かる。つまり、このころに「夏型」の「出稼ぎ」から「通年型」の「出稼ぎ」へと変化したのである。一方で鳴沢地区については、平均「出稼ぎ」月数の多少の増加は見られるが、昭和四三年から平成一三年まで八ヶ月を超えることはない。これは鳴沢地区における「出稼ぎ」が一貫して「冬型」であることに起因する。

それでは、このような昭和五〇年代に入ってからの変化はなぜ起きたのであろうか。また、なぜ鳴沢地区だけは一貫して「冬型」の「出稼ぎ」が保たれ、変化が起こらなかったのであろうか。次節ではその原因について、とくに事例数の多い赤石地区と鳴沢地区を例に考えてみたい。

三　「出稼ぎ」の変化と持続の原因

赤石、鳴沢両地区の変化と持続の問題は内部的原因と外部的原因の双方から検証することができる。前者は主に農業に関するものであり、後者は主に日本経済の変化と雇用保険制度の変化に関するものである。本節では、赤石地区の赤石および深谷、鳴沢地区の建石に分析の対象を絞り、それぞれの集落における「出稼ぎ」の変化と持続についてその背景を探ってみたい。

1　各集落の概要

赤石地区の赤石は鰺ヶ沢町の北西部にあり、町の中心部から西へ直線距離にして約五kmの位置にある。昭和三〇年の町村合併以前の旧赤石村の中心地であり、JR五能線の陸奥赤石駅がある。主な生業は漁業と農業であり、赤石川の氾濫原では稲作が盛んに行なわれ、広大な水田がひろがる。二〇〇〇（平成一二）年世界農林業センサス（以下「センサス」）の時点で総戸数二四六、総農家数八〇（販売農家六五）である。

深谷は旧赤石村南部の山林地帯の集落である。赤石川の支流沼ノ沢沿いに家々が集まり集落を形成している。古くは林業や薪炭生産および稲作が行なわれていたが、現在では林業と薪炭生産は衰退し、稲作がほそぼそと営まれている。二〇〇〇年センサスでは総戸数五九、総農家数四一（販売農家三八）である。

鳴沢地区の建石は町の中心部から東へ直線距離にして約七kmの距離にあり、東と南は弘前市に接している。岩木山北麓へと続く丘陵地帯に位置し、古くからリンゴの栽培が行なわれてきた。二〇〇〇年センサスでは総戸数一七五、総農家数一〇七（販売農家一〇五）である。

それぞれの集落における農産物販売金額第一位の部門別農家数は表37のとおりである。赤石と深谷では稲作が中心である。一方、建石では一九七〇（昭和四五）年と一九七五（昭和五〇）年の段階では稲作が果樹類を上回っているが、一九八〇（昭和五五）年には稲作が半減して果樹類が倍増し、順位が入れ替わっている。その原因は不明だが、この時期に建石におけるリンゴ栽培への意識がより高まったことが推察される。(22)

表 37　農産物販売金額第 1 位の部門別農家数

赤　　石

赤石	農家数	稲作	麦類作	雑穀・いも類・豆類	工芸農作物	露地野菜	果樹類	その他の作物	養豚	養鶏
1970	157	117	-	-	-	-	2	1	1	1
1975	151	119	-	-	-	-	4	-	-	-
1980	140	112	-	1	4	1	1	-	-	-
1985	111	102	-	-	1	-	-	-	-	-
1990	80	78	1	-	-	-	-	-	-	-
1995	77	75	-	-	-	-	-	-	-	-
2000	65	65	-	-	-	-	-	-	-	-

深　　谷

深谷	農家数	稲作	麦類作	雑穀・いも類・豆類	工芸農作物	露地野菜	果樹類	その他の作物	養豚	養鶏
1970	61	54	-	2	-	-	1	-	-	-
1975	59	53	-	3	1	-	-	-	-	-
1980	58	57	-	-	-	-	-	-	-	-
1985	54	52	-	-	-	-	-	-	-	-
1990	47	45	-	-	-	-	-	-	-	-
1995	41	40	-	-	-	-	-	-	-	-
2000	38	34	-	1	-	-	1	-	-	-

建　　石

建石	農家数	稲作	麦類作	雑穀・いも類・豆類	工芸農作物	露地野菜	果樹類	その他の作物	養豚	養鶏
1970	139	85	-	1	-	1	51	-	-	-
1975	138	71	-	-	-	1	61	-	-	-
1980	137	31	-	-	-	3	101	-	-	-
1985	134	38	5	-	-	1	89	-	-	-
1990	132	29	4	-	-	2	94	-	-	-
1995	125	25	1	-	-	3	95	-	-	-
2000	105	14	-	-	-	-	90	-	-	-

註：2000 年世界農林業センサス「農業集落カード」より作成

2　内部的原因

先述のように「出稼ぎ」の変化と持続の内部的原因はそれぞれの集落の農業にある。まずは、赤石と深谷での昭和五〇年代の「出稼ぎ」の変化について考えてみたい。

稲作を取り巻く環境の変化にはさまざまなものがあるが、その多くは昭和四〇年代から五〇年代にかけて起こる。昭和四五（一九七〇）年からは減反政策がはじまり、鰺ヶ沢町の稲作地域にも大きな影響を与えたが、それ以外にも土地改良や農業用機械の導入、農作業の委託など、この時期は稲作の転換期であった。

赤石の土地改良は昭和四九（一九七四）年にはじまり、翌年にはほぼ完了した。広大な水田は短冊形に整備され、農業用機械が導入されはじめる（表38）。農業集落カードによると、昭和四五（一九七〇）年の段階で動力耕うん機と動力防除機はすでに導入されていたが、昭和五〇（一九七五）年になるとバインダーが普及する。また、自脱型コンバインも同年から登場し、昭和五五（一九八〇）年には動力田植機が普及する。機械導入以前には五日から一〇日かかっていた田植えが一日で済むようになったのである。深谷においても同じような経緯をたどっている。

また、農作業の委託も労働時間の短縮に大きな役割を果たした。鰺ヶ沢町における農作業の委託は、昭和三〇年代初頭にはじまる。請け負ったのは主に精米所である。精米所は稲刈りから作業を請け負い、乾燥、籾摺り、供出まで行なった。昭和四〇年代から五〇年代にかけて精米所は大型の機械を積極的に導入し、作業効率は向上していく。現在では田植えからすべての作業を請け負うところもある。精米所は赤石地区だけでも五〇軒以上あるという。

このような背景のもとに、赤石や深谷の主生業である稲作は手間のかからない農業へと変貌していった。それにともなって「出稼ぎ」月数が増加したのである。しかし、購入した農業用機械の代金の支払いは「出稼ぎ」者の生活に重くのしかかった。農業用機械の購入によってできた時間を使って行なわれる「出稼ぎ」の収入が、逆に農業用機械の代金の支払いに使われるという矛盾がここに発生したのである。

赤石や深谷の「出稼ぎ」と農業の関係は、筆者の聞き取り調査によるとつぎに示すとおりである。

昭和六（一九三一）年生まれの男性の話によると、赤石では「通年型」の「出稼ぎ」になる以前には「正月から六月の中旬までは自宅にいた。彼岸の入りのころに種籾を水に浸して苗を作り、五月末から田植えをした。六月の中旬に『出稼ぎ』に出た。お盆には一週間ほど帰った。一〇月の末には刈り入れのために一ヵ月ほど帰郷し、脱穀まで済ませた。再び『出稼ぎ』に出て、帰るのは正月前だった」といった状況であった。しかし、昭和五〇年代の変化後には「三月に帰ることができるときには苗代を作るために帰り、そうでないときには田植えに帰郷した。そして、田植えが終わるとまた『出稼ぎ』に出た。秋の刈り取りにも帰郷した。お盆には帰郷できたが、正月は工事現場の留守番をするために帰れない年もあった」というようになる。大きな変化は田植え前の作業に加わることがなくなったことである。また、田植えや稲刈りにかかる時間も大幅に減少し、帰郷している期間が短くなった。深谷でも昭和一一（一九三六）年生まれの男性の話では、「通年型」の「出稼ぎ」になってからは「田植えを終えて六月の初めから『出稼ぎ』に出た。盆には一時的に帰郷し八月二〇日ころにまた出かけた。九月の二〇日前後には稲刈りのためにまた戻り、一〇月の頭にはまた出かけた。一二月末に帰郷し、一

表 38　農業用機械所有台数

		動力耕うん機・農用トラクター	動力防除機	動力田植機	バインダー	自脱型コンバイン
赤石	1970	60	47	1	1	–
	1975	83	37	–	36	3
	1980	87	37	50	56	18
	1985	72	61	59	71	25
深谷	1970	71	23	–	1	–
	1975	80	39	3	25	2
	1980	81	47	39	52	18
	1985	74	21	37	48	12
建石	1970	94	106	–	5	3
	1975	102	101	3	37	3
	1980	106	72	33	72	23
	1985	110	27	53	60	36

註：2000年世界農林業センサス「農業集落カード」より作成

月一〇日ころにまた『出稼ぎ』に出る。『出稼ぎ』は三月いっぱいしていた」という。

一方で建石では一貫して「冬型」の「出稼ぎ」である。建石では戦前からリンゴ栽培が盛んであり、自分たちの主生業がリンゴ栽培であるという意識が強い。また、リンゴ栽培は非常に手間のかかる農業である。

リンゴ農家の仕事は三月ころの剪定からはじまる。四月中旬にリンゴの木にスピードスプレイヤーでダニを殺す殺虫剤を撒く。その後も一〇日ごとに薬を散布する。四月の終わりにはマメコバチを放して受粉を行なう。四月中旬から五月、六月にかけては間引きを行なう。一つの株に五つほどの花がつくが、真ん中の一つを残して残りは摘み取る。六月から七月中旬にかけて袋がけを行なう。小さい木には一〇束（一束一〇〇枚）、大きい木には二五束は必要である。七月中旬から盆前にかけては若葉を摘む。盆の間は休みだが、盆過ぎからは早生の袋剝ぎをし、葉を取り、つる回し（リンゴを回転させて、まんべんなく日を当てる）をする。品種ごとに順次同じ作業を行ない、九月下旬に収穫に入る。人手が足りない時には人を雇うこともある。稲作も行なう農家では、これらの作業と平行して水田での作業が行なわれる。

これだけの作業を行なうためには、夏場に「出稼ぎ」に出ることは不可能である。また、リンゴ栽培は手作業が多く、機械での作業は防除と草刈りくらいのものである。作業の委託もひとり一人を雇うという形で行なわれ、一日一人につき最低でも五〇〇〇円を支払わなくてはならない。リンゴ栽培を行なう建石の農家にとって、「通年型」の「出稼ぎ」を行なうことはリンゴ栽培の放棄を意味するのである。これが「出稼ぎ」形態の持続の原因である。

3　外部的原因

昭和四〇年代、五〇年代における日本の好景気、つまり高度経済成長については周知のとおりである。この時期の日本経済の実質的成長率は一〇%を超え、それまで日本の抱える大きな問題であった労働力の過剰は短期間のうちに解消され、逆に人手不足の状態に陥った。日本全国から、中学・高校の新卒者を乗せた集団就職列車が東京や大阪を目指したのはこのころである。この高度経済成長による人手不足は就職の機会を全国の農山漁村にもたらしたと同時に、賃金の上昇をもうながした。鯵ヶ沢町における「出稼ぎ」が隆盛となるのもこの時期と重なっている。

しかし、昭和五〇年代に入ってからの赤石における「出稼ぎ」の変化は、このことだけから説明のつくものではない。「出稼ぎ」者にとって、より身近な問題が引き金になっていると考えられる。それは、国による失業対策事業である。

戦後の日本の失業対策事業は、昭和二二（一九四七）年に公布された失業保険法、および失業手当法によって確立した失業保険制度にはじまる。昭和三〇年代に入ると「出稼ぎ」者などの季節労働者や短期雇用労働者に対する給付日数が短縮されはじめるが、昭和四〇年代に入ると季節労働者などによる給付の濫用が問題となる。そして、昭和五〇年にはそれまでの法律に代わって雇用保険法が施行され、雇用保険制度が創設される。このとき、「出稼ぎ」者は一般被保険者と区別されて短期雇用特例被保険者となり、特例一時金の受給資格者となった[23]。

それまでの失業保険制度においては、季節的に雇用され、一定の期間で失業する季節的受給者の存在が大きな問題となっていた。その問題点とは、①季節的失業は、いわば予定された失業で、事故の偶発性を前提とする保険原理からみて問題があること、②シーズン・オフ中の休業という性格が強いものも少なくないこと、③全被保険者中三％程度の人々が全受給者の約三八％を占めており、毎年、給付の二日分に相当する保険料で平均五〇日程度の保険金を受給しているという給付と負担の不均衡があり、一般の被保険者、事業主の支払う保険料によって肩代わりされていること、等であった[24]。

新しい制度によって、同一事業所に六ヶ月以上つとめても、離職時の受給額は一般離職者が基本手当日額の九〇日分であるのに対して、短期特例被保険者である「出稼ぎ」者の受給額は基本手当日額の五〇日分となった[25]。したがって、昭和五〇年以降、「夏型」「冬型」などの季節的・一時的な「出稼ぎ」をすることのメリットは大幅に減少したと言わざるを得ない。鯵ヶ沢の「出稼ぎ」者も、失業保険を計算に入れて「出稼ぎ」を行なっていたことは言うまでもない。このような保険制度の変更が、赤石や深谷などにおける「出稼ぎ」が「夏型」から「通年型」へと、つまり兼業的「出稼ぎ」から専業的「出稼ぎ」へと変化した背景にあることは想像に難くない。

四　地域生活の変化と持続

それでは、このような「出稼ぎ」の変化は、地域生活に対してどのような変化をもたらしたのであろうか。簡単にまとめておきたい。

1　建　石

建石に関しては赤石や深谷のような昭和五〇年代における「出稼ぎ」の変化は見られないが、「出稼ぎ」が盛んになる昭和四〇年の前後で生活の変化を追ってみよう。

建石の「出稼ぎ」は一貫して「冬型」である。しかし、戦前や、戦後に「出稼ぎ」が盛んになるまでは、冬場は外での農作業ができず、若い衆などが集まって筵などを編んでいた。また、正月前には氏神である石神神社に奉納する注連縄を編んでいた。注連縄の材料はスゲであるが、一一月下旬にまずこのスゲを集落内の溜池で刈り取る。それを若い衆が集まって注連縄に仕上げていく。また、正月には三三の俵を鳥居全体に結びつけた。しかし、「出稼ぎ」が盛んになってからは三俵を結びつけるだけとなった。神社の祭（カグラ）は四月一七日、八月一七日、一一月一七日で、春、夏、秋の年三回行なわれる。平成の初頭までは、とくに夏の祭には盆踊りや子供の相撲大会、カラオケ大会などが行なわれて賑わっていたが、現在ではそのような行事は行なわれず、数十人が集まる程度であるという。これは高齢化などによるものであろう。また、秋の祭は冬の「出稼ぎ」と時期が重なってしまう。祭が終わってから「出稼ぎ」に行くという意識は見られず、秋の祭はよりいっそう静かである。

しかし、だからといって地域社会の結束が全くなくなってしまったわけではない。毎年五月三〇日には集落をあげて自分の家の周りや道路の清掃が行なわれている。また、五月上旬には水源と溜池、溜池と各田畑をつなぐ水路の清掃が行なわれる。清掃に参加するのは水田を所有する農家やリンゴ農家などであるが、各家から一人の参加が義務づけられている。参加できない場合には一日五〇〇〇円を支払わなくてはならない。

一方で、「出稼ぎ」が盛んになる前後では、個人の生活はどのような変化をしたのであろうか。建石では「出稼ぎ」で得られた収入の多くはリンゴ栽培にかかる費用に充てられたが、昭和六〇（一九八五）年ころまではそれでもかなりの金額が残った。それらの使い道は子供の教育や家の建て替えなどであったが、興味深いのは農地の拡大に使われる例が多いことである。たとえば、大正一二（一九二三）年生まれのC氏は、昭和二〇年代には家の畑は二反から三反ほどであり、その畑で大豆や野菜を作りながら、他の家の畑で雇われて生計を立てていた。しかし、昭和二〇年代後半から「出稼ぎ」をはじめ、「出稼ぎ」で得た収入で昭和二七―二八（一九五二―一九五三）年ころには畑を五反買い、昭和三〇年過ぎには田を二反買った。また、平成三（一九九一）年にはさらに畑を五反買い足した。C氏は平成一二年まで「出稼ぎ」を続けたが、現在では田と畑それぞれ一町ほどを所有し、リンゴと米の栽培に勤しんでいる。

このC氏の例は建石の人びとのリンゴ栽培に対する意気込みを象徴していると言えるであろう。

2 赤石

赤石における農業の変化については前節において確認した。ここでは主に祭礼の変化について報告したい。

津軽の人びとのあいだでは古くから岩木山神社に対する信仰が篤かった。赤石においても旧暦の八月一日には「お山参詣」という行事が行なわれていた。これは岩木山に登拝して豊作や豊漁を祈願する行事である。鰺ヶ沢町においては文化年間には記録がすでに見られ、その隆盛ぶりが看て取れる(26)。赤石では昭和三〇年代には数えで二〇歳になる男性等が集って一週間家を別にして別火の生活をし、水垢離をとった。当日には白装束に鉢巻きを前で結び、後頭部に御幣をさすといういでたちで、屈強の人の帯には「奉納岩木山神社」と書かれた一〇ｍほどもある幟をさして出かけた。途中の長平で一泊して「サイギサイギ　ロッコンサイギ　オヤマハツダイ　ナム　キミョウチョーライ」と唱えながら山頂まで参詣した。この日は学校が休みとなり、男の子は一緒についていったという。

この行事は昭和四〇年代には「出稼ぎ」の隆盛や若者の減少により衰退の傾向にあったが、昭和五四（一九七九）年の保存会の立ち上げによって再び蘇った。保存会はこの行事を老人から若者へ伝承するために立ち上げられ、「出稼ぎ」へ行かない若者を中心に組織された。現在では身体を清める行事などは簡略化され、車での参詣へと変化したが、神社では舞を奉納し、保存会も数十人の規模を維持している。この保存会の活動は「お山参詣」だけではない。正月元旦の朝には独身で二〇歳になる男性が三俵の米を背負って集落を一周し、神社の鳥居にその俵を掛けるという行事が古くから行なわれていたが、この行事で使われる俵や神社の注連縄の制作も保存会の若者が請け負っている。

この昭和五四、五五年という時期はちょうど赤石において「出稼ぎ」が「夏型」から「通年型」へと変化する時期であり、この保存会の立ち上げの背景には「出稼ぎ」による伝統文化消滅への危機感があったことが推察される。また、赤石に残る若者たちの結束を強める意図もあったであろう。

3　深　谷

昭和一一（一九三六）年生まれのD氏によると、深谷における農業は稲作が中心であったが、昭和五〇年ころまではまだ動力田植機もなく、五日から一〇日かけての手植えであった。そのころには田植えの遅れている家を手伝うことはごく普通に行なわれていた。手間賃などを払うことはなく、サナブリ休みに餅を搗いてご馳走をするくらいであった。また、刈り入れも昭和五五、五六年までは手作業であったが、そのときにも作業の遅れている家を無償で手伝う慣習であった。手伝いを受けた家はお礼に食事を出したがそれ以上のことはせず、自分が余裕のあるときに手間返しをしたという。

昭和四〇年ころまではほとんどの家で炭焼きが行なわれていたが、その衰退の経緯は山田・喜山報告のとおりである。また多くの家が山を持ち、主に杉を植えていたが、材木価格の下落、そして「出稼ぎ」による人手不足で山の手入れが行き届かなくなったことにより、林業は衰退した。D氏は一三町の山林を所有するが、最後に山を売ったのは昭和六二（一九八七）年である。

建石の氏神社は高倉神社であり、祭日は五月二五日、七月二五日、一〇月二五日の年三回である。春秋の祭に呼ぶ宮司は一人であるが、夏の祭には四人の宮司が呼ばれる。夏の祭が本祭なのである。神社総代は三人だが、年を取った人や「出稼ぎ」に出ない人がつとめている。「出稼ぎ」者が祭のために帰省することはないが、「出稼ぎ」が盛んになるまでは濁酒を造り、皆で集まって大変にぎやかであったという。

おわりに

以上、本論では戦後鰺ヶ沢町で行なわれてきた「出稼ぎ」がどのようなものであったのか、その概要を把握した上で、赤石地区と鳴沢地区の「出稼ぎ」形態の違いを指摘し、その原因を内部的原因と外部的原因に分けて、赤石および深谷と建石の具体的な事例から導き出した。また、それぞれの地区の「出稼ぎ」がどのような変化を地域社会にもたらしたのかについて、生業や祭、共同作業などをとおして概観した。

赤石地区においては、昭和五〇年代初頭までは主に「夏型」の「出稼ぎ」が行なわれていたが、その後は「通年型」へと変化した。その背景には内部的原因として農業用機械の導入や農作業の委託などによる稲作にかかる労働時間の減少が挙げられた。また、外部的原因としては失業保険制度から雇用保険制度への移行にともなう給付金額の減少があった。それまでは六ヶ月間の「出稼ぎ」は、「出稼ぎ」自体が現金収入をもたらすと同時に、「出稼ぎ」に出ない期間の収入をも保障していた。しかし、特例一時金制度によって「出稼ぎ」に出ない期間の給付金額は半減した。その分の金額を農業で補うことはできなかった。また、農業自体も人手のいらない農業へと変貌していく過程にあった。さらに、人手のいらない農業は農業用機械の支払いや委託料など、経費のかかる農業であった。つまり、稲作中心の赤石地区の「出稼ぎ」者は後戻りすることを許されなかったのである。ここに兼業的「出稼ぎ」から専業的「出稼ぎ」への転向が発生した。

一方で鳴沢地区の「出稼ぎ」は一貫して「冬型」であった。それは鳴沢地区の農業がリンゴ栽培を中心としたものであったからである。リンゴ栽培は機械化できる部分が少なく、大変な手間がかかる。したがって、「出稼ぎ」に出ることができる期間は冬季に限られていた。もちろん特例一時金制度によって「出稼ぎ」をすることで得られる収入は減少したが、それは「出稼ぎ」の拡大へは結びつかなかった。なぜなら、「出稼ぎ」の拡大はリンゴ栽培の放棄を意味したからである。このような「出稼ぎ」を取り巻く環境の変化は、「出稼ぎ」者のリンゴ農家としての意識をより高め、耕地の拡大などが図られたのであった。つまり、兼業的「出稼ぎ」を持続する道の模索である。このような兼業的「出稼ぎ」を持続するための取り組みも、「出稼ぎ」を取り巻く環境の大きな変化のなかの小さな変化ととらえることができるかもしれない。持続とは変化のなかで顕在化するものである。

このような「出稼ぎ」の変化は祭や共同作業の衰退を招いた一方で、伝統行事の保存の機運を高めた。しかし、変化の原因のすべてを「出稼ぎ」だけに負わせることはできない。平山が挙げたようなさまざまな要素が複合的に関連していることは確かだ。しかし、鯵ヶ沢町においては「出稼ぎ」がもっとも大きな要素であったことも事実である。また、ここでひとつ注意したいのは、「出稼ぎ」や地域生活の変化がそれぞれ一方的に他方に対して影響を与えたのではないということである。双方の変化は複雑に絡み合いながら同時に進行したのである。

これらの変化は戦後日本の大きな社会構造の転換のなかで生じたものである。この変化を民俗の崩壊と呼ぶこともできるであろう。しかし、一方でこれまで見てきた変化は、この土地で生きるための生活戦略として見ることもできるのではないだろうか。戦後の東北の「出稼ぎ」は常に暗い影を背負いながら描かれてきた。たしかに、「出稼ぎ」は長期間家族と離れて暮らし、建設作業などにおいては死者が出ることも珍しくない。だが、「出稼ぎ」者はただ受身でこういった状況に身を置いていたわけではない。自らの意思で「出稼ぎ」を行ない、生活のプランに組み込むという能動的な面を見逃してはならない。

註

（1）本書では「出稼ぎ」をはじめとする労働にともなう人の移動をタビという概念で包括することを提案してきたが、本章では社会問題とされてきた青森県の「出稼ぎ」を扱うため、あえて「出稼ぎ」という言葉を用いる。

（2）筆者は本書第一章において、「出稼ぎ」を戦前・戦後や近代化以前・以後などの時代区分によって分類するのではなく、「出稼ぎ」で行なわれる仕事の内容によって区分する必要を指摘した。伝統産業型「出稼ぎ」は古いものでは少なくとも近世中期から続く「出稼ぎ」であり、日本の近代化以前からある産業に従事する「出稼ぎ」である。一方、近代産業型「出稼ぎ」は日本の近代化・産業化にともない、新規に発達してきた産業に従事する「出稼ぎ」である。

（3）成城大学民俗学研究所編『山村生活50年 その文化変化の研究』（昭和59年度調査報告）一九八六年、同（昭和60年度調査報告）一九八七年、同（昭和61年度調査報告）一九八八年、『昭和期山村の民俗変化』名著出版、一九九〇年

（4）平山和彦編『高度経済成長と民俗の変化—東日本の民俗社会における民俗の変容と生成—』筑波大学歴史・人類学系、一九九八年

（5）田中宣一・小島孝夫編『海と島のくらし—沿海諸地域の文化変化—』雄山閣、二〇〇二年

（6）これまで近代産業型「出稼ぎ」を研究の素材として扱ってきたのは、主に社会学や経済学、地理学といった分野である。これらの分野においては多くの研究の蓄積があるが、それらはかならずしも「出稼ぎ」と地域社会で営まれる生活との有機的結びつきを明らかにはしていない。そのようななかで高橋明里・北村光二「青森県平地農村における出稼ぎの伝統と変遷—木造町菰槌地区を事例として—」（『過疎・高齢化・出稼ぎ調査報告書』人間行動研究3、弘前大学人文学部人文学科人間行動コース、一九九七年）においては地域の生活の変遷や「出稼ぎ」の歴史をふまえた上で、戦後の「出稼ぎ」の展開の背景が明らかにされている。また、葉山茂「生業活動における資源分配の構造と出かせぎ—青森県内の二つの漁業集落を事例として—」（『国立歴史民俗博物館研究報告』第123集、国立歴史民俗博物館、二〇〇五年）は、「出稼ぎ」という労働形態を可能とする地域生業のあり方に注目しており興味深い。

（7）ただし、野口武徳・大月隆寛・黒川敏彦「奥能登出稼ぎの村—石川県珠洲市若山町—」（『山村生活50年 その文化変化の研究』（昭和59年度調査報告））や山田直巳・喜山朝彦「岩木山麓村の変貌と出稼ぎ—青森県西津軽郡鯵ヶ沢町赤石地区—」（『山村生活50年 その文化変化の研究』（昭和60年度調査報告））においては、それぞれの調査地の戦後の「出稼ぎ」の内部的背景が、村落内における生業の変化や経済生活の変化などの側面から描かれている。しかし、「出稼ぎ」を取り込んだ形で展開される具体的な生活については報告されていない。

（8）平山和彦「高度経済成長期における正月行事の変容—秋田県仙北郡西木村の場合—」（註（4）同書、一〇九頁）

（9）現地調査は二〇〇二年八月、二〇〇三年四月および一一月に行なった。

(10)「出稼ぎ」の傾向の抽出と分析においては多くを「台帳」によった。「台帳」は昭和四〇（一九六五）年に青森県が「出稼ぎ」者把握のために作成した個人台帳である。県内の公共職業安定所においては「求職票」および「住民票」代わりとして利用されている。ただし、公共職業安定所や町役場を通さずに「出稼ぎ」へ出る人の台帳は作成されていない。また、現在残されている「台帳」は現在も「出稼ぎ」を行なっている、あるいは近年まで「出稼ぎ」を行なっていた人のものであり、「出稼ぎ」をやめて久しい人の台帳は残されていない。したがって、今回用いる資料はあくまでも昭和四〇年代以降、近年まで「出稼ぎ」を続けてきた人に関するものである。「台帳」の記入欄は①台帳番号、②被保険者番号、③作成年月日、④氏名、⑤生年月日、⑥現住所、⑦世帯主との続柄、⑧手帳発給年月日、⑨免許・資格、⑩家（職）業、⑪初めて出稼ぎに出た年、⑫家族の構成、⑬求職・就職状況、⑭就労状況、⑮健康診断実施状況、⑯講習会受講状況の一六項目である。しかし、実際に記入されているのは③作成年月日、④氏名、⑤生年月日、⑥現住所、⑦世帯主との続柄、⑩家（職）業、⑪初めて出稼ぎに出た年、⑫家族の構成、⑬求職・就職状況、⑭就労状況などであり、これらの項目に関してもすべての人が必ず記入しているというわけではない。したがって、必ずしも全員が記入していない項目に関しての統計的な処理は難しい。ただ、⑭就労状況に関してはすべての人が詳細に記入しており、「事業所名」「都道府県名」「管轄安定所名」「産業」「職種」「就労期間」について具体的な情報を得ることができる。

(11)鰺ヶ沢町史編さん委員会『鰺ヶ沢町史』第二巻、鰺ヶ沢町、一九八四年、六五七頁

(12)鰺ヶ沢町史編さん委員会『鰺ヶ沢町史』第一巻、鰺ヶ沢町、一九八四年、三七九―三八〇頁

(13)註（11）同書、七〇五頁

(14)註（12）同書、二七二頁

(15)山田・喜山　註（7）同書

(16)ただし、大然地区は昭和二〇年の大水害によりほぼ壊滅の状態になった。したがって、追跡調査の対象地は深谷地区と一ツ森地区に設定された。また、これはあくまでも鰺ヶ沢町の山間部を対象とした調査である。したがって、この調査の結論を鰺ヶ沢町全域にあてはめることはできない。

(17)山田・喜山　註（7）同書　一一―一二頁

(18)第一節で示したとおり、鰺ヶ沢町の人びとにとって北海道は近世以来、職を求める場としてなじみの深い場所であった。晴れた日には鰺ヶ沢町の海岸から松前郡を望むこともできる。

(19)一般的には季節的「出稼ぎ」と通年的「出稼ぎ」といった分類がなされる。しかし、多くの場合その実態は、前者においては地元での農業や漁業といった仕事に従事しながら、その間を縫って「出稼ぎ」を行ない、後者の場合には専ら「出稼ぎ」のみを行なう。

したがって、筆者は前者を兼業的「出稼ぎ」、後者を専業的「出稼ぎ」とするほうがより実態に即していると考えている（本書第一章参照）。

(20) 地縁・血縁といったつながりはグループ制度として制度化されることもある。グループ制度は同じ職場につとめる同じ地域出身の「出稼ぎ」者でグループを作るというものである。各グループではグループ・リーダーを決め、グループ・リーダーは「出稼ぎ」における注意事項や安全管理、健康管理などの講習を受ける。また、グループ・リーダーはグループ内のまとめ役であり、労使間の仲介役ともなる。場合によっては足りなくなった人員の補充もしたという。つまり、「出稼ぎ」者の親方的役割である。

(21) もともとの主生業が農業の場合、専業的「出稼ぎ」においても農業が続けられることが多い。しかし、「出稼ぎ」者個人の収入の割合や労働時間に着目すると、双方において圧倒的に優位である「出稼ぎ」を兼業的なものととらえることには無理がある。

(22) 昭和五〇年代前半には、昭和五〇年に種苗登録されたりんごの新品種「つがる」の普及が見られた。その影響も果樹類に取り組む農家の増加の一因として考えられる。

(23) 原智徳『雇用保険法・労働者災害補償保険法の解説 新訂版』一橋出版、二〇〇一年、九頁

(24) 労働省職業安定局雇用保険課『改訂版 雇用保険法』労働法コメンタール6、財団法人労務行政研究所、一九八三年、八〇―八一頁

(25) 基本手当日額は賃金日額に応じて決められる。賃金日額は原則として、受給資格者の離職前、最後の六ヶ月間に受け取った賃金を一八〇で割って算出される。基本手当日額は離職者の年齢や賃金日額によって決められるが、賃金日額のおよそ六〇～八〇％である。

(26) 鰺ヶ沢町史編さん委員会『鰺ヶ沢町史』第三巻、鰺ヶ沢町、一九八四年、六〇七―六〇九頁

終章　結論と今後の課題

一　結　論

本書では、瀬戸内島嶼部において行なわれてきた、労働にともなう人の移動について、移動を包括的に捉えるタビという新たな概念を設定した上で、愛媛県今治市宮窪町および同市伯方町のタビの事例を中心に、いくつかの角度から検討を加えてきた。それらを各章ごとに要約してまとめた上で、今後に残された課題を提示して、終章としたい。

第一章「研究の理論的前提」では、これまでの「出稼ぎ」に関する研究を整理した上で問題点を指摘し、その問題を解決するためにタビという新たな概念を提出した。

柳田国男は民俗学の成立以前、あるいは当初から「出稼ぎ」や「移住」といった問題への関心を、農村の余剰労働力の都市部への移動といった農政学的な視点から抱いていたが、柳田は「出稼ぎ」や「移住」を連続したものとして捉えていた。「出稼ぎ」は「移住」に発展する可能性を残し、「移住」もまた、完全な「移住」が果たされずに、結果的に「出稼ぎ」に終わる可能性を残しており、両者は不可分の関係にあるとしたのである。しかし、柳田以降、このような視点が意識的に継承・発展されることはなく、労働にともなう人の移動の問題は「出稼ぎ」という問題へと再定置された。そして、民俗学における明確な定義を与えられることのないまま、経済学や社会学で用いられる社会問題としての「出稼ぎ」の定義が援用され、「移住」などの他の形態の労働のための移動とは断ち切られた形で、悲劇的なイメージに染められた、家計の補助と回帰性を必要条件とする狭小な範疇に囲い込まれた。一方で、「出稼ぎ」は家計の補助と回帰性を条件としているにもかかわらず、地域の生業としては扱われず、常に地域外の生業という立場に押しやられてきた。

たしかに、複雑な様相を呈する労働にともなう人の移動という現象を一定の基準にしたがって分類し、分析対象として可視化する作業は重要である。しかし、その分析対象がより大きな現象の一部であることが忘れられてはならない。また、概念は常に研究の目的にしたがって再検討されなければならない。本研究のように、経験された人の生そのものを対象化しようとする場合には、人の移動という、移動者個人にとっては一連の経験であるはずの現象を分断して論じる概念は、必ずしも適切ではない。

以上のような問題を解決するためには、「出稼ぎ」という言葉自体に付与された限定的なイメージを排除し、家計の補助や回帰性といった従来の条件にとらわれない新たな範囲を設定しなければならない。しかし、これほどまでに定着した「出稼ぎ」の概念を変更することは難しい。そこで、筆者は新たにタビという概念を提出し、「本人が故郷と考える土地から寝食の場を移して働きに出ること、またはその状態」と定義することによって、経済的な役割や回帰性、そして悲劇的なイメージなどに囚われることのない、労働のための移動を把握するための新たな枠組みを設定した。

第二章「移動を誘う背景」では、まず、瀬戸内島嶼部のタビ研究のフィールドとしての優位性と、地理的環境によってもたらされる生業上の条件を把握し、その条件を克服するための手段として、瀬戸内島嶼部で行なわれてきたさまざまなタビについて概観した。

瀬戸内島嶼部のタビ研究のフィールドとしての優位性は四点ある。すなわち、歴史的に行なわれてきたタビが生活に根づいていること、タビの種類が多様であること、近年まで伝統産業型のタビが続けられ、経験者から直接話を聞くことができること、東北地方や北陸地方のように、「出稼ぎ」がステレオタイプ化された悲劇的なイメージに染まっていないこと、である。

瀬戸内島嶼部の土地の狭さは、人口の余剰と食料の不足という二つの問題を同時に引き起こす。宮本常一はこれを「生産の限定性」と呼び、この問題を解決するために行なわれてきたさまざまな解決方法を紹介している。筆者はそれらを島の内部で問題を解決しようとする内部的生産拡大と、島の外部で問題を解決しようとする外部的生産拡大に分けた。タビは後者に分類される。

このような「生産の限定性」の問題が表面化したのは、瀬戸内海沿岸の人口が爆発的に増加した一九世紀に入ってからであることが先行研究から明らかとなっている。商業的農業の発達、海上交通の発達、都市の発達といった社会的変化は、人口の増加と、人口が増加しても生活することができる生業、すなわちタビを同時発生的に生み出したのである。このような傾向は、本書が主なフィールドとする今治藩の「島方」においても確認することができた。

第三章では、愛媛県今治市宮窪町宮窪で営まれてきた兼業的なタビを内包した生業の複合の様相を明らかにした。宮窪における生業は、戦前は老人や婦人によって営まれる自給的な農業と、男性によって営まれる酒蔵や塩田へのタビ、そして自営業や日雇などの現金収入によって複合的に構成されていた。そのなかでもタビはもっとも安定した収入源であり、各家の生業全体を支える柱であった。この柱の上に、各自がさまざまな工夫を凝らし、また取捨選択しながら行なう自営業や日雇という屋根や壁が据えられていた。このような農業に依存しない生業の構造は、人口の増加とタビが同時発生的に顕在化した近世中期以降、脈々と受け継がれてきたものと考えることができる。

戦後は新たな換金作物であるミカンの栽培が自給的農業に取って代わり、また地元や近隣の島嶼部における石材採掘や造船といった新たな産業が、衰退傾向にあった酒蔵や塩田へのタビから人びとを引き寄せた。しかし、ここでも農業に依存した生業の構造には転換していない。たしかにミカンの栽培は一時期隆盛を極めたが、ミカンの栽培が盛んに行なわれたのは昭和二〇年代後半から昭和四七（一九七二）年のミカンの価格の暴落までであり、継続的に地道に行なわれる農業というよりも投機的発想に基づいた自営業に近い。つまり彼らはタビを収入の基礎とし、自給的農業で食料を確保しながら自営業や換金作物の栽培などに力を注ぐ多角経営者なのである。そこには、島という環境を背景に歴史的に築かれてきた、土地に大きく依存することなく、時代ごとにより良い仕事を選択する現実的で意欲的な労働観を読み取ることができる。

第四章では、愛媛県今治市伯方町北浦で営まれてきた専業的なタビを内包した生業の様相を明らかにした。北浦の生業は、戦前から高度経済成長後まで一貫して石屋のタビに依存してきた。農業は一戸あたりの耕地面積が狭く、土地がミカンの栽培にも適さなかったため、大きな発展を遂げることはなかった。しかし、石屋のタビは農業の不足を十分に補ってきた。また、そもそも農業への期待は大きくはなかった。男性が専業的にタビに出ることによって、北浦での家族の生活を支えてきたのである。

彼らの移動には、北浦に妻子を残す「出稼ぎ」的なものも、妻子をともなって移動する「移住」的なものもある。そして、これらの移動形態は流動的であり、一人の石屋の人生においては、さまざまな形態の移動が経験される。したがって、彼らの移動を「出稼ぎ」や「移住」といった、その時々の状況を示す言葉で切り取り、分析することは一定以上の意味を持たない。彼らの移動を日常的な営みとして捉えるためには、移動を包括的に捉えるタビ概念が必要となるのである。

さて、北浦の石屋のなかには、北浦に帰ることを願いながら果たせなかった人も、タビ先に住み続けることを願いながらも帰郷に至った人もいる。また、予定通りに帰郷を果たした人もいれば、予定通りにタビ先に住み着いた人もいる。さらに、タビに出ているあいだ、故郷との経済的なつながりや回帰性を完全に保ち続けた人もいれば、どちらか一方のみを保ち続けた人もいる。また、どちらも保っていなかったにもかかわらず、ある時突然帰郷を果たすという人もいる。

このような、流動的な移動をタビという概念で一括してからめとり、移動の実態と、移動者と故郷との複雑な関係性を描いたのが第五章である。岡山県笠岡市北木島および白石島に家族で移り住んで自ら丁場を経営した伯方島の石屋の置かれた、「出稼ぎ」者でもなければ「移住」者でもない不安定な立場を示した事例からは、「出稼ぎ」や「移住」といった言葉のフィルターを通しては見えてこない、移動そのものの持つ大きな力と、そのなかで生きる人の姿が浮かび上がった。彼らの多くは、いまだに「出稼ぎ」と「移住」のあいだを生きている。彼らはタビに出ることで故郷を喪失したわけでも、タビ先に新たな故郷を創出したわけでもない。

第六章では、タビとそれを支える慣行としての家継承の問題を論じた。北浦に比べて農業に依存する度合いの高い宮窪においては積極的な分家は行なわれず、次男以下が島外へと出ることが規範となっていた。また、隠居は長男の社会的地位がある程度確定した段階で行なわれ、タビを中心とする生産性よりも、隠居するという規範そのものが重視されていたことが明らかとなった。一方、北浦では次男以下にも土地が積極的に分与され、隠居の慣行は見られなかった。これは、専業的に行なわれる石屋のタビを円滑に行なうための慣行と考えることができる。

生業は人の生存を支えるもっとも根源的な営みである。したがって、生業の研究はもっとも他分野の研究と接合する可能性を持つ。生業や信仰、社会組織といった住み分け自体が解消されるべきなのかもしれない。本章は民俗学の現状に対するささやかなアンチテーゼでもある。

第七章では石屋のタビにともなう文化変化の一例として、広島県丸亀市広島の山の神の事例を取り上げた。広島では採石の行なわれるようになる以前から、地元の人びとによって山の神が祀られてきた。この山の神は、薪や木材といった山の産物を掌握する神であると同時に、漁師からは豊漁を司る神として祀られ、また、祀られる位置からは境界神としての役割もうかがうことができた。

現在では、このような従来の山の神はほとんど忘れ去られ、山の神と言えば石屋の神であるという認識が大勢を占めている。その背景には、島の近代化と採石業の隆盛という、広島の置かれた環境の大きな変化が控えている。人の移動が、技術のみならず、文化の流動性をも促していたことを改めて認識しなければならない。

最後に、補論を付した。補論で取り上げたのは、瀬戸内海を遠く離れた青森県西津軽郡鰺ヶ沢町の事例である。青森県の「出稼ぎ」はとかく暗いイメージを持たれがちである。雪に閉ざされて農作業のできない冬場に東京の工事現場で危険な重労働に従事する人びとの生活は確かに苛酷である。しかし、彼らは単に虐げられた人びとではない。失業保険から雇用保険への制度移行によって従来どおりの保障を受給できなくなった「出稼ぎ」者は、変化した状況に応じて戦略的に自らの生業構造を適合させていた。

以上のような作業は、タビそのものの実態と、タビがさまざまな生業のなかで果たしてきた役割、そしてタビに出た人と故郷との関係を明らかにしたと同時に、タビという、労働にともなう人の移動を統合する概念の有効性を証明するものでもあった。

さて、ここまでをふまえて改めて問い直してみたい。事例で挙げた宮窪と北浦の人びとは、果たして「農家」なのであろうか。そしてタビは農間余業としての特殊な状況なのであろうか。

筆者は話者に対して「自分は農家だと思うか?」という質問をしたことがある。MI3氏の答えは「自分はどれが本業か分からないが、やっぱり農家だ」というものであった。MI3氏は戦後比較的大きな耕地を所有するが、それでもどれが本業か分からないという迷いがある。一方で宮窪の他の話者には「自分は農家ではない」と言い切る人もいる。また、北浦の人は「自分は石屋だ」と言う。もちろん彼らは農業を営んでいるし、農業センサスでは「農家」に数えられる。

しかし、彼らの農業への依存度は、ミカン栽培の流行した一時期を除いて、決して高いとは言えない。彼らは少なくとも近世以来、農業の限界を知っており、それがゆえに、農業だけに依存しない土地不要の生業構造を構築してきたのである。つまり、耕地の狭さは貧しさを意味しないのである。第三章でも紹介したように、倉田一郎は『採集手帖（沿海地方用）』のなかで、宮窪の在方の人びとの生活の豊かさを指摘し、その理由が酒蔵へのタビにあることを述べている。タビは近世以来、島で暮らす上での基本的な戦略であり、日常であった。

島の生活は「出稼ぎ」という言葉の一般的なイメージからは想像できないほど豊かである。この豊かさがあるからこそ、人びとは安心してタビに出ることができたし、新しい商売や自らの手による丁場の経営に躊躇することなく挑むことができたのである。

二　今後の課題

以上の結論をふまえた上での今後の研究課題を提示しておきたい。タビ概念の設定によって得られた新たな視点を活かすことによって、さまざまな課題を設定することが可能となる。

まずは、「出稼ぎ」の悲劇的なイメージが、タビ概念によって払拭されることによって得られる視点から、新たな課題を設定してみよう。

タビの重要な目的は収入を得ることであるが、タビによって得られた収入はどのように活用されたのであろうか。もちろん、タビで得られた収入は、食費や光熱費あるいは子供の学費など、生活の根幹にかかわる出費に充てられたはずである。しかし、果たしてそれだけであろうか。タビによって得られる収入は、杜氏や石屋、大工など、特別な技術を必要とするものに関してはとくに高額であった。その金額に失業保険を加えると、収入はさらに上がる。日々の生活を送るのに必要な額以上の収入がもたらされる地域も、少なくはないのである。余った収入をどのようなことに充てるのか、そこには、当事者の気質や興味などが反映されるはずである。

また、歴史的にタビが続けられてきた土地では、タビの目的は経済だけではない。地域成員のほとんどがタビに出るような土地では、タビが人生修業や通過儀礼の役割を果たす場合がある。また、島を出て外の空気を吸えることもタビの喜びであったはずである。さらに、一生懸命働くということを是とする美意識や、働くことによって得られる満足感・安堵感など、労働をこころよしとする感覚についても、話者の言葉の端々に表れてくる。このようなタビという現象の背後にある人びとの意識についても、より注意を払うことが求められる。

つぎに、タビが地域の主要な生業であるという視点から、新たな課題を模索してみたい。

本研究で見てきたように、地域生業においてタビが重要な位置を占める場合、どのような地域的背景が人びとを特定のタビへと導いたのか、より深く考えられなければならない。瀬戸内の島々では多様なタビが行なわれてきた。島によって、あるいは同じ島内のそれぞれの地域によってタビの種類も異なれば、地域生業のなかにおけるタビの占める位置も異なる。タビという共通の要素を取り入れながらも、地域によって差異が生じるのはなぜであろうか。島の地理的な位置や大きさ、歴史的背景等によって、生業構造の違いや、選択されるタビの種類の違いは生じるのであろうか。検討する必要があるだろう。

また、タビを主要生業とする地域の社会組織のあり方や年中行事のあり方等、生業としてのタビと、他の民俗との影響関係についてもより深く検討しなければならない。生活を根底から支える生業とその他の民俗との影響関係は、あらゆる分野において認められるはずである。したがって、検討すべき課題は無数に存在する。

つぎに、「出稼ぎ」や「移住」といった区別を行なうことなく、労働のための移動を包括して捉えるタビの視点から、新たな課題を模索してみたい。

まず、本研究で筆者が取り上げたような伝統産業型で回帰性が多く認められるタビだけではなく、工場地帯や都市部に移り住んで行なわれる近代産業型のタビについても考えなければならない。伝統産業型のタビから近代産業型のタビへは、どのように移行していくのか。また、近代産業型のタビへの移行の仕方に、地域差はあるのか。さらに、そのとき地域の生業構造や、その背景にある社会組織などはどのように変化し、あるいは持続するのか。そして、近代産業型のタビに出た人びとの故郷とのかかわり方は、伝統産業型のタビに出ていた人びとの故郷とのかかわり方と異なるのか。

本研究は場の解体の試みでもあった。筆者がはじめからそれを意識して調査をしていたわけではない。ただ調査の過程で、場を起点としてはどうしても描き切ることができない現象にぶつかったのである。特定の地域を対象とする民俗学的な視点では、移動する人びとは故郷と移動先、どちらの場からも弾かれてしまう。故郷から見ても、移動先から見ても、彼らの営みは土地の生業ではない。一方で、彼らをそれぞれの土地に引寄せてしまえば、彼らの移動そのものを捨象することになってしまう。故郷と移動先という二つの場のあわいで、どちらの場にも属し、どちらの場にも属さない。移動する石屋を見るためには、移動そのものを場に縛られた概念から解放してやらなければならなかったのである。

もちろん、本研究は宮窪の、そして北浦の生業としてタビを描いた。その意味では、本研究もまた、場に縛られたものである。しかし、タビという概念の設定は、島の生業を島の生業として描くことのみを目指したものではない。広く移動という現象を、移動そのものとして見るために設定されたものである。

北浦に限らず、多くの瀬戸内の島々ではタビが繰り返されてきた。狭い土地に生れたさだめとして、移動は必然であり、当然であった。おそらく、最終的に島に残った人の数と、島を離れた人の数を比べれば、圧倒的に後者が多数である。これは瀬戸内の島だけの現象であろうか。私はこの瀬戸内の状況を全国に敷衍することが可能だと考えている。

近年、団塊の世代の定年退職後の動向が耳目を集めている。Uターン、Jターン、Iターン。彼らの去就が注目されるのは、単にこの世代の人数が多いからだけではない。

戦争により都市生活が一度リセットしたと考えるならば、都市部へのタビの歴史は浅い。戦後、高度経済成長とともに都市部に出てきた地方出身の若者は、都市生活の第一世代である。これまで現役で働いてきた彼らにとって、故郷は想う場ではあったとしても、現実的なつながりを確認できる場ではなかったはずである。故郷へ戻るということは、挫折をすら意味したかもしれない。しかし、その彼らが定年を迎え、改めて自らの生きる場について考えるようになったのである。つまり、これからやっと、都市生活者と故郷との関係が顕在化する時代となるのである。これは、戦後都会へと出てきた多くの人びとが故郷と断絶した存在であるかどうかが、いまだに証明されていないことを意味している。

移動する人びとと故郷との関係は、断絶を前提に語られてきたきらいがある。たしかに、戦後日本の新たな都市生活者達は、故郷というセーフティーネットを前提としては生きてこなかったかもしれない。また、たとえ頼りにしていたとしても、それは語られないであろう。何も語らずに故郷を想う歌にひたり、ときには同郷者集団で故郷の懐かしさをかみしめながらも互いを励ましあう。このように、彼らは故郷とは断絶した存在として描かれてきたのではないだろうか。この断絶は、「出稼ぎ」や「移住」といった概念によって外部から形成されたもののように思えてならない。

しかし、北浦の人びとの移動と今日の団塊の世代の人びとの去就とを、タビという枠組みの上で重ね合わせたとき、その断絶が解消されなければならないものであることに気づかされる。タビ概念はふるさと論や都市論を、人びとの流動性という視点から再構築する役割も果たさなければならない。タビは日常である。

あとがき

大学院に入り、民俗学を学びはじめてから一〇年が過ぎた。私の歩みの遅速については本書に対する周囲の方々の評価にお任せしたいが、無理をして仕事をできるタイプではないので、私自身はいたってマイペースであった。そのマイペースがたたってか、一〇年経っても民俗学がいかなる学問か、明確な答えを導き出せずにいる。他分野からは、あるいは民俗学の内部からも、民俗学の方法論と学問的意義のあいまいさについて指摘されることが多い。しかし、自らの学問を常に根本から問い直し続けられることは、かえって幸いのようにも思える。

大学生のときには日本文学を専攻していた。卒業論文では梶井基次郎を取り上げた。今から考えれば、小説という形式よりも、人がさまざまな悩みを抱えながら、あるいは喜びにひたりながら生きる姿そのものに、興味があったのかもしれない。

私にとっての民俗学は文学の延長線上にある。とは言っても私が小説家だというわけではない。小説家は話者であり、話者の語り自体が作品である。私にできることは、話者の語りを整理して読み手に提供し、若干の感想を添えることだけである。

フィールドで出会う人びとの語りには、名作と評される小説以上の迫力と機微を感じる。しかし、語られたことを、そして私が感じたことを表現するのは難しい。話を聞いた瞬間の鮮やかな感動は、私の脳にしみ込んだ時点ではや退色をはじめ、文字化されるころにはすでにくすんでいる。これは明らかに私の力不足によるものである。たとえ学問の作法にのっとった記述であっても、筆者の感動がいきいきと伝わってくる文章はいくらでもある。

柳田国男は民俗学の目標を、歴史的に築かれてきた人びとの考え方、すなわち観念を明らかにすることにおいた。

人びとの考え方を学ばずに上からの論理を押しつける当時の農政学では、農村の生活を改善することができないと考えたからであった。私は、このような柳田の目指した民俗学が好きである。私が知りたいことは、歴史的な現象そのものだけではなく、その歴史を紡ぎだしてきた人の心である。

しかし、人の心を明らかにするという作業は容易ではない。それが科学的に証明可能なのか、と問われればうつむかざるを得ない。科学的に証明ができるほど、人の心は単純ではない。だからと言って、本来の目的が放棄されてしまえば本末転倒である。結局、私が採り得る手段は事例と向き合い、それを記述することだけであった。それでも私は、わかったふりをして書くよりも、事例を示して悩みたい。事例を積み上げなければ見えてこないことが、必ずあるはずである。

現代はわかりやすい答えを端的に示すことが求められる世の中である。しかし、複雑なことを複雑と認識し、わからないことと真摯に向き合う姿勢こそが尊重されるべきではないだろうか。

私が伝えたかったのは、瀬戸内の人びとの生きることに対する前向きな感性である。少なくとも私の印象では、島の人びとの感性は、彼らの生存を保障する瀬戸内の豊かな自然によって育まれたものだ。

島の人びとは大胆である。商売に失敗して借金を抱えたとしても、常につぎの機会を虎視眈々と狙っている。

島の人びとは島を飛び出すことを恐れない。成功したらそれでよいし、外の水が合わなければ戻ってくればよい。

島の人びとは小さなことにはこだわらない。集合時間もあってないようなものだ。だからこそ他人にも寛容であり、他人のために一生懸命になれる。

島の人びとの前向きな感性を貫くのは、生きるだけならどうとでもなるという、歴史と経験に裏打ちされた確信である。

宮窪に暮らした一〇ヶ月のうち、調査に費やした時間はわずかだ。海で遊び、山で遊び、酒を飲み、獅子をまわした。そんな何も考えない暮らしのなかで、いつの間にか心に残っていた印象だからこそ、私には自信がある。

本書は、筆者が平成一九（二〇〇七）年三月に成城大学大学院文学研究科に提出した博士論文に加筆修正したものである。本書の出版にあたっては、独立行政法人日本学術振興会平成二一年度科学研究費補助金（研究成果公開促進費）学術図書（課題番号二一五一〇二）の交付を受けた。

本書を完成させるにあたり、既発表の左の小論を利用した。

「瀬戸内海における出稼ぎと定着――伊予伯方島の石屋出稼ぎを中心に――」（修士論文、成城大学大学院文学研究科へ提出、平成一四年三月）

「集落の山の神から採石業者の山の神へ――香川県丸亀市広島の事例を中心に――」（田中宣一・小島孝夫編『海と島のくらし――沿海諸地域の文化変化――』雄山閣、平成一四年三月）

「出稼ぎ定着者と故郷――伊予伯方島・檜垣綾一氏の事例を中心に――」（『民俗』第一八二号、相模民俗学会、平成一四年一一月）

「瀬戸内海島嶼部の出稼ぎ――研究史の整理と若干の提言――」（『民俗学研究所紀要』第二七集、成城大学民俗学研究所、平成一五年三月）

「出稼ぎ生活の変化と持続――青森県西津軽郡鰺ヶ沢町の事例から――」（『民俗学研究所紀要』第二八集、成城大学民俗学研究所、平成一六年三月）

「瀬戸内島嶼部の生業におけるタビの位置――愛媛県越智諸島の事例から――」（『国立歴史民俗博物館研究報告』第一三六集、国立歴史民俗博物館、平成一九年三月）

「愛媛県越智杜氏の歴史と実態――新資料および聞き取り調査から――」（『民俗学研究所紀要』第三二集、成城大学民俗学研究所、平成二〇年三月）

ただし、本書の各章とこれらの小論が逐一対応するというわけではない。各論文の拙さゆえに、ひとつ一つを解きほぐし、組み直した上で、再び縫い合わせる作業が不可避であった。

本書には、平成一一（一九九九）年から平成二一（二〇〇九）年まで、十年以上にわたる調査の内容が含まれている。その間、本当に多くの機関、多くの方々のお世話になった。ここですべてのお名前を挙げることはできないが、白石島の皆さん、北木島の皆さん、広島の皆さん、伯方島の皆さん、そして大島の皆さんには心からお礼を申し上げたい。とくに長期間にわたっての住み込み調査を行なった大島の宮窪では、多くの人生の先輩、同年代の友人に恵まれた。なかでも、菅原政勝・延恵ご夫妻と村上利雄・美栄子ご夫妻は家族のようにおつき合いくださり、宮窪での生活の心の支えであった。本当にありがとうございました。

また、すでに鬼籍に入られた話者もいる。本書に対するご批判を直接うかがえないことが残念であり、また、申し訳なく思う。心からご冥福をお祈り申し上げたい。

八年間在籍した成城大学大学院の先生方、成城大学民俗学研究所の皆さんからは、調査の機会と貴重なご助言、そして発表の場を惜しみなく与えていただいた。大学院の先輩、同輩、後輩からも授業や研究会を通じて多くのコメントをいただいた。民俗学・歴史学・文化人類学が切磋琢磨しながら学び合う環境から受けた恩恵は計り知れない。

他の機関に所属する研究者の方々からも、厳しいご指摘と温かい励ましをいただいてきた。本書が多くのご批判に対する答えになっているかどうかは心もとないが、自らの考えに耳を傾けてくださる人がいるという事実は、常に私の背中を押してくれた。さらに、同年代の研究仲間からは常に強烈な刺激を受けてきた。民俗学が民俗学として存立することの意義を、我々の世代が新たに取り組むべき課題を、議論し合える仲間がいてこそ、自らの果たすべき役割を確認することができる。

また、若いうちにしっかり勉強しろ、と、私の研究時間の確保に、職場である国立歴史民俗博物館研究部の先生方がご配慮くださっている。感謝申し上げたい。

そして、私の立場を理解して応援し続けてくれた友人と、生業の研究をしていながら、なかなか自立しない私を辛抱強く支えてくれた家族にも感謝したい。研究者以外の人びとからの励ましは、自分の研究の意義を見つめ直す機会と研究を続ける勇気とを同時に与えてくれる。

私のような駆けだしの研究者の本の出版は冒険に違いない。出版を快く引き受けてくださった慶友社の伊藤ゆり氏と、編集を担当してくださった原木加都子氏にも心から感謝申し上げたい。

最後に、私を民俗学の世界へと誘い、見守り続けてくださった田中宣一先生に深く感謝申し上げる。本書の出版が田中先生のご退職に間に合ったことが、せめてもの恩返しになればと思っている。

平成二一年一二月二三日

松田睦彦

索　　引

あ　行

か　行

さ　行

た　行

な　行

は　行

ま　行

や　行

ら　行

わ　行

著者略歴

松田睦彦（まつだ　むつひこ）

一九七七年　神奈川県生まれ

一九九九年　早稲田大学第一文学部卒業

二〇〇七年　成城大学大学院文学研究科日本常民文化専攻博士課程後期修了

成城大学民俗学研究所研究員、荒川区教育委員会文学館調査担当学芸員

現　在　国立歴史民俗博物館研究部助教

博士（文学）

〔主要論文〕

「半島の『半島』化―開かれた空間から閉ざされた空間へ―」（『半島のくらし―広域民俗誌の試み』慶友社、二〇〇九年）ほか

考古民俗叢書

人の移動の民俗学

タビ〈旅〉から見る生業と故郷

二〇一〇年二月二十五日　第一刷発行

著　者　松田睦彦

発行所　慶　友　社

〒一〇一―〇〇五一

東京都千代田区神田神保町二―四八

電　話〇三―三二六一―一三六一

FAX〇三―三二六一―一三六九

印刷・製本／亜細亜印刷

© ISBN978-4-87449-140-9　C3039